Anthony Tallieu

ADIEU CHAMPIONS

Cette dernière saison où ils sont entrés dans la légende

Édition française publiée par
Talent Éditions
115 rue de l'Abbé Groult, 75015 Paris

Photos de couverture : © Icon Sport et © AFP
Création couverture : © Eric Brognard

ISBN : 978-2-37815-264-2

Anthony Tallieu

ADIEU CHAMPIONS

CETTE DERNIÈRE SAISON OÙ ILS SONT ENTRÉS DANS LA LÉGENDE

Talent Sport

DANS LA MÊME COLLECTION

2022

Boris Herrmann – Mon premier Vendée Globe
Fernando Alonso – Des Asturies à Alpine
Billy Jean King – Autobiographie d'une icône
Julien Müller – Calcio je t'aime

2021

Arnaud Démare – Une année dans ma roue
Alain Bernard – Mon destin olympique
Niki Lauda – La biographie
Guy Roux – Confidences

2020

Jenson Button – Comment devenir pilote de F1
Jürgen Klopp – De Mayence à Liverpool, les secrets d'un succès
Luka Modric – Mon jeu
Wayne Gretzky – 99 histoires du Hockey
Derrick Rose – I will show you

2019

Wendie Renard – Mon étoile
John McGuinness – Built for Speed
Shaquille O'Neal – Shaq sans filtre
Peter Sagan – Mon monde
George Eddy – Mon histoire avec la NBA

2018

Guy Martin – Mon autobiographie
Stephen Curry – Golden
Adrian Newey – Autobiographie
Kelly Slater – Pipe Dreams
Jenson Button – Une vie à la limite
Maria Sharapova – Unstoppable
Kobe Bryant – Showboat
Loïc Korval – Apprendre à se relever
Nadia Comaneci – Lettres à une jeune gymnaste

2017

Michael Dunlop – Road Racer
Neymar – Conversation avec mon père
Eddy Merckx – Le cannibale
Larry Bird – Magic Johnson – Quand le jeu était à nous
Arsène Wenger – 20 ans dans les coulisses d'Arsenal
Diego Simeone – Mes secrets de coach

2016

Steve Williams – Ma vie avec Tiger Woods
Allen Iverson – Not a game
Jonah Lomu – L'autobiographie
Jack McCallum – Dream Team
Jorge Mendes – Mes clés pour réussir dans le football
Suzy Favor Hamilton – Fast girl

2015

Djibril Cissé – Un lion ne meurt jamais
Kodjovi Obilalé – Un destin foudroyé
Marc Madiot – Parlons vélo
Michael Jordan – The Life
Guga – Un Brésilien, une passion française

2014

Alex Ferguson – Mon autobiographie
Phil Jackson – Un coach, onze titres NBA – Les secrets du succès
Michael Schumacher – Sa vie - Ses victoires - Ses rêves
Franck Ribéry – L'incompris

Sommaire

I

Claude Portolan : À jamais le premier

On a souvent pour habitude de dire de Toulouse qu'elle est la capitale du rugby en France. Elle est du moins la seule ville parmi les dix plus importantes du pays à compter plus de suiveurs du ballon ovale que du ballon rond. Parce que le Sud-Ouest est le centre névralgique du rugby hexagonal, que Toulouse en est son cœur économique et que son club phare, le Stade toulousain, est le plus titré du pays (20 Boucliers de Brennus) et même du continent (4 fois vainqueur de la grande coupe d'Europe).

Bien accrochées au mur, les photos des joueurs qui ont fait la légende du Stade ne manquent pas dans ses locaux. Parmi toutes ces étoiles, le nom de Claude Portolan n'est pas celui qui viendrait en premier dans l'inconscient collectif des amoureux du rugby. Il a pourtant été témoin et acteur privilégié d'une ère dorée pour le club haut-garonnais, dans cette transition charnière marquant la fin du rugby « à papa » et l'avènement du professionnalisme.

Ce statut de joueur pro, Portolan aurait pu le vivre au crépuscule de sa carrière. Au moment de bâtir son effectif pour la saison 1996-1997, Guy Novès, le mythique manager du Stade toulousain, lui avait bien proposé de rempiler une année de plus avec un contrat en bonne et due forme. Mais ce nouveau monde n'était pas pour lui, qui ne pouvait admettre qu'un coéquipier gagne plus qu'un autre dans ce sport collectif par excellence. Son histoire valait déjà tout l'or du monde et celle qui venait n'était tout simplement plus la sienne.

Pour ceux qui le découvriraient au travers de ces lignes, « Porto » était une synthèse fidèle de ces fameuses « valeurs du rugby », auxquelles les grands pontes de ce sport se réfèrent encore tant de nos jours pour le vendre à travers le monde. Il incarna dignement le mythe du paysan gaillard, à la fois dur au mal et généreux dans l'effort. Celui du joueur fidèle, aussi, lui qui n'a connu que le Stade toulousain au plus haut niveau.

Ce haut niveau qu'il a côtoyé presque sans discontinuer entre 1979 et 1996 et qui, comme il se plaît à le souligner, lui a permis de connaître trois générations magnifiques de joueurs du Stade toulousain. Il a ainsi démarré en équipe première aux côtés de Jean-Claude Skrela, gagné ses premiers titres avec Guy Novès et même vu débuter un certain Ugo Mola, soit les trois hommes clés qui se sont succédé à la tête du sportif toulousain depuis près de quarante ans. Ou comment conjuguer le passé au présent.

Portolan, c'était aussi ce conflit pacifique entre tradition et modernité. Traditionnel au point de refuser le professionnalisme, on l'a dit, mais aussi, par exemple, de ne quitter la ferme familiale d'Auterive, à une trentaine de kilomètres au sud de Toulouse, qu'à l'âge de vingt-cinq ans, après s'être marié. Mais ô combien moderne pour ne pas dire avant-gardiste dans son style de jeu, porté sur le mouvement avec et sans ballon, à une époque où les tâches du pilier n'étaient qu'obscures.

Un paradoxe assez bien résumé par Christian Califano, unanimement reconnu comme un des meilleurs piliers de son temps, et qui a trouvé en Claude Portolan un mentor en débarquant tout jeune à Toulouse au début des années 1990 : « Claude était très en avance sur son temps. Ce n'était pas du tout l'image qu'on pouvait se faire du pilier de l'époque, pataud, peu mobile. Lui adorait le déplacement et avait une véritable vision sur le jeu. Au début de ma carrière, j'étais un peu fou-fou et j'ai énormément appris à ses côtés. On a parfois dit de moi que j'avais ce côté révolutionnaire dans mon jeu et je peux dire que je lui dois beaucoup. » Un joli compliment venant du pilier le plus célèbre du rugby français aux 71 sélections.

Des aptitudes pour le jeu de mouvement stimulées dès l'âge de six ans lorsque, faute d'école de rugby à XV à Auterive, il s'orienta vers son cousin du XIII. Une première aventure de deux ans, le temps qu'une école de rugby à XV voie le jour dans la ville. Modeste, bien sûr, d'où l'impérieuse nécessité de franchir les nombreuses étapes qui le séparaient de l'élite dont il n'osait rêver.

Ces étapes, justement, parlons-en ! Auterive, on l'a dit, avec qui il atteindra une finale de championnat en cadets – malgré un groupe très restreint de 16 joueurs – et perdue pour l'anecdote contre Laroque-d'Olmes (Ariège). Des premières sélections, rapidement, aussi. D'abord au niveau départemental, puis régional, et enfin avec la prestigieuse équipe de France Junior. Le chemin s'ouvre pas à pas. Lors d'un match Auvergne – Midi-Pyrénées, le pilier d'Auterive est repéré par l'entraîneur de l'équipe première de Montferrand, Michel Ringeval. Quelques mots de ce dernier suffisent à le convaincre de faire le grand saut chez les Jaunards. Un destin tracé mais contrecarré par une tragédie familiale.

Alors que l'affaire est conclue et que l'Auterivain prépare déjà son baluchon pour le Puy-de-Dôme, les Portolan sont frappés par un terrible deuil. Le père, Honoré, décède à tout juste cinquante ans. Très affecté, Claude respecte naturellement le vœu de sa mère de le voir rester à la ferme, auprès d'elle, de son frère et de sa sœur. Une porte se ferme par la force des choses, mais une autre s'ouvre quelques mois plus tard par l'intermédiaire de Paul Blanc, dirigeant au Stade toulousain, qui lui tend à nouveau la main. La bonne, cette fois. Une longue et fabuleuse histoire naît sur les cendres d'une tristesse infinie.

On est à la fin des années 1970, Claude a dix-neuf ans et doit en parallèle effectuer son service militaire. Pour les sportifs en devenir comme lui, le camp de base tout indiqué est le prestigieux bataillon de Joinville. Sa première année en tant que joueur du Stade toulousain est donc faite d'allers-retours hebdomadaires entre la commune de l'est parisien la semaine et la Haute-Garonne le week-end.

À Joinville, Portolan jongle entre parcours du combattant, corvées de balai et activités sportives avec d'autres futurs talents du rugby francais tels Pierre Rispal (trois-quarts centre international, deux fois finaliste malheureux du Championnat de France de première division en 1979 et 1981 avec Bagnères-de-Bigorre), Manuel Carpentier (troisième ligne international, vainqueur du Grand Chelem en 1981 et du challenge Yves du Manoir la même année avec Lourdes) ou Marc Sallefranque (ouvreur international, vainqueur du challenge Yves du Manoir avec Dax en 1982 et de championnat de France de première division en 1991 avec Bègles).

C'est là qu'est née, entre autres, son aversion pour la musculation : « J'avais pourtant fait la démarche de voir ce que cela donnait, puisqu'il y avait tout le matériel pour. Mais le formateur m'a tellement écœuré que j'ai tout arrêté net et je me suis dit que je n'en referais jamais. » Il s'y tiendra malgré l'essor de cette pratique dans le rugby à partir des années 1990, comme le confirme là encore son ami Christian Califano : « En six ans, j'ai dû le voir deux fois et demie à la salle de muscu ! Il n'aimait pas ça mais il n'en avait pas besoin non plus. Claude était un nounours mais une force de la nature. Il était fort naturellement, certainement grâce aux travaux qu'il effectuait depuis tout jeune à la ferme, et il en imposait aux autres et en particulier à ses adversaires. »

Des adversaires qui, pour ce qui est du haut niveau, allaient attendre un peu avant de se frotter à lui. Pris la semaine par son service militaire et encore tout jeune, il n'entre pas encore dans les plans de l'entraîneur Claude Labatut. Le jeu des blessures fait qu'il connaît toutefois une première feuille de match, à Valence, mais en tant que remplaçant et reste sur le banc tout le match. Une très belle expérience quand même et des premiers souvenirs de vestiaire gravés à jamais au milieu des Jean-Pierre Rives, Jean-Claude Skrela, Serge Gabernet ou encore Guy Novès.

Cette année-là, le jeune Claude suivra ses nouveaux illustres coéquipiers se hisser jusqu'en finale du championnat, qu'ils perdront de peu face au grand Béziers (10-6).

Pour la reprise de la saison suivante, Claude Labatut décide de donner sa chance au jeune pilier. Peu avant un déplacement à Nice, il lui annonce sa titularisation à venir. L'excitation est mêlée d'une forte émotion. Il pense à son papa disparu, avec qui il aurait été tellement fier de partager la nouvelle. Il y pensera encore au moment de fouler la pelouse avec le maillot rouge et noir sur les épaules, en jetant un œil vers la tribune où il n'était pas, puis vers le ciel d'où il l'observait sûrement.

Toulouse est battu mais l'Auterivain se montre à la hauteur de l'événement, gagnant ainsi sa place dans un XV de départ qu'il trustera pendant la quinzaine d'années qui suit. Nous sommes en 1980 et les piliers titulaires de vingt ans ne courent pas les rues en première division. Le petit détonne sur et en dehors du terrain, où il se mélange avec les trois-quarts lors des troisièmes mi-temps quand il ne rentre pas à Auterive pour célébrer avec ses amis d'enfance. Au point de se faire gentiment rabrouer par celui qui l'avait fait venir à Toulouse, Paul Blanc, qui lui a glissé au bout de six mois qu'il repartirait à Auterive s'il continuait à fuir les apéros toulousains de la sorte !

Si le Stade obtient des résultats décevants en ce début des années 1980, Portolan s'installe lui de plus en plus. Au point d'influer sur son coéquipier Jean-Claude Skrela, qui s'apprête à raccrocher les crampons pour enfiler la casquette d'entraîneur (adjoint du duo Robert Bru – Pierre Villepreux, nommé à la place de Claude Labatut), afin qu'il intègre dans l'équipe son grand frère. Car contrairement à certaines idées reçues, Gérard et Claude n'ont pas démarré en même temps au Stade toulousain. Ni au rugby d'ailleurs. Trois ans plus âgé, l'aîné s'est d'abord épanoui sur les parquets au basket où il était, selon les dires de son cadet, plutôt doué. Ce n'est que tard, vers seize ans, qu'il a basculé vers le sport chéri de son petit frère. D'abord à Auterive, bien sûr, puis au FCTT, autre club réputé de la Ville rose.

« Comme son équipe passait son temps à se battre tous les week-ends, je lui ai dit qu'il serait quand même bien mieux au Stade avec moi », raconte Claude. Lobbying payant, Gérard le rejoint et assure la transition avec Skrela au poste de deuxième ligne et inscrit rapidement et durablement le nom de Portolan comme l'une des fratries les plus illustres du rugby français.

Cette année 1982 marque aussi un tournant dans l'histoire du Stade toulousain avec la montée en puissance d'une philosophie de jeu révolutionnaire pour l'époque, portée par le duo Bru-Villepreux et basée sur le mouvement perpétuel. Des préceptes qui feront école à l'échelle nationale, et qu'on synthétisera un peu plus tard sous le nom de « jeu à la toulousaine ». Une aubaine pour le pilier mobile qu'était Claude Portolan : « L'idée était qu'il fallait que le ballon vive. On ne devait pas enterrer les ballons, faire des cocottes… tout cela nécessitait que les avants galopent ! Les gars ont adhéré d'entrée à cette nouvelle méthode. Il ne manquait jamais personne aux entraînements, où on arrivait presque une heure avant et où on se régalait presque plus qu'en match, tant les exercices proposés étaient variés et sympas. »

Mais si l'étincelle renaît, les résultats, eux, ne décollent pas tout de suite. L'ogre de l'époque, c'est Béziers et ses dix titres de champion de France entre 1971 et 1984. Pour Claude Portolan, jouer l'ASB c'est aussi se mesurer à une légende à son poste : Armand Vaquerin (international à 26 reprises, détenteur du record de titres de champion remportés par un joueur avec dix sacres). Une terreur à jamais dans le cœur de “Porto” : « Il aimait bien venir nous voir jouer à Toulouse lorsqu'il était blessé ou ne jouait pas avec Béziers. Et il disait aux dirigeants, en parlant de moi : “Ce petit-là, gardez-le longtemps !” Il m’aimait bien et on allait boire un verre ensemble à chaque fois qu’il venait. Il en profitait pour m’expliquer toutes les ficelles du métier et je peux dire que je lui dois beaucoup. Sur le terrain, il aurait largement pu me crever mais bien au contraire. Quand Béziers jouait contre Toulouse et que cela chauffait, il se couchait sur moi pour me protéger et me disait : “Laisse-les se battre.”” On disait de lui qu’il était un voyou, mais il a toujours été un grand seigneur avec moi. »

Un passeur de témoin, aussi. Clin d’œil du destin, c’est le Stade toulousain qui a mis un point final à l’histoire du grand Béziers. Un après-midi de mai, en quart de finale du championnat, l’ASB déclinante est emportée par la fougue de la nouvelle vague toulousaine sur le score de 21-0. Un match qui, pour beaucoup, est le véritable déclic de la prise de pouvoir du Stade sur le rugby hexagonal. Une rencontre qui sacre aussi un Claude Portolan touché par la grâce, fossoyeur du club de son mentor avec deux essais à lui tout seul.

La machine était lancée, Toulouse fait plier Monferrand en demie (17-6), grâce notamment à un essai de Guy Novès, et voilà les Haut-Garonnais de retour en finale du championnat. La première pour « Porto », l’Auterivain fils de paysan montant à Paris pour tenter de décrocher le Bouclier, au cœur du mythique Parc des Princes, sous les yeux de 45 000 personnes dont le président de la République de l’époque François Mitterrand. « Certains joueurs étaient en tee-shirt, moi je suis venu en costume cravate par respect pour ce stade. Je l’ai fait par la suite pour toutes les autres finales et cela m’a plutôt porté chance. »

Son partenaire et ami Guy Novès avait, lui, une autre superstition. Alors que le bus toulousain, en route pour le Parc, se hissait par hasard à hauteur de celui des Toulonnais, l’ailier fonçait voir le chauffeur pour lui hurler d’accélérer afin d’arriver les premiers porte de Saint-Cloud.

Des petites histoires dans la grande histoire de cette finale mémorable. Très disputée, éclairée aussi par le talent de la jeune paire de centres Bonneval – Charvet et du long jeu au pied de l'arrière Serge Gabernet, elle se solde sur un score de parité à la fin du temps réglementaire : 19-19. Une prolongation doit donc départager les deux équipes dans ce jeu de la mort fatal au plus fatigué. C'est là que l'énorme travail de fond engagé par le duo Bru-Villepreux trois ans auparavant, concernant le jeu de déplacement des arrières comme des avants – et donc des capacités d'endurance qu'il requiert – fait son œuvre.

Le RCT craque, et sombre définitivement sur un renvoi aux 22 trop court de Jérôme Gallion. Les Haut-Garonnais jouent parfaitement le coup et font la différence avec lucidité et brio. À la conclusion de l'attaque rapide, Daniel Santamans à la passe pour… Claude Portolan qui scelle le sort de la rencontre. Pour lui aussi, c'est la récompense de ces séances d'entraînement partagées avec les footballeurs d'Auterive quand le Stade ne s'entraînait pas. De ces sorties en VTT lors des stages de présaison du côté de Luchon, où il souffrait et pestait contre Guy Novès, qui adorait le chambrer et le pousser dans ses retranchements, au point de lui lancer une fois la bécane dessus sous le regard hilare de ses partenaires.

Les Stadistes l'emportent finalement 36-22 et soulèvent ce Bouclier de Brennus qui les fuyait depuis 1947. La France du rugby s'est trouvé un nouvel ogre. Claude Portolan, lui, nage en plein bonheur. Car ce premier titre est accompagné quelques semaines plus tard d'un mariage. Une grande fête qui a lieu, sans surprise, à Auterive, en présence des joueurs champions et du Bouclier de Brennus.

De quoi aborder la saison suivante dans la peau d'un champion de France heureux. Et les bonheurs vont s'enchaîner. Toulouse surfe sur la vague du succès et continue d'engranger les victoires. Après avoir dominé sa poule, le Stade aborde les phases finales avec confiance et passe les tours avec maîtrise. Le dernier obstacle avant un deuxième sacre consécutif se nomme Agen. L'autre grande terreur du début des années 1980 avec Béziers.

L'issue est incertaine mais le match connaît un tournant dramatique peu après la vingtième minute de jeu. Daniel Dubroca, le vis-à-vis de Claude Portolan, pilier et capitaine d'Agen et de l'équipe de France, reçoit, sur un ruck, un coup de genou involontaire d'un coéquipier dans la tempe. C'est la stupeur sur le terrain alors que Dubroca, inconscient, est en train d'avaler sa langue. Les joueurs autour, Agenais comme Toulousains, agitent les bras et trahissent un affolement général.

Le demi de mêlée lot-et-garonnais Pierre Berbizier, régulièrement loué pour son intelligence de jeu, fonce chercher un poteau de touche pour faire levier et ouvrir cette mâchoire verrouillée qui ne se desserre pas. Il y parvient, non sans avoir forcé le passage en cassant une dent, et sauve, par sa lucidité, son partenaire sur le point de s'étouffer. Après des minutes paraissant des heures, Dubroca est évacué, le jeu reprend dans une atmosphère forcément pesante.

Devant à la pause (6-3), le SUA est renversé en seconde période et plie définitivement dans les dernières secondes sur un essai en coin d'Éric Bonneval (16-6). Pour Claude Portolan, le plaisir est double puisque l'autre pilier toulousain du jour n'était autre que son grand frère, Gérard.

Avec deux titres et un mariage, « Porto » avait déjà fait le plein d'émotions en l'espace d'un an. Mais le meilleur allait suivre. Dans le mois qui suit, alors que sa femme est à un stade de grossesse avancé, il reçoit un coup de fil de ses dirigeants. À plusieurs milliers de kilomètres de là, le staff de l'équipe de France, en tournée en Australie, vient de perdre Jean-Pierre Garuet sur blessure et a pensé à l'Auterivain pour le remplacer au pied levé. *A priori* pas d'inquiétude, le terme est prévu pour mi-juillet quand la tournée se termine, elle, fin juin.

Sur le chemin de l'aéroport, Mme Portolan glisse à son mari : « Quand tu seras rentré, tu verras que le petit sera né. » Une vision prémonitoire. Quatre jours avant d'honorer sa première sélection, le pilier toulousain, alors à l'hôtel avec le reste du groupe, est averti par l'arrière star du Biarritz Olympique Serge Blanco que son épouse l'attend au bout du fil. Elle vient de perdre les eaux. Même si un avion l'attendait au pied de l'hôtel, il ne pourrait pas arriver avant l'accouchement. Le coup est rude, la naissance de son premier enfant, Benoît, se fera sans lui. C'est avec lui en revanche que le XV de France s'inclinera 27-14 à Sydney contre les Wallabies.

À vingt-six ans, Claude Portolan voit la vie en rose et un horizon bleu blanc rouge. Rien ne laisse présager une chute brutale de l'ascenseur émotionnel. Elle va pourtant arriver lors de cette saison 1986-1987. Tandis qu'on le pensait invincible, le Stade toulousain se fait surprendre en demi-finale du championnat par un groupe de jeunes Franciliens à l'esprit décalé. Éric Blanc, Franck Mesnel, Patrick Serrière, Michel Tachdjian, Claude Atcher et tous les autres Ciel-et-Blanc du Racing Club de France éliminent l'ogre haut-garonnais d'un tout petit point (10-9).

Mais pour « Porto », la déception va prendre une tournure plus personnelle. Convoqué durant la saison en équipe de France sans toutefois jouer, l'Auterivain a de très bonnes raisons de se croire dans le wagon bleu direction la Nouvelle-Zélande pour vivre avec les Bleus la première Coupe du monde de rugby de l'histoire. Avant les phases finales du championnat, le sélectionneur Jacques Fouroux lui glisse même quelques paroles rassurantes en ce sens. Et puis patatras. Il constate avec effroi son absence de la liste finale en lisant la presse. Le choc est rude et la rancœur sévère et tenace envers Fouroux. Il attribuera ainsi ce qu'il vivra pour toujours comme une trahison aux mauvaises relations entre le patron des Bleus et les entraîneurs toulousains Pierre Villepreux et Jean-Claude Skrela.

Pour Portolan comme pour Toulouse, la pente est dure à remonter. Un challenge Yves du Manoir gagné aux dépens de Dax en finale (15-13), mais une élimination sèche en quarts contre le RCT (21-9) qui incite le staff à insuffler une dose de sang neuf dans l'équipe. L'emblématique Guy Novès raccroche les crampons, des jeunes talents comme Jérôme Cazalbou, Hugues Miorin, David Berty ou Michel Marfaing sont intégrés, avec la génération Portolan, les Cigagna, Cadieu, Janik, Mazet, Charvet et autre Rouget-Thomas en guise de tuteurs.

Une relation technique particulière et inattendue se nouera d'ailleurs entre Cazalbou et Portolan, par le biais d'une combinaison testée avec succès par les entraîneurs. Baptisée Jolimont, comme le quartier dans l'est toulousain, son concept est le suivant : quand les Stadistes obtiennent une pénalité à proximité de l'en-but adverse, les avants sont priés de se placer sur la ligne des 22 mètres. Lorsque Cazalbou tape dans les mains, c'est le signal : ils partent en sprint vers l'en-but. Le jeune demi de mêlée donne alors à l'avant de son choix qui, lancé, doit faire parler sa puissance pour finir derrière la ligne. Vous l'aurez compris, Portolan était le choix privilégié de Cazalbou et a pu marquer quelques essais remarquables de la sorte.

L'ajout de Guy Novès dans le staff haut-garonnais resserre un groupe qui retrouve toute sa verve. Claude Portolan profite de ce dynamisme pour retrouver le chemin de l'équipe de France. Presque trois ans après sa première et unique sélection, Jacques Fouroux le rappelle pour le Tournoi des Cinq Nations.

Tout est oublié ? C'est du moins l'ambition de façade. Le pilier toulousain débute le premier match en Irlande et est crédité d'une bonne prestation mais repart sur le banc contre le Pays de Galles. Ses efforts à l'entraînement paient et le revoilà titulaire pour le *crunch* en Angleterre. Un bonheur qui prend fin après seulement vingt minutes de jeu et un sale coup dans un regroupement qui lui fracture des côtes. Son Tournoi est terminé. Sa carrière en bleu aussi, soit un total de trois sélections dont aucune sur le sol français.

Soigné, Portolan se console en club quelques semaines plus tard avec un nouveau titre de champion de France, son troisième personnel. Le dernier aussi du coach Pierre Villepreux et du dirigeant Robert Bru, qui partent vers d'autres projets. La saison suivante, Toulouse demeure favori à sa succession et tout le monde attend une nouvelle finale face au SU Agen, lui aussi très compétitif. Mais si les Lot-et-Garonnais sont au rendez-vous au Parc des Princes, les Rouge et Noir butent eux en demies (21-14). Encore ces satanés étudiants des Hauts-de-Seine et leur génération showbiz ! Endimanchés d'un nœud papillon rose et d'un beau blazer, les Racingmen lèveront d'ailleurs cette fois le Bouclier, trois ans après leur échec contre Toulon.

Pas de quoi cependant enlever les certitudes d'une formation qui tourne bien et conserve son statut d'ogre. Malgré une saison 1990-1991 agitée, le Stade toulousain se hisse en finale contre une équipe émergente de Bègles, portée par une génération de jeunes loups aux dents longues. Toulouse tombe ce jour-là sur meilleur que lui et s'incline (19-10). À trente et un ans, « Papa Claude », comme les petits nouveaux l'appellent, connaît sa première finale perdue. Ce sera la seule.

Si les résultats sont bons, les coulisses toulousaines sont tumultueuses. Guy Novès, qui aspire à plus de responsabilités, claque la porte après avoir constaté que ses ambitions ne seraient pas satisfaites. Au club, un jeune entraîneur, Christian Gajan, monte en gamme et souhaite insuffler un vent de jeunesse. En clair, les anciens doivent faire peu à peu la place à la relève. Ça sent déjà la fin pour Gérard, le grand frère Portolan qui, à trente-cinq ans, tire ses dernières cartouches.

Un peu vexé par cette politique du jeunisme, Claude décide à son tour de plier les gaules. Le hasard des rencontres, des amitiés et discussions d'après-match fait qu'un dirigeant d'un club modeste de groupe B (la deuxième division nationale), Villefranche-de-Lauragais, lui propose de venir les rejoindre. Une poignée de main scelle l'accord. Ce qu'il ne sait pas, c'est que sa nouvelle équipe s'est dans le même temps appauvrie de quelques maillons forts. Il découvre ainsi un groupe au niveau plus faible qu'imaginé. Pire, une blessure le prive des terrains durant deux mois. L'aventure tourne court.

Dans le même temps, son grand copain du Stade toulousain, le deuxième ligne Jean-Marie Cadieu, entend ses déboires et monte au créneau auprès de ses dirigeants pour qu'ils le fassent revenir. D'autant plus que Christian Gajan est sur le départ et que le nouveau président, René Bouscatel, entend faire rentrer Guy Novès au bercail. Les planètes s'alignent, quelques coups de fil sont passés et le « vieux » Claude accepte de reprendre du service. Son expérience à Villefranche-de-Lauragais aura duré à peine six mois, pour un maigre total d'une seule victoire.

Une bonne nouvelle aussi pour tous les jeunes du club, qui retrouve leur « papa » adoré. Claude aussi est heureux de retrouver cette ribambelle de gamins talentueux mais jamais à court d'idées pour le taquiner. Comme ce jour de match à Nîmes : « Claude adorait se faire masser, raconte son espiègle petit protégé Christian Califano. Il pouvait passer des heures sur la table de massage et celui qui voulait se faire masser lui aussi avait intérêt à venir très tôt avant lui sinon ce n'était même pas la peine. Avant ce match-là, on se doutait que Claude passerait sur la table de massage et Philippe Carbonneau avait enduit de Dolpic *(baume chauffant pour les muscles, NDLR)* l'emplacement prévu pour la tête. Au bout d'une minute, Claude s'est levé d'un bond, avec un halo rouge écarlate sur le visage. Il répétait "Ouh là ça chauffe, ça chauffe !" sous le regard du vestiaire qui était mort de rire. »

C'était aussi ça, le grand Stade toulousain. Cette camaraderie, ce brin de légèreté qui soude un groupe et le tire finalement vers le haut. Cette mayonnaise, aussi, entre anciens et jeunes. Un élément parmi d'autres, bien sûr, mais le retour de Claude Portolan et Guy Novès, cette reconnexion à ceux qui ont tracé le chemin du renouveau presque dix ans auparavant, redonne au Stade la force dont il avait besoin pour rebondir. Dès 1994, le Bouclier de Brennus est de retour place du Capitole.

Le début d'une nouvelle ère de domination. Ragaillardi par l'ivresse du succès et toujours en forme, Portolan prolonge le plaisir malgré une situation personnelle difficile. Peu avant les phases finales de 1995, son épouse et lui se séparent. Le cœur gros, il trouve dans son club un refuge agréable et l'envie d'avancer. De gagner, aussi, un deuxième titre d'affilée. Et de continuer à jouer, encore un peu.

Surtout que la première édition de la coupe d'Europe pointe son nez. Sans les Anglais, certes, mais une nouvelle page à écrire avec l'ambition d'être à jamais les premiers à la remporter. Un défi à la mesure du bonhomme, de son club et de son entraîneur Guy Novès, bien conscient de cette chance unique de marquer l'Histoire. Pour Claude Portolan, c'est aussi l'occasion de regoûter à un rugby international qu'il n'avait connu que trop brièvement avec l'équipe de France.

Au cœur de l'hiver, Toulouse sort premier d'une poule composée des Roumains de Constanta et des Italiens de Trévise, se débarrasse facilement des Gallois de Swansea en demie (30-3) et devient le premier roi d'Europe le 7 janvier 1996, après avoir terrassé d'autres Gallois, de Cardiff cette fois, sur leurs terres, après prolongation (21-18).

L'euphorie du sacre passée, l'Auterivain se pose alors pour réfléchir. Le rugby professionnel sera une réalité en France d'ici quelques mois. Ce rugby, décidé par les instances dirigeantes de ce sport après la Coupe du monde 1995 sous la pression d'une partie militante des joueurs, n'est pas et ne sera jamais le sien. Continuer dans ces conditions serait se mentir à lui-même et il se dit alors qu'à presque trente-six ans, une carrière richissime, 5 Boucliers de Brennus, peut-être un sixième en fin de saison et la première coupe d'Europe de l'Histoire sur la cheminée, le temps est venu pour lui de dire stop.

Il fait part de sa décision à son ami Guy Novès qui tente de l'en dissuader en lui proposant un contrat d'un an. « J'aimerais te faire connaître ça Claude », lui dit l'ancien ailier avec bienveillance. « Je te remercie pour tout, Guy, mais mon rugby, c'est le rugby amateur et j'ai largement l'âge de me reposer donc je te demande de me laisser tranquille. » Une réponse à l'image de la relation entre les deux hommes. Lors de cette dernière saison, Novès, régulièrement chambré par ses joueurs sur le fait que Portolan échappait toujours à ses critiques, le prend en aparté après une petite maladresse :

« Bon, les gars disent que je ne te dis jamais rien, donc on va faire un peu semblant que je t'engueule.

— Et tu veux que je leur donne, moi, des dossiers sur toi et tout ce que tu faisais quand on jouait ensemble ?

— Non, non, arrête tes conneries ! »

Et les deux amis ont passé les cinq minutes suivantes à parler de tout et de rien. À défaut de le garder une année de plus, Novès mobilisera toutes les énergies pour lui offrir la plus belle des sorties. Toulouse semble imbattable et doit le rester. Après une frayeur en quart de finale contre Narbonne (12-9), les Stadistes étrillent Dax au tour suivant (36-23). La dernière marche avant la gloire se nomme Brive.

Comme toujours depuis plus de quinze ans, Claude Portolan portera fièrement son maillot rouge et noir frappé du numéro 3. Une dernière fois. Dans le couloir qui mène à pelouse du Parc, il attrape Christian Califano par le bras et lui lance :

« Amuse-toi, Christian, moi je m'occupe de la mêlée !

— Merci papa ! » lui répond le jeune international avec un clin d'œil.

Ensemble, ils viendront à bout d'une redoutable équipe corrézienne, qui menait pourtant 10-6 à la pause. Au coup de sifflet final, Portolan lâche tout. Lui le taiseux, pas vraiment du genre à extérioriser ses sentiments, pleure de joie. Sa carrière, ses seize ans de haut niveau se terminent sur le toit de l'Olympe, auréolé d'un doublé historique coupe d'Europe et championnat. Même les Brivistes déçus le saluent, tandis que des « merci Porto » descendent des tribunes du Parc. Son jeune pendant Christian Califano vient le chercher sur le bord de la pelouse et l'exhorte à faire un tour d'honneur avec lui. Le témoignage d'une reconnaissance profonde et l'occasion de revoir défiler, l'espace de quelques minutes, seize ans de haut niveau, de quelques défaites, bien sûr, mais surtout de grandes victoires et de précieux souvenirs. La vraie richesse du rugby de "Porto".

2

Jérôme Cazalbou : Jusqu'au septième ciel

Stade toulousain » et « palmarès » demeurent une des associations les plus naturelles du rugby français. Quoi de plus légitime, pour le club recordman de Boucliers de Brennus (vingt et un) ? Tout comme il tombe sous le sens de faire de Guy Novès, son manager légendaire aux dix « bouts de bois » et quatre coupes d'Europe, l'incarnation de cette opulence. Il ne sera sûrement jamais battu. Sous son ère victorieuse, un homme s'est lui aussi forgé un palmarès XXL, le plus impressionnant jamais compilé par un joueur du Stade toulousain et qui n'est, lui non plus, pas prêt d'être égalé.

Dans ce panthéon des seigneurs, Jérôme Cazalbou tient une place à part. Simplement parce son histoire est unique, en tous points. Parce qu'elle est intimement liée à la gagne de bout en bout mais parce qu'elle parle, aussi, à toute une génération de rugbymen aux valeurs affirmées sur lesquelles les grands pontes de ce sport bâtissent encore aujourd'hui toute leur stratégie marketing.

Ce rugby qu'il a reçu en héritage d'un père ayant joué au Stade toulousain dans sa jeunesse et d'un oncle lui aussi ancien rugbyman dans un autre club bien connu de la Ville rose, le Football Club TOAC TOEC. Tout aurait pu démarrer près du domicile familial, situé dans le quartier des Minimes, à deux pas de celui des Sept Deniers et donc du mythique stade Ernest-Wallon. La logique aurait bien voulu que le petit Jérôme découvre le rugby de club au Stade toulousain. Mais pas question pour lui de rejoindre, à cinq ans, une autre école de rugby que celle fondée par son père, à une trentaine de kilomètres de là, dans la petite commune de Labastide-Beauvoir.

Un papa heureux de transmettre sa passion mais également à cheval sur les études de son fils. Au point de ne pas l'inscrire dans la section sport-études de Jolimont, la pépinière de rugbymen de haut niveau en devenir, que son talent lui aurait permis d'intégrer. Ce sera filière bio et niveau série pour le très doué demi de mêlée, obligé de passer par la case sélection départementale puis régionale pour rejoindre enfin les meilleurs joueurs de sa catégorie d'âge.

Pris sous son aile en sélection Midi-Pyrénées par un demi de mêlée international du nom de Pierre Berbizier, Jérôme Cazalbou progresse et tape dans l'œil des sélectionneurs de l'équipe de France Junior. Invité l'année de ses dix-sept ans à participer au tournoi FIRA, l'équivalent de l'époque de la Coupe du monde des moins de 20 ans, il commence à se faire un nom au sein des plus grands clubs de l'Hexagone, à la fois intrigués et ô combien intéressés par le phénomène du rugby « d'en bas ».

Parmi les candidats, le Stade toulousain prend contact *via* son vice-président Christian Massat, qui lui présente les entraîneurs de l'équipe une : Pierre Villepreux et Jean-Claude Skrela. Le nom de Cazalbou n'est pas inconnu pour le premier nommé, qui avait joué avec le papa en jeunes. Les dimensions sportive et affective sont réunies, l'affaire est rapidement conclue.

Jérôme Cazalbou intègre les Reichel du Stade lors de la saison 1987-1988. Le club vient de nommer à la tête de l'équipe un tout jeune coentraîneur (en binôme avec Christian Gajan), qui effectue en parallèle sa dernière année de joueur. C'est Guy Novès. Déjà ! Et l'élève va tout de suite jouer avec son futur maître, lors d'un match estival du challenge Yves du Manoir contre Tarbes. Plus encore que d'évoluer aux côtés de l'ailier aux sept sélections,

Cazalbou est davantage marqué par le fait de croiser la route de Philippe Dintrans, le talonneur capitaine de l'équipe de France. Pour celui qui bataillait quelques mois auparavant contre des ados du Lauragais profond, un monde vient d'en chasser un autre.

Le très bon cru des Reichel toulousains de 1988-1989 est sacré champion de France. Le premier titre de l'entraîneur Guy Novès, qui raccroche les crampons et se voit promu dans le staff de l'équipe seniors. Une bonne nouvelle pour Jérôme Cazalbou, qui intègre pleinement ce groupe qu'il avait déjà côtoyé ponctuellement. Son ascension va encore s'accélérer avec la blessure en deuxième partie de saison du demi de mêlée titulaire, l'ancien Michel Lopez. Une opportunité que Cazalbou saisit avec brio puisqu'il conservera sa place dans le XV de départ pour les phases finales malgré le retour du vieux briscard.

En demi-finale, l'adversaire est le SU Agen de Pierre Berbizier. Celui-là même qui prenait le jeune Cazalbou en individuel à peine deux ans auparavant en sélection Midi-Pyrénées. Le formateur a pu constater ce jour-là de ses yeux le chemin parcouru par son ancien apprenti, désormais solide maillon d'une équipe haut-garonnaise qui s'impose 18-9. À vingt ans, l'enfant de Labastide-Beauvoir se qualifie pour sa première finale de championnat de France, face au RC Toulon de son idole Jérôme Gallion.

« Durant toute la semaine, je m'étais automotivé en me disant que si je voulais un jour atteindre le très haut niveau, je me devais de rivaliser avec le joueur qui, durant ma jeunesse, m'avait donné l'envie d'arriver jusque-là », se souvient Cazalbou. Pour sa première au Parc des Princes, le « Pitchoune » des Minimes se montre à la hauteur et remporte le Bouclier de Brennus aux dépens des guerriers de la Rade (18-12). Trente ans plus tard, ce premier sacre demeure encore « celui qui marque le plus car celui de la découverte, du rêve d'enfant et du partage avec la famille et les copains d'une école que j'avais tout juste quittée. »

Celui qui lui octroie, aussi, un autre statut. On ne parle plus du gamin talentueux qui débute mais du demi de mêlée numéro 1 du Stade toulousain qui doit confirmer les attentes placées en lui. Ce que Guy Novès, avec qui la relation est encore au beau fixe, lui permet de faire en lui accordant une confiance sans faille. Cette année de la confirmation se solde, au niveau des résultats en championnat, par une élimination en demie contre le Racing Club de France (14-21), futur lauréat.

Un passage de témoin s'opère entre deux générations, Toulouse prend sa revanche sur le Racing la saison suivante, en demi-finale, mais se loupe au Parc des Princes contre Bègles. Cazalbou inscrit deux essais dans le dernier quart d'heure mais les Simon, Moscato, Gimbert et autre Laporte avaient déjà plié l'affaire (19-10). À tout jamais la seule finale de championnat de France perdue sur les huit disputées par Jérôme Cazalbou durant sa carrière. Un échec qui, de son aveu, a servi à ceux qui l'ont connu pour ne pas reproduire les mêmes erreurs dans la préparation de ces matchs de légende. Une pierre importante donc dans la construction du Toulouse invincible des années 1990.

Le véritable envol attendra encore un peu, malgré la venue au club d'un ouvreur de classe international, Rob Andrews. La science du jeu du numéro 10 du XV de la Rose n'empêche pas le Stade de chuter prématurément, en huitième de finale, contre Dax (19-24). Un revers qui laissera un goût très amer aux Rouge et Noir, notamment à son demi de mêlée. « Ce jour-là, on a été tout simplement victime d'un hold-up arbitral, d'un vol total ! C'est peut-être la seule fois où j'ai pu médire contre un arbitre, car il s'est révélé totalement déloyal. »

Andrews ne s'éternise pas plus sur les bords de la Garonne et laisse le champ libre à son remplaçant, Christophe Deylaud, débarqué à Toulouse à l'été 1991. Avec Jérôme Cazalbou, la connexion est instantanée : « Cela a pu en surprendre certains car nous avions des tempéraments opposés : lui le bouillonnant, moi plutôt calme. On se complétait bien, on s'entendait bien, on parlait le même langage et il ne nous a pas fallu beaucoup de temps pour se comprendre et se trouver. »

Avec sa paire d'as et malgré des turbulences en interne, le Stade toulousain retrouve confiance, s'adjuge le challenge Yves du Manoir mais tombe sur un os en quarts du championnat. Grenoble et son paquet d'avants au surnom évocateur de « Mammouths », futur finaliste malheureux, poussent les Stadistes jusqu'en prolongation et remportent finalement le bras de fer (19-17). Malgré tout, les prestations remarquées de Jérôme Cazalbou lui ouvrent la porte de la sélection. Pierre Berbizier, son ancien mentor et désormais patron des Bleus, le convoque d'abord pour le Tournoi des Cinq Nations puis pour la tournée estivale en Afrique du Sud.

Remplaçant, il ne rentre pas une seule fois mais prend la chose avec philosophie et se dit que sa chance viendra. Elle ne viendra que quatre ans plus tard…

Pas faute, pourtant, de bénéficier d'une exposition plus importante grâce aux résultats de son club. Le retour aux affaires du coach Guy Novès, en duo avec Serge Laïrle, et des anciens Claude Portolan et Albert Cigagna (qui avait rejoint le staff lors de la saison 1992-1993 avant de reprendre du service) apporte ce supplément d'âme nécessaire à la construction des grandes épopées.

Lors des phases finales, la charnière Cazalbou – Deylaud fait des étincelles. En quart contre Narbonne (26-12), le demi de mêlée met les siens sur la voie en inscrivant le premier essai de son équipe. En demie contre Dax (30-25), l'ouvreur fait la différence dans les dix dernières minutes en claquant deux drops. Puis vient la finale face à Clermont. Les Jaunards prennent une option sur la victoire grâce à un essai de Christophe Juillet à l'heure de jeu. Mais pratiquement dans la foulée, Deylaud monte une chandelle après une mêlée au niveau de la ligne médiane. Cazalbou est évidemment devant son acolyte au moment du coup de pied mais suit le ballon en parallèle tandis qu'Émile Ntamack, lui en position licite, vient mettre la pression à la retombée sur l'arrière clermontois. Le ballon est cafouillé, Cazalbou en profite et marque l'essai de la révolte toulousaine.

Après avoir égalisé à 16-16 sur la transformation en coin, Deylaud se distingue à nouveau par son geste fétiche : le drop. Comme en fin de première période, déjà, et déjà consécutivement à une touche, mais d'encore plus loin. Toulouse prend la tête pour la première fois du match et ne la lâchera plus (22-16), tout comme le Bouclier de Brennus parti pour rester quatre ans dans la Ville rose.

Les Stadistes remettent en effet ça la saison suivante. L'adversaire en finale est cette fois le voisin castrais et le scénario quelque peu identique. Des Rouge et Noir menés à la mi-temps, un Christophe Deylaud impérial au pied avec un total record pour une finale de 26 points marqués dont un drop, encore, tout à la fin, tandis que l'issue du match ne faisait plus aucun doute. Son compère de la charnière a, lui, eu moins de chance puisque son match s'est arrêté au bout de vingt minutes à peine après avoir cogné la tête contre la hanche du deuxième ligne tarnais Jean-François Gourragne. De ce soir-là, il gardera ainsi plus de souvenirs de l'après-match que du match en lui-même.

Qu'importe, le palmarès de Cazalbou, fraîchement garni de la toute première coupe d'Europe, s'étoffe encore et rien n'indique un retour dans le rang. En 1996, alors que les instances dirigeantes du rugby mondial ont ouvert la discipline au professionnalisme et à l'argent depuis quelques mois, le Stade toulousain apparaît de loin comme le club le plus à même à digérer cette révolution.

« On l'avait un peu anticipé, confirme l'actuel manager du haut niveau du club. On avait déjà été demandeur de plus d'entraînements la semaine et on avait également initié une réflexion sur la possibilité d'aménager notre temps de travail pour y intégrer cette activité annexe qu'était à l'époque le rugby. »

S'entraîner plus, travailler moins, mais travailler quand même. Car si les salaires commencent à tomber de manière officielle, ils ne sont en rien équivalents à ceux pratiqués aujourd'hui. Jusqu'au bout, et malgré quelques pressions en fin de carrière, Jérôme Cazalbou conservera ainsi son poste de banquier à la Société Générale, où il officiait le lundi après-midi, et les matinées du mardi, mercredi et jeudi.

Les semaines sont très remplies mais l'homme, à l'instar d'autres joueurs de sa génération, trouve son équilibre dans la pluriactivité et maintient son niveau de performance.

À l'image d'une institution haut-garonnaise, certes déchue de son titre de champion d'Europe à la suite d'une élimination à la fois surprenante et sévère en demi-finale contre les Anglais de Leicester (37-11), mais encore imbattable sur la scène nationale. Sa nouvelle victime au bout du chemin : Bourgoin, défaite au terme d'un beau bras de fer sans essai (12-6) pour ce qui fut la dernière finale au Parc des Princes. La dernière finale, aussi, pour le magicien Christophe Deylaud (auteur d'un nouveau drop !), en tant que titulaire.

Pour situer un peu le côté extraordinaire de ce que réalise à l'époque le Stade toulousain, il faut se replonger dans les vieux grimoires du rugby. Depuis la première finale du championnat de France remportée en 1892 par le Racing Club de France, seul le Stade bordelais avait réussi à décrocher quatre titres à la suite, entre… 1904 et 1907. La préhistoire du rugby en somme.

Face à une telle domination, le fait de voir une équipe de France à l'accent fortement toulousain relève de l'évidence. D'autant plus que les deux hommes à la tête des Bleus sont, depuis 1995, deux anciens de la maison rouge et noire : Jean-Claude Skrela et Pierre Villepreux. Dans les faits, ce n'est pourtant pas tant le cas, avec seulement une poignée de représentants de la Ville rose régulièrement sélectionnés (Califano, Castaignède, Ntamack, Miorin). Malgré tout, les conditions semblent réunies cette année-là pour un retour en sélection de Jérôme Cazalbou, désormais capitaine en club. Celui-ci intervient à l'automne 1997 pour la Coupe latine, compétition aujourd'hui éteinte où s'affrontaient la France, l'Italie, l'Argentine et la Roumanie. À vingt-huit ans, l'heure de la renaissance en bleu a-t-elle sonné pour le gamin de Labastide-Beauvoir ? Il l'espère, bien sûr, mais se place rapidement sur la réserve.

« Lorsque Jean-Claude est parti du Stade, cela s'est fait dans un certain contexte et il y a pu avoir des échanges difficiles avec quelques joueurs dont moi. Il pouvait donc penser que son départ était de notre fait et nous en tenir rigueur. Dès que je suis revenu en sélection, Jean-Claude a eu une longue discussion avec moi pour m'expliquer un certain nombre de choses. À partir de là, je savais pertinemment que notre relation serait… particulière, pour ne pas dire froide. »

Parti pour être le remplaçant de Fabien Galthié, Cazalbou touche rapidement du doigt le Graal à la suite d'une blessure du Columérin dès la première mi-temps du premier match contre l'Italie. Trois ans après avoir été dans le groupe France sans jouer une seule minute, le voilà enfin international. Et titulaire lors des deux matchs qui suivent, contre la Roumanie puis l'Argentine. De quoi faire germer en lui l'idée d'une seconde naissance sportive, en dépit de son passif avec un des deux patrons.

Un événement, ou plutôt un adversaire, va lui ôter tous ses rêves. C'est l'Afrique du Sud, championne du monde en titre, au programme des Bleus en ce mois de novembre 1997. Le premier test, au stade Gerland de Lyon, est de l'avis de tous un trompe-l'œil. Le score brut, 32-36, laisse présumer d'une défaite honorable, mais ne tient pas compte du relâchement des Springboks dans le dernier quart d'heure, tandis que le match était déjà plié (les Français y ont inscrit trois essais, rendant la pilule moins amère). Une rencontre à laquelle Cazalbou assiste depuis le banc de touche sans entrer en jeu, le titulaire du poste Fabien Galthié ayant repris sa place dans le XV de départ.

Rebelote une semaine plus tard, cette fois à Paris pour la toute dernière de l'équipe de France au Parc des Princes avant la migration au Stade de France. L'enjeu est presque politique, donc, tant l'attente d'une belle der dans cette enceinte ayant accueilli des joutes mythiques du rugby français est forte. Personne n'osait alors imaginer le cauchemar sportif qui se tramait.

Labourés par des Springboks aux allures d'incroyables Hulk, les Bleus explosent. Concassées, laminées, les troupes du capitaine Philippe Saint-André, qui faisait lui aussi ses adieux à la scène internationale, subissent une fessée historique (52-10). Collectif, ce Waterloo à la sauce sudaf prend aussi une tournure toute personnelle pour Jérôme Cazalbou. Ce dernier est appelé pour suppléer Fabien Galthié, légèrement touché à la cheville, après un quart d'heure de jeu en seconde période. Le score est déjà fleuve en faveur des visiteurs (3-35) et seul l'espoir de limiter la casse demeure à cet instant du match.

Le demi de mêlée entend bien l'objectif et sauve d'ailleurs un essai qu'on pensait tout fait en s'arrachant pour plaquer l'arrière Percy Montgomery en bout de ligne. Mais le même Montgomery revient à la charge moins de deux minutes plus tard dans les 22 mètres tricolores et Cazalbou, pris par un crochet, se blesse au coude en voulant l'attraper. Rien de trop sévère, une petite entorse tout au plus, mais qui nécessite quelques soins et du strap en bord de terrain. Croyant à un saignement, le staff français fait entrer à la hâte le demi d'ouverture de la Section paloise David Aucagne et demande à Christophe Lamaison de dépanner à la mêlée. De façon temporaire, pense-t-il.

Le Toulousain termine de se faire soigner sur la touche quand, comble de malchance, son capitaine Philippe Saint-André ressent une douleur sur un changement d'appui. Cazalbou est déjà dans les starting-blocks, prêt à revenir pour le remplacer mais l'arbitre s'y oppose. La raison : il ne constate aucun saignement, voit le bandage au coude et estime donc que sa sortie, compensée par l'entrée d'Aucagne, est définitive.

C'est donc l'incompréhension la plus totale sur le bord du terrain, tandis que Saint-André peste et traîne sa peine avec sa jambe meurtrie. Depuis la tribune, Jean-Claude Skrela fulmine et s'ensuit un échange lunaire avec son ancien joueur au Stade.

« Pourquoi tu ne rentres pas ?

— Parce que tu m'as remplacé !

— Mais non, t'es sorti parce que tu saignais, tu peux rerentrer !

— Dis-moi où je saigne alors ! Allez, dis-moi ! »

Dans la panique, le duo Skrela-Villepreux doit faire entrer en jeu son dernier joueur disponible sur le banc… Didier Casadei, pilier, à la place de Saint-André, ce qui entraîne tout un bricolage hasardeux et un transfert du troisième ligne Philippe Benetton dans la ligne de trois-quarts. Un beau bordel, quoi !

Ce moment, à rire ou à pleurer selon l'angle de vue, marque à jamais la carrière de Cazalbou : « Je ressens une terrible injustice car je me fais engueuler, on me dit que si j'ai la trouille, je n'ai rien à faire là, alors que l'erreur vient du staff. » S'ensuit une explication musclée avec Jean-Claude Skrela dans le vestiaire peu après la rencontre et, pire encore, une sortie au vitriol à chaud en interview d'après-match.

« Pourquoi je suis sorti ? Demandez-le plutôt aux entraîneurs. S'ils ne savent pas gérer dans ce genre de situation, tant pis pour eux et pour le coup tant pis pour moi. Je me sens en tout cas le cocu de l'histoire, le dindon de la farce et il est évident que je ne peux que déplorer la manière. »

Des mots synonymes de suicide sportif : « En disant cela, je savais pertinemment que je ne serais pas rappelé, au moins par ce staff-là. » Et effectivement, on ne l'y reverra plus. La fin brutale d'un rendez-vous manqué entre un bon joueur de club et sa sélection, comme le rugby a pu en enfanter quelques autres. Le point de bascule, aussi, d'une carrière où tout ou presque semblait jusqu'ici lui sourire.

Concentré sur le championnat, Cazalbou se blesse en fin d'exercice lors du quart de finale contre Clermont. Son club se qualifie mais doit aborder sans son capitaine la demi-finale périlleuse face au géant ressuscité qu'est le Stade français. Ce dernier, animé d'un esprit nouveau insufflé par son président Max Guazzini et son jeune entraîneur Bernard Laporte, renverse la montagne toulousaine. On peut même dire qu'il la fracasse (39-3).

« Cette confiance qui avait fait notre force durant les années précédentes a fini par nous desservir. On pensait sûrement qu'il suffisait d'enfiler le maillot rouge et noir pour gagner et que peu importe le scénario, cela finirait toujours par tourner en notre faveur. Cette gifle reçue par les Parisiens nous a tous ébranlés ! »

Le duo d'entraîneurs éclate. Daniel Santamans, ancien talonneur du club, récupère les prérogatives de Serge Laïrle, tandis que Guy Novès prend de la hauteur. L'heure est aussi à la remise en question plus marquée de la pluriactivité. Des tensions naissent avec les anciens, attachés à leur activité professionnelle, dont Cazalbou est un des fers de lance, et ponctuent la saison 1998-1999. Des scissions apparaissent aussi au sein même du vestiaire. La relation de confiance entre le néo-manager et son capitaine, jusqu'ici si forte, vole en éclats.

« Il y a eu des réunions entre nous où on m'a demandé clairement d'aller voir le président pour lui demander, au nom des joueurs, de changer d'entraîneur et de manager. Il y a des choses qu'on a essayé de mener à bien et qui n'ont pas abouti. J'étais capitaine en début de saison, et on m'a enlevé ce rôle en me disant que mon discours était trop compliqué. Peut-être trop intelligent pour mes partenaires… »

Paradoxalement, les résultats reviennent de plus belle. Le Stade toulousain domine sa poule, étrille le Stade français en quart en guise de revanche (51-19) et retrouve la finale – sa première au Stade de France – en éliminant Bourgoin (26-17). Et c'est le retour du Bouclier en terre occitane, glané, une fois n'est pas coutume, au nez et à la barbe de Montferrand (15-11).

« C'était une saison très particulière. Il y avait tellement de tensions entre nous que tout aurait pu exploser. On peut dire que notre titre, cette année-là, s'est bâti sur de la colère. Cette colère qu'on ne pouvait pas faire sortir du terrain, entre nous, et qu'on a su transformer en agressivité positive. »

Même la finale, à l'issue heureuse, n'est pas vécue pleinement par une partie des joueurs. La raison ? Deux historiques du Stade, le serial dropeur Christophe Deylaud et le courageux talonneur Patrick Soula, en bout de course, n'ont plus les faveurs de Guy Novès. Ce sont le Néo-Zélandais Lee Stensness, arrivé en Haute-Garonne en début d'année, et le jeune et prometteur Yannick Bru, qui sont choisis pour démarrer et, *a priori*, terminer le match sauf blessure.

« Il y a eu beaucoup de discussions au sein du groupe entre ceux qui militaient pour que ces deux joueurs-là aient droit à une belle sortie sur le terrain lors de cette finale et ceux qui y étaient moins favorables. Entre nous, on savait que si on ne menait pas d'au moins trente points à dix minutes de la fin, Guy Novès ne les ferait jamais rentrer. Cela n'est évidemment pas arrivé et eux ne se considéraient pas champions cette année-là, ce qui était d'autant plus triste pour moi. À partir de là, moi et quelques autres anciens savions que ce serait la même pour nous le moment venu. »

Deylaud et Soula s'en vont, une nouvelle page se tourne, et pour Jérôme Cazalbou, un dernier chapitre débute. Le ressort avec Guy Novès semble se distendre un peu plus chaque jour. À trente et un ans, le demi de mêlée parvient tout de même à se faire prolonger jusqu'en 2002 mais a très vite des échos comme quoi ce dernier bail serait plus la volonté du président Bouscatel, reconnaissant envers son glorieux ancien, que celle du manager.

Non seulement le sextuple champion de France a conscience d'avoir signé son dernier contrat à Toulouse, mais il comprend aussi rapidement qu'il pourra difficilement l'honorer jusqu'au bout. La faute à une coxarthrose naissante (arthrose de la hanche) qui l'obligera au fil des mois à fréquenter plus souvent l'infirmerie que le terrain d'entraînement.

Même s'il reste encore un joueur important du collectif, la fin est proche et l'heure de réfléchir à l'après-rugby a déjà sonné. Même s'il a conservé son activité de banquier à mi-temps à la Société Générale, Cazalbou se laisse tenter en 2000 par la proposition de France Télévisions de faire de lui un de ses consultants. L'encadrement toulousain ne s'y oppose pas et le commentateur Jean Abeilhou lui met le pied à l'étrier lors du Tournoi des Six Nations.

Sur le pré, malgré les pépins physiques, l'ancien apprenti de Pierre Berbizier s'accroche pour conserver sa place de titulaire et démarre les playoffs en tant que tel. Toulouse se dirige vers une nouvelle finale mais croise sur sa route son bourreau de 1998, le Stade français, en demie. Au stade de la Méditerranée de Béziers, la lutte est acharnée mais une vilaine cravate de Christian Labit sur le virevoltant Christophe Dominici, synonyme d'expulsion, fait basculer le match. Les Rouge et Noir tiennent (13-13) mais explosent dans les cinq dernières minutes (30-13, score final).

Comme deux ans auparavant, Toulouse chute face au futur champion parisien et doit se remettre en question. Pour le staff, la génération pluriactive a fait son temps et doit désormais laisser la place à la nouvelle, à 100 % focalisée sur le rugby. Et ultratalentueuse, qui plus est ! Les nouvelles pépites se nomment Clément Poitrenaud, Nicolas Jeanjean ou… Frédéric Michalak, un petit gars du cru que tout le monde voit déjà comme un futur crack.

Jérôme Cazalbou voit le génie de ce dernier, demi de mêlée comme lui, entend son corps usé, et a bien conscience de ne plus être en phase avec Guy Novès. Il se rappelle alors le rôle de passeur de témoin qu'avait tenu Michel Lopez une douzaine d'années en arrière auprès de lui et se dit que son tour est venu de passer le flambeau.

« J'ai essayé de l'accompagner durant cette saison, de transmettre ce qu'on m'avait transmis à mes débuts et d'avoir le même comportement que Michel avait eu avec moi à l'époque, et que j'avais fortement apprécié. Fred l'a accepté. J'ai aussi essayé de ne pas être intrusif et d'avoir avec lui une approche bienveillante et non un rapport déloyal. Compte tenu de ma relation avec lui, Guy pensait que mes conseils n'étaient peut-être pas forts à propos mais j'ai tâché de l'accompagner quand même sans que Fred n'en subisse les préjudices. »

À tout juste dix-huit ans, et du fait des ennuis physiques de son aîné, Michalak prend le pouvoir et s'installe tranquillement dans le XV de départ haut-garonnais. Quand les phases finales arrivent, la hiérarchie est déjà bien établie.

D'autant plus que l'élimination prématurée du club en coupe d'Europe dès les poules – une première depuis sa création en 1996 – renforce côté staff la nécessité d'insuffler un vent de fraîcheur. Plusieurs départs importants sont déjà actés, comme celui de l'emblématique pilier Christian Califano.

Avec le bambin Michalak à la baguette – lui-même chapeauté par l'expérimenté Yann Delaigue à l'ouverture – pour cornaquer le paquet d'avants, le Stade se défait tant bien que mal de Perpignan en quart (20-15) puis plus confortablement contre Castres « à la maison » (32-21). Un point commun sur ces deux matchs : Jérôme Cazalbou n'y a pas participé.

Durant la semaine de préparation de la finale, le « vieux » demi de mêlée de trente-deux ans ne se fait donc pas beaucoup d'illusions : « D'une, la douleur à la hanche est présente, de deux, je sens que la relation avec le staff est très distendue et de trois, j'ai l'expérience de ce qu'il s'est passé avec Christophe Deylaud et Patrick Soula. Je m'y étais préparé psychologiquement toute la semaine : sauf en cas de blessure, je ne rentrerai pas. »

Une première qui trancherait avec ses sept finales entre 1989 et 1999 où son statut de titulaire n'était un sujet pour personne. Cette fois, face à une équipe de Clermont à qui il a ravi le Brennus deux fois au cours de la décennie précédente, il sera juste là au cas où. Bien assis sur le banc toulousain et avec la retenue qui le caractérise, Cazalbou assiste à un combat de chefs. Menés de 3 points à la pause, les Jaunards s'accrochent comme ils peuvent pour rester dans le match.

À dix minutes de la fin du temps réglementaire – les arrêts de jeu étant encore de rigueur à l'époque –, Toulouse mène de 6 points et demeure à portée de fusil d'un essai transformé. Pas vraiment le scénario rêvé pour inciter Guy Novès à laisser l'enfant de Labastide-Beauvoir participer à la fête. Surtout que Frédéric Michalak assure sur le terrain, à la mêlée comme dans l'exercice du tir au but où il se paie le luxe de passer 4 pénalités longue distance. La dernière, à plus de 50 mètres au début du temps additionnel, scelle d'ailleurs le score (34-22).

Les secondes s'égrènent et valident un peu plus les projections de Cazalbou sur son cas personnel. Pourtant, plusieurs joueurs semblent avoir toutes les peines du monde à terminer la rencontre. Après être allé au bout de lui-même et alors que quatre des cinq minutes prévues dans le temps additionnel sont déjà écoulées, Xavier Garbajosa lâche prise. Son langage corporel est sans équivoque, il demande à sortir. Et puisqu'il ne reste qu'un remplaçant parmi les arrières, l'impensable se produit. Guy Novès demande à son demi de mêlée d'aller au feu. Il a 56 secondes pour profiter. Comme le jeu est arrêté et doit reprendre sur une mêlée défensive à 5 mètres pour les Stadistes, il est même quasiment sûr de toucher le ballon au moins une fois. Byzance, il finit même par le toucher deux fois, le passant à Delaigue dont le coup de pied en touche signe la fin du match.

Au final, ses cent vingt-six dernières secondes de rugbyman de haut niveau. Car même si son contrat prévoit une année de plus, son corps, lui, ne lui laissera pas ce luxe. Bien conscient de vivre là son dernier grand frisson, il restera assis sur le terrain longtemps, en compagnie de son vieil ami Didier Lacroix. Jusqu'à ce que les lumières du stade s'éteignent et alors que le dernier spectateur est déjà dehors depuis belle lurette.

Il lui fallait bien tout ce temps pour retracer le film d'une carrière entamée au Stade toulousain douze ans auparavant et auréolée, notamment, du premier titre de champion d'Europe de l'Histoire, de sept Boucliers de Brennus et de tant d'autres grands matchs joués aux côtés des Portolan, Miorin, Ougier, Deylaud, Soula, Lacroix, Califano et bien d'autres valeureux frères d'armes.

Lui aurait bien honoré sa dernière année de contrat, mais son corps ne lui en a pas laissé l'occasion, lui imposant d'arrêter sur cette dernière finale et ce dernier titre plutôt que quelques mois plus tard dans l'anonymat d'un terrain boueux à Dax, Narbonne ou ailleurs. Et il le reconnaît bien volontiers aujourd'hui, c'était sûrement mieux ainsi.

3

Fabien Galthié : L'insaisissable

Ressusciter une équipe de France cantonnée à la charrette de la première division mondiale depuis près d'une décennie et en faire une des prétendantes les plus sérieuses à la Coupe du monde en moins de deux ans semblait du domaine de l'inatteignable. C'est aujourd'hui la fierté de Fabien Galthié. Beaucoup s'accordent à dire que ce poste de sélectionneur des Bleus, qu'il a embrassé pleinement après le Mondial 2019 au Japon où il œuvrait déjà en qualité de super adjoint de Jacques Brunel, était fait pour lui. Galthié le technicien, l'ultraprécis, mais aussi le mystérieux, l'exigeant, le clivant, celui dont ceux qui l'ont côtoyé marquent souvent un arrêt avant de mettre des mots sur sa personne, a obtenu en un temps record des résultats remarquables, grâce aussi à une génération surdouée qu'il a su soumettre et fédérer autour d'un projet très cadré.

Cette quête de l'excellence, qu'il touche actuellement du doigt en tant que sélectionneur, lui ressemble. Elle intervient après une quinzaine d'années à forger son expérience sur le banc, caractérisée par des très hauts dès le début et une forme de traversée du désert ensuite, émaillée notamment par un exil à l'étranger, trois candidatures rejetées pour devenir le patron des Bleus, des tensions avec ses joueurs et ses présidents et deux licenciements (à Montpellier et à Toulon). Avant d'être indiscutable le Lotois a été quelques fois bousculé, remis en question et a parfois dû avancer seul contre tous. Tout comme lorsqu'il était joueur, finalement.

Plus en équipe de France qu'en club, d'ailleurs, où il n'a jamais perdu la confiance de ses entraîneurs. Surtout pas celle du tout premier d'entre eux, Jean-Noël, son papa, qui lui a transmis le virus du rugby et l'y a initié à six ans au club dont il venait de fonder l'école de rugby dans la commune de Tournefeuille, située en proche banlieue toulousaine.

Pas celle, non plus, de ceux qui l'ont accueilli et fait grandir à Colomiers où il a muté pour poursuivre son apprentissage du rugby et entamé sa route vers le haut niveau : « C'est un chemin qui s'est fait par étapes, au fil des rencontres avec des éducateurs, assure Fabien Galthié. En premier lieu Éric Béchu *(joueur de l'USC, qu'il retrouvera en 2010 pour former le duo d'entraîneurs du Montpellier Hérault Rugby jusqu'au décès de son ancien mentor, en 2012, des suites d'un cancer)* que j'ai rencontré à Colomiers à l'âge de quatorze ans. C'était quelqu'un qui avait ce regard bienveillant qui te faisait comprendre que tu avais quelque chose et que tu devais persévérer. Puis toujours à Colomiers José Osès et Christian Deleris, les coachs de l'équipe première, qui m'ont fait jouer très tôt, à dix-huit ans. »

Durant ses classes, qu'il suit avec Stéphane Peysson, d'un an son cadet (avec qui il jouera jusqu'en 2001), le natif de Cahors délaisse son premier poste de centre pour basculer sur celui de demi de mêlée. Il pousse alors les portes des sélections régionales où il doit déjà faire face à la concurrence d'un certain Jérôme Cazalbou, de la génération 1969 comme lui. Ses qualités techniques et son tempérament de leader en construction amènent ainsi le duo Osès - Deleris à le lancer très tôt dans le bain. Son baptême du feu avec l'équipe fanion de l'USC, alors en groupe B, a lieu contre Albi et le « pitchoune » a le bon goût d'inscrire un essai entre les poteaux.

Quelques semaines plus tard, un autre moment marquant vient s'insérer dans la carrière naissante du demi de mêlée : « Je me souviens de ce match de Challenge de l'Espérance peu avant Noël à Bagnères-de-Bigorre. Personne ne voulait aller là-bas parmi les joueurs de la une. Du coup, on est partis avec que des jeunes et des joueurs de la B et on a perdu 33-0. Il y avait Jean-Luc Sadourny et Dominique Dal Pos. » Deux des membres du noyau dur sur lequel la Colombe (surnom donné au club) s'appuiera quelques années plus tard pour préparer son envol.

En attendant les grands soirs, Colomiers s'active pour accéder à l'échelon supérieur avec son tout jeune demi de mêlée aux affaires. La montée arrive lors de la saison 1988-1989, récompense d'une deuxième place chèrement acquise.

En dehors du rugby, Fabien Galthié mène une vie d'étudiant, comme bon nombre de ses coéquipiers de l'époque. Un étudiant brillant d'ailleurs, comme en témoigne son parcours scolaire. Son bac en poche, il entame un DUT de gestion à l'université Paul-Sabatier à Toulouse. Puis vient l'École Supérieure de Commerce et l'ISEG où il entreprend un Master en ingénierie option communication. Mais le rugby n'est jamais bien loin, son statut lui permettant de disputer et de remporter deux fois le Championnat de France universitaire avec sa fac de Paul-Sabatier – avec pour entraîneur Robert Bru, penseur du jeu à la toulousaine et mentor de Guy Novès – et d'intégrer l'équipe de France universitaire.

Boulimique de rugby, il joue donc à la fois en première avec Colomiers, en universitaire et avec la sélection Midi-Pyrénées dans une compétition où s'affronte la crème des régions de France. C'est d'ailleurs cette dernière, voulue par le sélectionneur de l'équipe de France de l'époque Jacques Fouroux, qui va lui ouvrir la porte des Bleus. En 1989, la première année de Colomiers dans le groupe A, Midi-Pyrénées, avec Denis Charvet, Thierry Maset et Jean-Luc Sadourny, remporte la coupe à Niort aux dépens de Côte basque et ses vedettes Serge Blanco et Pascal Ondarts. C'est lors de cette rencontre télévisée que Fouroux repère Galthié et le convoque dans son groupe pour préparer le Tournoi des Cinq Nations 1990. Compétition qu'il ne dispute pas mais le voilà à présent dans les radars du giron fédéral.

La première sélection arrive un an plus tard, en juin 1991, des mains du duo Daniel Dubroca – Jean Trillo, qui a succédé à Fouroux à la tête des Bleus. À la surprise générale, car elle intervient après le Tournoi pour la préparation de la Coupe du monde et que bien peu de suiveurs du rugby imaginaient la mise à l'écart du vétéran Pierre Berbizier pour ce qui devait être sa dernière compétition avant de devenir… le sélectionneur des Bleus. Un séisme pour celui qui était le titulaire du poste depuis dix ans et un poids lourd à porter pour Galthié qui devient international français lors d'un match gagné en Roumanie (33-21) où il est associé d'entrée de jeu à la charnière au Biterrois Didier Camberabero. Il devient par la même occasion le premier international de la grande équipe de France fourni par le club de Colomiers.

Dans la foulée, il prend l'avion avec ses partenaires de sélection, direction l'Amérique du Nord pour une tournée estivale aux États-Unis validée à la dernière minute grâce au soutien financier de l'homme d'affaires Serge Kampf. C'est lors de ce voyage qu'il fait la connaissance de Max Guazzini, le directeur des programmes de la radio NRJ, qui, un an avant de reprendre le Stade français, gravite déjà dans le milieu du rugby. Le contact passe bien et Guazzini convainc le Columérin d'animer, à l'instar d'autres joueurs de l'équipe de France, des petites chroniques sur NRJ à son retour dans l'Hexagone.

Aux États-Unis, Galthié découvre aussi un groupe fracturé et livré à lui-même à cause d'une fédération en crise de gouvernance. Drôle de contexte pour s'intégrer. Heureusement pour lui, un visage connu fait figure de repère. Comme lui, son coéquipier Jean-Luc Sadourny a été retenu pour préparer le Mondial et connaît sa première sélection pour le dernier test avant les choses sérieuses, remporté le 4 septembre à Cardiff contre le Pays de Galles (22-9). Comme Galthié, Sadourny conserve sa place dans le train pour le Mondial, à l'inverse des champions de France béglais Vincent Moscato et Serge Simon.

Le demi de mêlée de l'USC, que personne n'imaginait là quelques mois à peine en arrière, continue de surprendre son monde en démarrant la compétition reine du rugby dans la peau d'un titulaire, en lieu et place du Narbonnais Henri Sanz. En forme, il enchaîne sans encombre les trois matchs de poule face à la Roumanie (30-3), les Fidji (33-9) et le Canada (19-13) et poursuit lors du quart contre l'Angleterre. Pour lui comme pour les Bleus, la compétition s'arrête face à l'ennemi d'outre-Manche (19-10). Un échec, forcément, mais du point de vue individuel un gain d'expérience incroyable.

À leur retour à Colomiers, lui et à un degré moindre Jean-Luc Sadourny ont changé de dimension. Ils sont les têtes d'affiche d'un club qui aspire à grandir. Une ambition qui se traduit sur le terrain, avec le retour des deux internationaux. Troisième de sa poule derrière le Racing et Narbonne, l'USC fait exploser Graulhet en seizième de finale (30-6) et vient à bout de Perpignan (10-9) lors du tour suivant. Trois ans après leurs premiers pas en groupe A, les banlieusards s'invitent au concert des cadors. Même si la magie prend fin en quart de finale contre Castres (24-15), la première pierre d'un chemin menant à de nouveaux horizons est posée.

C'est du moins l'espoir qui anime Colomiers, son emblématique président Michel Bendichou en tête. D'autant plus que deux autres joueurs du club, Laurent Mazas et Hervé Couffignal, sont aussi appelés en sélection. Mais l'envol tant espéré tarde à se concrétiser. Dans un championnat plus resserré, l'USC ne se qualifie pas pour la phase finale. Fabien Galthié connaît quant à lui ses premières déceptions avec l'équipe de France. Absent lors des tests d'été, il revient en novembre mais n'obtient pas la confiance du nouveau sélectionneur Pierre Berbizier, qui lui préfère Aubin Hueber, champion de France avec Toulon. Lui tient-il rigueur de l'avoir poussé vers la sortie avant la dernière Coupe du monde ? Toujours est-il que Galthié, qui voit également arriver les premières blessures, n'est pas retenu pour le Tournoi des Cinq Nations 1993. Tournoi qui se solde par un Grand Chelem.

Il revient l'année suivante et enchaîne, comme en 1992, trois titularisations dans le Cinq Nations avant de se voir, une fois encore, rétrogradé par l'ancien demi de mêlée d'Agen. Un coup dur puisque c'est sans lui que les Bleus réussissent l'exploit de battre les All Blacks chez eux deux fois de suite. Une tournée 1994 restée dans la légende de par son résultat et aussi grâce au fameux « essai du bout monde », inscrit par son pote de Colomiers Jean-Luc Sadourny.

Il ne fait désormais guère de doute que Fabien Galthié n'entre plus dans les papiers de son jeune sélectionneur, qui lui préfère Aubin Hueber et le Béglais Guy Accoceberry. Ce qu'il lui dit clairement après la tournée en Nouvelle-Zélande. À l'issue d'une saison 1994-1995 terminée une nouvelle fois avant les playoffs pour Colomiers, le Lotois ressent au fond de lui une profonde volonté de changement. Il opte alors pour une solution à la fois inattendue et radicale : « Pour améliorer mon niveau d'anglais et aussi découvrir le rugby de l'hémisphère sud, je choisis d'effectuer un semestre de mon master à l'étranger, en Afrique du Sud, où je m'inscris à la fac de UCT au Cap. Je pars en avril avec un ami et je rencontre là-bas par hasard Richard Pool-Jones *(joueur anglais de Biarritz)*, en voyage lui aussi, qui me dit qu'il a trouvé un club sympa, False Bay et me propose d'aller m'y entraîner avec lui. »

L'entraîneur de False Bay est un Sud-Africain ayant évolué une partie de sa carrière en France, à Saint-Claude puis à Boulogne-Billancourt. Son nom : Nick Mallett ! Le même que Max Guazzini engagera sept ans plus tard avec le Stade français pour prendre la succession de l'Australien John Connolly. Sous sa direction, Galthié joue suffisamment bien pour être repéré par la Western Province, franchise regroupant les plus grands talents des clubs du coin, qui le convoque aussitôt pour disputer la Currie Cup (le plus haut niveau sud-africain).

Dans son autobiographie *Retour intérieur*, coécrite avec le journaliste Matthieu Lartot et parue en 2014, il écrit : « En tant qu'homme, c'est une évolution et en tant que rugbyman, c'est une révolution. D'un seul coup, je sors du rugby que j'ai appris jusque-là. Je découvre une autre pratique. Je me transforme. Dans la perception, dans l'engagement, dans la vitesse (...). Je n'étais pas un bon défenseur ; je le deviens. Je n'avais pas un jeu direct ; je commence à le maîtriser. » En résumé, il s'éclate au pays de Nelson Mandela.

La Coupe du monde, elle, démarre fin mai, soit bien plus tôt que d'habitude. Elle a lieu... en Afrique du Sud ! Cette donnée avait-elle influencé le Columérin au moment de choisir la destination de son semestre à l'étranger ? Lui jure que non. Toujours est-il que son aventure sud-africaine va soudainement prendre une drôle de tournure. Le 3 juin, à Pretoria, à presque 1 500 km au nord-est du Cap, le XV de France joue son troisième match de poule, contre l'Écosse. Malheur au perdant qui héritera des All Blacks en quart de finale.

La première mi-temps, parsemée de mauvais coups en tout genre, est terrible pour les Bleus qui s'imposeront au final de justesse (22-19). Deux joueurs doivent sortir sur blessure : le troisième ligne Philippe Benetton (poignet) et le demi de mêlée Guy Accoceberry. Peu après la demi-heure de jeu, ce dernier voit s'écrouler sur lui deux avants alors qu'il s'apprêtait à ramasser le ballon sur un ruck. Le verdict est glaçant : son avant-bras gauche est fracturé et sa Coupe du monde est terminée. Ne pouvant pas prendre le risque de poursuivre la compétition avec le seul Aubin Hueber valide au poste de numéro 9, Pierre Berbizier doit faire appel à un remplaçant extérieur au groupe, comme le règlement le lui autorise.

Sauf que nous sommes en 1995, que le rugby est encore amateur (il passera professionnel après ce Mondial) et qu'il n'est pas si évident de faire débarquer au pied levé de France un joueur qui doit au préalable obtenir l'accord de son employeur. « Berbiz' » le sait bien, tout comme il est au courant de la présence de Fabien Galthié en Afrique du Sud. Il est même tout près, puisqu'il joue dans le même temps avec la Western Province chez les Bulls, basés à Pretoria. L'occasion fait le larron pour le sélectionneur français qui fait immédiatement parvenir au Columérin sa convocation.

Orgueilleux de nature, encore vexé d'avoir été évincé du groupe France et plutôt rancunier, Galthié hésite et demande conseil à ses proches avant d'accepter.

Lorsqu'il rejoint le train en marche, avec des Bleus en pleine préparation du quart de finale contre l'Irlande, les choses sont claires. Aubin Hueber, qui était la doublure d'Accoceberry lors des poules, devient légitimement le titulaire à la mêlée et le Columérin récupère son rôle de remplaçant. C'est dans cet ordre que les deux hommes attaquent face au XV du Trèfle. Un match rondement mené par les partenaires de Philippe Saint-André, qui gagnent 36-12 et s'offrent une demie contre le pays hôte.

La suite, Aubin Hueber la raconte : « Au moment de l'annonce de l'équipe, il n'y a qu'un seul changement par rapport à celle du quart : je suis sorti du XV de départ, c'est Fabien qui va débuter contre les Springboks. Le tout sans explication de la part de Berbizier, si ce n'est de dire que la roue tourne parfois et qu'aujourd'hui, elle avait tourné en ma défaveur. Cela a été plus que dur à encaisser ! » Au point de donner une interview à *L'Équipe* dans laquelle il déclare : « Berbizier aurait eu beaucoup moins de sélections s'il n'avait pas reçu la confiance de Jacques Fouroux du temps où il était en concurrence avec Jérôme Gallion. » Ambiance.

Sous le déluge de Durban, Galthié se voit en sauveur de la patrie lorsqu'il aplatit derrière la ligne d'en-but après avoir récupéré le ballon sur une mêlée à 5 mètres en faveur des Springboks. Mais l'essai est refusé au Lotois, l'arbitre Derek Bevan estimant que le ballon n'avait pas été talonné lors de la mêlée. Une des nombreuses décisions douteuses de l'officiel gallois, dont l'arbitrage partial nourrira polémique et frustration côté français. Sonnés, les Bleus terminent tout de même la compétition la tête haute, en battant les Anglais lors du match pour la troisième place (19-9). Avec, encore une fois, Fabien Galthié à la mêlée.

Le groupe France rentre ensuite au pays sans lui, puisqu'il n'en a pas encore terminé avec son semestre. Ce n'est qu'au mois d'octobre qu'il retrouve la Haute-Garonne, lesté d'une blessure au poignet subie lors de son dernier match avec False Bay. En héros, au sein d'une équipe de Colomiers toute prête à lui rendre sa place de petit prince.

Patrick Tabacco, arrivé chez les Espoirs de l'USC en 1994 en provenance d'Auch, décrit la place à part du numéro 9 international au sein du club de la banlieue toulousaine : « Lorsque je viens, c'est la star de l'équipe avec Jean-Luc Sadourny. Le président Michel Bendichou était un papa qui gérait le club et les joueurs comme sa famille. Et Fabien, c'était son fils ! Je le côtoie vraiment à partir de fin 1995 et je découvre un joueur exceptionnel dans le sens où il gérait tout dans l'équipe, jusqu'aux annonces en touche ! J'y trouvais une forme de logique car il avait, par sa position de 9, une vision plus panoramique mais il fallait aussi pour cela des compétences pour analyser la touche. Ce qui était magique avec Fabien, c'est qu'il savait exactement ce qu'il voulait faire du ballon et qu'il décidait donc en fonction de ses choix tactiques d'envoyer le ballon devant quand il fallait le sécuriser ou plus en fond de touche quand il souhaitait que le jeu parte au large. »

À vingt-six ans, Galthié est encore étudiant mais n'est plus le jeune premier, timide et sur la retenue de ses débuts : « Il m'a toujours impressionné, poursuit Tabacco. C'était un meneur d'hommes charismatique avec un caractère agressif. Dans le vestiaire, il était inquiet, sous pression, il réfléchissait à tout et il n'y avait pas la place pour un sourire. Dans sa façon de parler et son regard, on savait que ce n'était pas le moment de rigoler ! Quand il sortait du vestiaire, il avait limite la bave aux lèvres !

« En dehors du terrain, il était pourtant quelqu'un de tout à fait simple, cordial et agréable mais sur le terrain en revanche, il se transformait. Il n'était pas là pour rigoler. Il était très exigeant et il fallait être sérieux et piger vite. Comme il avait cette exigence pour lui et pour les autres, on peut dire qu'on avait sur le terrain, en match, un véritable deuxième entraîneur. Quand on avait un problème, il avait les solutions. Il avait aussi une emprise énorme sur ses avants. Quand il parlait, on l'écoutait et quand ça n'allait plus et que ça partait un peu en vrille, il redressait vite la barre. Il savait que cette exigence tirait le groupe vers le haut et savait faire la part des choses. Par contre, quand il était trop dur et que ses mots avaient peut-être dépassé sa pensée, ce qui arrivait parfois, on n'hésitait pas à lui dire et il acceptait bien la critique. Parfois, en 3e mi-temps, il pouvait même nous dire : "Attends, je n'ai pas pu te dire ça, ce n'est pas possible !" Il n'en revenait pas d'avoir été aussi dur. »

Un caractère autoritaire, pas du goût de tous mais qu'il peut développer avec plus de liberté sous la houlette de Jacques Brunel, le nouvel entraîneur du club qui a succédé à l'imposant Jean-Claude Skrela. Sa première saison est pourtant décevante en termes de résultats. La Colombe se maintient tout juste en groupe A1, doit se déplacer à Brive, premier de sa poule, en huitième de finale et perd sans surprise (24-18). Côté équipe de France, Pierre Berbizier a laissé sa place au duo Jean-Claude Skrela – Pierre Villepreux après le Mondial. Le premier nommé connaît bien Galthié, pour avoir été l'entraîneur de Colomiers durant une saison (1994-1995). Il se tourne pourtant vers d'autres.

Pour le Tournoi des Cinq Nations 1996, Skrela et Villepreux privilégient le Toulousain Philippe Carbonneau, pourtant doublure de Jérôme Cazalbou à Toulouse et Guy Accoceberry. L'ancien de False Bay fait toutefois son retour dans le groupe pour le dernier match, au Pays de Galles, et obtient même du temps de jeu à la suite d'une blessure d' « Acco » (encore !) en première période. Mais le constat est là : il n'est, une fois encore, pas le premier choix en sélection. Pour ne rien arranger, une blessure à la cheville met fin à sa saison. Le temps n'est-il pas alors venu de changer d'air ? De se montrer dans un club plus huppé, comme le proche voisin toulousain, pour maximiser ses chances de revenir en grâce chez les Bleus ? Pas vraiment.

« Déjà, le Stade toulousain n'est jamais venu me chercher, précise-t-il. J'ai pu avoir quelques propositions du temps du rugby amateur, plus intéressantes financièrement que ce que je pouvais avoir à Colomiers, mais je ne voyais aucune raison pour partir. J'étais encore étudiant, je ne m'ennuyais pas du tout avec cette équipe et je n'avais donc pas d'intérêt de changer. » Au cas où, un homme veillait au grain et donnait de sa personne pour garder ses brebis dans la grange, comme le précise l'arrière Jean-Luc Sadourny, l'autre tête d'affiche du club à cette époque : « On avait tous un père spirituel qui s'appelait Michel Bendichou, qui avait construit autour de cet état d'esprit de club famille et qui faisait tout pour nous garder. Dès qu'il sentait qu'on pouvait peut-être regarder ailleurs, il nous faisait venir dans son bureau et quand on en sortait on était reparti comme en 40 avec Colomiers ! »

Galthié reste, soigne sa cheville, boucle une thèse sur le lobbying industriel et termine ses études. En parallèle, le duo Carbonneau – Accoceberry est consolidé en sélection. Le Columérin ne ménage pas ses efforts pour revenir et se voit récompensé lors du Tournoi 1997, pour lequel il est convoqué et même titulaire pour le match d'ouverture en Irlande. À vingt-sept ans, c'est l'occasion de faire table rase du passé et repartir sur un nouveau cycle plus positif. Il met d'ailleurs les points sur les i d'entrée de jeu en inscrivant le premier essai de la partie puis en offrant sur un plateau le second à l'ailier David Venditti.

L'opération reconquête est en marche mais la guigne, qui le poursuit déjà depuis quelque temps, vient de nouveau tout gâcher. En début de seconde période, son genou lâche. Les ligaments sont durement touchés et sa saison est déjà terminée. La deuxième qui s'interrompt brutalement avant son terme. Et l'image d'un joueur fragile qui s'imprime dans les esprits.

Pour Colomiers aussi, cette saison ressemble étrangement à la précédente. Une huitième place dans sa poule qui en compte dix et pour la seconde année consécutive, l'obligation de se rendre à Brive pour un huitième de finale très déséquilibré sur le papier.

Un peu plus encore en cette année 1997 où le CAB arbore, depuis janvier et sa finale de H-Cup remportée contre Leicester (28-9), son titre de champion d'Europe. L'improbable se produit pourtant. Sans Galthié mais avec un Sadourny en feu, auteur d'un doublé, l'USC fait la course en tête et conserve jusqu'au bout de l'avance (36-31). C'est la grosse surprise de ce début de phase finale, tant les Corréziens semblaient taillés pour aller décrocher le Brennus.

Même si la belle histoire s'arrête en quart de finale lors d'un derby pas si déséquilibré face au Stade toulousain (21-12), Colomiers prend date. L'envol est cette fois imminent : « Il y avait un noyau dur de joueurs ayant connu le groupe B auquel est venu se greffer un contingent de garçons venus de Graulhet, Auch, Tarbes, du fait que la proximité de Toulouse leur permettait de poursuivre leurs études tout en jouant au rugby au haut niveau, explique Galthié. D'autres sont venus pour le travail. Tous ces joueurs, des Laurent Mazas, Patrick Tabacco, Stéphane Graou, Laurent Labit, Jean-Philippe Revailler… ont fait grandir le club. Le tout formait une génération de joueurs qui se combinait bien. On n'avait pas de gros moyens mais on a pu faire la jonction entre le rugby amateur et le rugby pro en surfant sur l'attractivité du pôle toulousain. »

Fabien Galthié profite quant à lui de sa convalescence pour se concentrer sur son avenir professionnel. Après l'aéronautique et un passage à la prestigieuse Aérospatiale, il bascule dans le secteur bancaire en étant embauché par la Société Générale qui, après Jérôme Cazalbou, accueille là son deuxième demi de mêlée de haut niveau de la région toulousaine. « Je crois que, contrairement à Jérôme, Fabien n'a pas eu beaucoup de joueurs du coin parmi ses clients », se marre Stéphane Peysson. « C'est parce que Fabien était un peu "ratchou" *(radin)* ! » renchérit Jean-Luc Sadourny avec le même large sourire. Parce que qui aime bien châtie bien.

Son genou soigné, le Lotois revient aux affaires et postule de nouveau à l'équipe de France. Skrela et Villepreux lui retendent la main pour la Coupe latine, une compétition créée en 1995 qui regroupe la France, l'Italie, l'Argentine et la Roumanie et qui se déroule au mois d'octobre, avant la traditionnelle tournée d'automne. L'autre demi de mêlée appelé dans le groupe est Jérôme Cazalbou. L'occasion de raviver une rivalité vieille de plus de dix ans, quand les deux se tiraient la bourre dans les sélections Midi-Pyrénées chez les jeunes. Puis quand l'un goûtait très tôt aux honneurs de l'équipe de France, l'autre, se consolait d'être ignoré par la sélection en empilant les titres comme les perles (5 Boucliers de Brennus entre 1989 et 1997, une H-Cup en 1996). Quadruple champion de France en titre, le Toulousain méritait plus que jamais une chance avec les Bleus et celle-ci arrive dès le premier match contre l'Italie.

Titulaire, Galthié se blesse à nouveau. Plus légèrement cette fois, à l'épaule, mais suffisamment pour devoir quitter le terrain et renoncer aux deux matchs suivants. Encore cette satanée poisse qui ne le lâche plus. Son malheur fait le bonheur de Cazalbou, qui obtient ses 3 premières sélections. La revanche du laissé-pour-compte malgré ses nombreux titres ? Non. Le natif de Cahors s'accroche et reprend sa place dans le XV de départ pour le premier test de novembre à Lyon contre l'Afrique du Sud, dirigée par un certain… Nick Mallett, le même qui a entraîné le Lotois durant un semestre à False Bay.

Pour se remettre dans le contexte, c'est ni plus ni moins que le champion du monde qui débarque avec des joueurs qui se sont mis au pli du professionnalisme, mis en place plus rapidement dans l'hémisphère sud, avec tous les aspects de préparation physique et de suivi médical que cela implique. Le score final de ce galop d'essai dans la capitale des Gaules (36-32) n'est pas révélateur de la différence de niveau entre les deux équipes, les Bleus ayant profité d'un relâchement adverse dans le dernier quart d'heure pour marquer trois essais.

La semaine suivante, en revanche, la claque est conforme au fossé qui sépare les deux formations. Pour le dernier match du XV de France au Parc des Princes avant le déménagement au Stade de France, les partenaires du capitaine Philippe Saint-André, qui connaît lui aussi sa dernière cape en sélection, sont laminés. 28-3 à la mi-temps, le score continue d'enfler après la pause et le duo Skrela – Villepreux doit trouver des responsables. L'ailier David Venditti est le premier à sortir sans être blessé. Puis vient le tour de Fabien Galthié. La chance de Cazalbou ? Pas du tout, comme écrit plus tôt dans ce livre dans le chapitre qui concerne le Toulousain. La colossale défaite (10-52) met les sélectionneurs face à leurs responsabilités.

En attendant le verdict du Tournoi, Galthié retrouve de la joie avec son club, notamment en Challenge européen, la petite coupe d'Europe, où Colomiers s'éclate en cette première partie de saison. Première de sa poule, l'USC passe son premier gros test de la saison en quart en éliminant Montferrand au stade du Sélery (23-13), puis enchaîne au tour suivant juste avant Noël, toujours à domicile, contre le Stade français, un promu aux dents longues (19-13). Pour la première fois depuis son accession en groupe A, Colomiers va ainsi avoir l'occasion de remporter un titre majeur, lors d'une finale européenne prévue une semaine avant le début du Cinq Nations, à Toulouse, contre Agen.

Dans un stade Ernest-Wallon forcément acquis à sa cause, la Colombe triomphe (43-5). Des anciens historiques (Sadourny, Galthié, Dal Pos, Peysson), des jeunes talentueux du cru (Roque, Sieurac, Skrela) et des éléments externes à forte valeur ajoutée (Bru, Revailler, De Giusti, Tabacco)… la mayonnaise savamment préparée par Jacques Brunel depuis bientôt trois ans révèle enfin tous ses arômes. Ce titre européen glané avec brio au cœur de l'hiver est encore à ce jour le seul trophée majeur du club. À leur retour dans la banlieue toulousaine, les joueurs sont accueillis en grande pompe à la mairie pour présenter la coupe.

Pour Galthié, pas vraiment le temps de savourer car les jours qui suivent lui rappellent sa condition d'intermittent chez les Bleus. Force est de constater que, sur les deux dernières années, il a été absent quand il aurait pu marquer des points et s'est retrouvé là où un forfait ne l'aurait clairement pas pénalisé. Cazalbou banni de la sélection pour ses déclarations fracassantes après le désastre contre les Springboks, le Columérin conserve sa place dans le groupe France, mais derrière Philippe Carbonneau qui redevient le premier choix pour le Tournoi 1998.

Le Briviste joue l'intégralité des trois premiers matchs et démarre le dernier, début avril, contre le Pays de Galles. Une rencontre à la saveur particulière puisqu'elle se dispute en Angleterre, à Wembley, l'Arms Park étant en chantier, et qu'elle est l'occasion pour les Français de briguer un historique deuxième Grand Chelem d'affilée. « Carbo » démarre la partie qui se révèle à sens unique. À la mi-temps, tout est déjà plié (0-29). À l'approche du dernier quart d'heure, fort d'un score sans appel de 0-39, le duo Skrela – Villepreux décide de récompenser son groupe en faisant entrer un maximum de remplaçants. Philippe Benetton est le premier d'entre eux et Fabien Galthié l'imite quelques minutes plus tard. Comme en 1997, son nom sera bien inscrit dans la liste des Chelemards en ayant participé à un seul match. Il a 12 minutes pour évacuer sa frustration et les met à profit en marquant un essai. À la fin de cette victoire éclatante (51-0), les joueurs se rassemblent sur la pelouse autour du capitaine Raphaël Ibañez et du trophée pour immortaliser le moment. Galthié manque à l'appel.

Son regard est déjà tourné vers Colomiers, où il connaît son rôle bien plus important qu'en sélection. À la fin du mois l'attend une échéance qu'il coche en rouge dans son tableau. Un quart de final aller-retour face à Narbonne, entraîné par Pierre Berbizier. Il n'est pas question de perdre face à son ancien concurrent en équipe de France, qu'il avait éjecté en 1991 avant que ce dernier, passé sélectionneur, ne lui rende en quelque sorte la monnaie de sa pièce, en l'écartant des Bleus. À l'aller, Columérins et Narbonnais ne parviennent pas à se départager (19-19). Ils n'y arrivent pas plus au retour (8-8). Il faut donc éplucher le règlement, qui prévoit qu'en cas d'égalité sur les deux matchs, c'est l'équipe ayant inscrit le plus grand nombre d'essais sur ces deux confrontations qui est qualifiée. Un de chaque côté au retour mais deux à un pour l'USC à l'aller qui lui permettent de passer dans ce trou de souris.

Une étape de plus est donc franchie dans la construction du club, qui ambitionne désormais une finale de championnat. Sur sa route, Perpignan, qu'on ne voyait pas forcément à ce niveau-là en début de saison. La rencontre se dispute à Nîmes, dans un stade des Costières rempli par une très grosse majorité de supporters catalans. Colomiers attaque fort et mène à la pause grâce à un essai du deuxième ligne Jean-Philippe Revailler et la botte de Laurent Labit. Mais la puissance du pack sang et or finit par user les Haut-Garonnais, qui voient leur avance fondre en seconde période. À deux minutes de la fin, alors que Perpignan n'est plus mené que d'un point, son ouvreur Laurent Saliès, dont la présence était liée à la blessure en quart de finale du maître à jouer usapiste Benoît Bellot, claque un drop assassin pour les uns mais libérateur pour les siens (15-13). Son homologue columérin Mickaël Carré, entré en jeu dans le deuxième acte, a l'opportunité de l'imiter dans le temps additionnel mais son drop fuit le poteau. Qu'aurait donné une finale Colomiers – Stade français ? Personne ne le saura jamais !

Toujours est-il que cette saison 1997-1998 marque un vrai tournant dans l'histoire columérine. Le club de Michel Bendichou s'est prouvé à lui-même qu'il pouvait rêver en grand et veut désormais assumer son nouveau statut. « C'est à partir de là qu'on a commencé à entendre dans la bouche de Jacques Brunel que l'objectif était d'être champion de France et qu'il fallait basculer dans cette configuration », confirme Patrick Tabacco. Dont acte.

Pour Galthié, le discours reste en revanche le même en sélection. Il demeure, malgré la belle saison de son club, la doublure de Philippe Carbonneau. C'est le cas lors de la tournée d'été dans l'hémisphère sud, où il ne participe qu'à un match de semaine contre une sélection fidjienne et 5 minutes le samedi lors du test officiel contre les Fidji, le dernier de la série. Toujours 5 de plus qu'en novembre où « Carbo » ne lui laisse même pas une miette des deux rencontres face à l'Argentine et l'Australie. À la fin de cette année 1998, son compteur reste donc bloqué à 23 sélections. À un an de la Coupe du monde, le constat est certes un peu mieux qu'en 1994, puisqu'il demeure dans le groupe, mais en tant que second couteau. Constat qu'il partage pour la première fois avec son pote de Colomiers Jean-Luc Sadourny, lui aussi en perte de crédit auprès de Skrela et Villepreux.

Alors reste le club pour se refaire la cerise. Et cela tombe bien pour la Colombe, qui, si elle peine un peu en championnat, confirme sa montée en puissance sur la scène européenne en terminant première de sa poule de H-Cup. Une compétition il est vrai tronquée car sans les clubs anglais, qui la boycottent. En quart de finale, elle enchaîne en dominant le Munster (23-9), s'ouvrant la voie du dernier carré.

La demi-finale, au tout début du mois de janvier, est placée sous le signe de la revanche. L'adversaire est en effet Perpignan, qui l'avait écarté de la finale du championnat la saison précédente. Jean-Claude Skrela est dans les tribunes du Stadium de Toulouse. Mais le sélectionneur est plus là pour voir à l'œuvre son fils David. Bien lui en prend puisque celui-ci inscrit l'unique essai du match dans le dernier quart d'heure. Le seul éclair dans un match bien terne (10-6).

Mais la manière n'est que peu de chose par rapport à la grandeur du moment. Colomiers, le petit club de la banlieue toulousaine est, dix ans après son accession à l'élite, en finale de la plus prestigieuse des coupes d'Europe. La France du rugby et son goût prononcé pour les histoires des David terrassant les Goliath est derrière la Colombe. La finale se dispute à Dublin contre l'Ulster et s'inscrit dans un contexte politique particulier. Après des années de luttes sanglantes, catholiques et protestants irlandais ont signé même pas un an auparavant un accord de paix prévoyant notamment une autonomie de l'Irlande du Nord. Ce match doit donc incarner le symbole d'une réconciliation fragile entre Irlandais, unis derrière l'Ulster pour ramener sur l'île britannique une première H-Cup. Dépassés par cet enjeu, les Haut-Garonnais perdent pied (21-6). Un rêve s'envole.

La déception passée, l'USC se reconcentre sur le championnat où, après des premiers mois compliqués, elle retrouve de l'allant et de l'ambition. Meilleure équipe de la phase de qualification, elle gagne le droit de disputer un quart de finale à domicile contre Grenoble, le petit Poucet, qui a été départagé avec Toulon dans sa poule au nombre de cartons rouges. Pour la première fois en phase finale, la voilà clairement favorite. Un statut qui ne va guère lui convenir.

Menée 15-13 à la pause, elle parvient à se refaire en seconde période et mène 26-21 quand l'impensable se produit à 5 minutes de la fin du temps réglementaire. À la suite d'une touche il est vrai pas très droite dans les 22 mètres columérins, les Isérois poussent avec leurs avants, progressent, avancent dangereusement près de la ligne et l'arrière Franck Corrihons plonge aplatir près des poteaux, quasiment au pied d'un Fabien Galthié médusé. Transformé par le même Corrihons, l'essai est fatal aux Haut-Garonnais qui ne s'attendaient pas à devoir dire au revoir si tôt à Jacques Brunel. Une dernière amère pour le coach à la moustache, en partance pour Pau.

La saison, elle, n'est pas terminée pour autant pour les deux stars de Colomiers, Fabien Galthié et Jean-Luc Sadourny, qui ont un ticket dans le groupe France à défendre lors d'une série de 4 tests préparatoires à la Coupe du monde. Ils sont titulaires lors du premier d'entre eux, à Castres, contre la Roumanie. L'opposition est faible et les Français mènent déjà 4 essais à 1 à la pause, dont un du demi de mêlée lotois. Pour Sadourny, les choses se corsent en seconde période. Alors qu'il est sorti à la mi-temps, son remplaçant Ugo Mola, régional de l'étape, brille devant ses supporters avec un doublé à la clé. Il sera ainsi reconduit lors du test suivant, le premier de la tournée d'été dans l'hémisphère sud, aux Samoa. La concurrence s'annonce rude !

Tout comme pour Galthié avec le Biterrois Pierre Mignoni, dont le club joue le maintien mais que Skrela et Villepreux veulent voir à l'œuvre. Même s'ils ne l'expriment pas clairement à ce moment-là, ils songent déjà à en faire leur numéro 2 au poste de demi de mêlée pour le Mondial, derrière Carbonneau. Une situation que le jeune Varois accepterait plus facilement que le trentenaire de l'USC. La suite va les conforter dans cette intuition. Mignoni démarre contre les Samoa et la France gagne (22-39). Galthié débute le match suivant contre le Tonga, est même capitaine pour l'occasion et les Bleus connaissent une déroute historique face au petit archipel du Pacifique (16-20). Mignoni reprend donc la main pour le gros test du mois de juin contre les All Blacks. Il joue presque une heure, Galthié le reste et difficile de désigner un vainqueur dans cette partie où les Bleus sont pulvérisés (54-7).

Toujours est-il que cette Tournée est un échec cuisant pour le staff et légitime des décisions fortes. Fabien Galthié et Jean-Luc Sadourny sont évincés du groupe retenu pour la Coupe du monde. Comme pressenti, Philippe Carbonneau et Pierre Mignoni sont les deux demis de mêlée retenus. La gifle est retentissante pour le Columérin, même s'il s'y attendait un peu, ayant choisi de ne pas rentrer en métropole en même temps que la délégation tricolore au retour de la tournée d'été, préférant se ressourcer trois semaines en Nouvelle-Calédonie. Une gifle qui va devenir camouflet au cœur de l'été. Alors que le XV de France est en stage à Val-d'Isère, « Carbo » passe de l'euphorie à la détresse en quelques minutes. Il se blesse au genou gauche et le verdict est plus violent qu'un coup de marteau : rupture des ligaments croisés. Son rêve de Coupe du monde s'évapore.

La logique veut que les sélectionneurs rappellent le natif de Cahors mais ils sortent de leur chapeau un autre nom, celui de Stéphane Castaignède, vice-champion de France avec Clermont mais 0 sélection au compteur. Le message est clair : tout sauf Galthié pour ce Mondial.

Une compétition que les Bleus attaquent remplis de doutes. Le premier match face au Canada est très poussif (33-20). Le second, contre la Namibie, n'apporte pas plus de certitudes vu la faiblesse de l'opposition (47-13). Amené à donner son avis dans la presse, Fabien Galthié ne ménage pas le staff tricolore, pointant du doigt des problèmes d'organisation générale. Il ne sait pas qu'au même moment, Pierre Mignoni est en délicatesse avec sa cuisse. Rien de bien méchant mais les douleurs persistantes font planer un doute sur sa participation à la troisième rencontre décisive contre les Fidji. À trois jours du match, Jean-Claude Skrela et Pierre Villepreux doivent prendre une décision difficile. Ils ne peuvent se permettre de n'avoir qu'un seul demi de mêlée valide, même le temps d'un match, et renvoient donc Mignoni chez lui.

Dans l'urgence, pas le temps de tergiverser. Skrela doit avaler son chapeau et décrocher son téléphone. « Je tombe de l'armoire, raconte son interlocuteur dans *Retour intérieur* ! Comme en 1995, on me rappelle quasiment au même moment… J'ai alors exactement la même réaction que quatre ans auparavant. Inutile de le nier, je suis touché dans mon orgueil, piqué de ne pas être pris dans l'équipe. Et comme j'ai beaucoup d'ego, j'hésite à accepter cette éventuelle sélection. » Mais il accepte, comme en 1995, après avoir écouté son entourage. Le chemin pour rejoindre le groupe n'est pas long puisque le match contre les Fidji doit se jouer au Stadium de Toulouse et qu'il s'y prépare non loin de là.

« À peine ai-je mis un pied dans le camp de base que je suis immédiatement convoqué par les coachs. Jean-Claude Skrela m'interpelle devant le reste de la troupe (…) "Tu as fait des déclarations dans la presse sur l'équipe qui selon toi, paraît désorganisée. Apparemment, le plan de jeu n'est pas bon (…) Nous sommes très contrariés par tes prises de position !" » La cohabitation démarre sur des airs de guerre froide…

Sans surprise, Stéphane Castaignède est le numéro 9 titulaire contre les Fidji. Le match est dur, les Bleus piétinent et prennent même peur lorsque l'arrière ilien Alfred Uluinayau les foudroie et permet aux siens de basculer en tête en début de seconde période. Lorsque Galthié entre en jeu, à 8 minutes de la fin, la France vient seulement de reprendre l'avantage grâce à l'effort de ses avants qui obtiennent un essai de pénalité. Ovationné par le Stadium, le Columérin impulse un jeu plus direct et se montre décisif sur une action à deux minutes du terme, conclue par le Parisien Christophe Dominici. De quoi mettre ses coachs un peu plus dans l'embarras le concernant.

La pression médiatique est telle qu'ils cèdent et promeuvent titulaire celui dont ils ne voulaient plus entendre parler deux mois plus tôt. Les avants tricolores vont poursuivre la compétition avec un nouveau général. Mais l'optimisme n'est pas de rigueur côté staff, qui s'attend à croiser l'Irlande à Lansdowne Road en quart. C'est au final l'Argentine, vainqueur à la surprise générale du XV du Trèfle en barrage, qui gagne le droit d'affronter la France. Avec Galthié titulaire, les Bleus retrouvent leur force offensive. Des individualités comme Olivier Magne ou Philippe Bernat-Salles se subliment et le XV du Coq franchit l'obstacle des Pumas (47-26). Il est le dernier représentant de l'hémisphère nord dans le dernier carré.

Le soir même, joueurs et staff se réunissent pour une troisième mi-temps mémorable, histoire de fêter ces retrouvailles sur le terrain et se ressouder avant le terrible morceau qui les attend. Ce morceau, c'est ni plus ni moins que les All Blacks. La machine à faire peur. Celle qui broie ses adversaires et les laisse dans leur misère. C'est aussi le monstre Jonah Lomu, le plus puissant des joueurs de rugby de son époque. Grand, rapide, musclé… bref, un tank inarrêtable comme il n'en existe pas encore d'autres en cette fin du XXe siècle. Le contexte est très hostile, tout comme l'enceinte qui accueille l'événement, Twickenham, pas vraiment le théâtre des rêves pour le XV de France. Comment cette équipe, qui a tant bafouillé depuis le début de l'année, pourrait s'en sortir face à ce même épouvantail qui lui avait collé un cinglant 54-7 à

Wellington il y a tout juste 4 mois de cela ?

La première surprise de cette demi-finale vient de la composition néo-zélandaise. Le sélectionneur John Hart prend un pari osé, celui de détrôner son demi de mêlée titulaire et installé depuis quelques années, Justin Marshall, lui préférant le jeune et électrique Byron Kelleher (futur Toulousain de 2007 à 2011). Si Galthié s'attendait au gestionnaire des Crusaders, il aura comme vis-à-vis le pitbull d'Otago. Ce dernier défiera régulièrement son aîné français par le regard et le geste durant la partie.

Ce match, le Columérin ne le démarre pas de la meilleure des manières. Son envie de bien faire est réelle mais l'excitation l'amène à la précipitation. Il se fait sanctionner sur la première mêlée pour une introduction dans les pieds de son deuxième ligne puis, quelques minutes plus tard, anticipe une montée défensive dans ses 22 mètres pour administrer un tampon au trois-quarts centre Christian Cullen, ce qu'il réussit avec conviction, mais concède une pénalité qui permet au buteur kiwi Andrew Merthens d'inscrire les trois premiers points de son équipe.

Les All Blacks passent devant grâce à une nouvelle pénalité de Merthens mais les Français se rebiffent une première fois grâce à la vélocité de Christophe Dominici, qui déchire le rideau noir. Repris à 5 mètres de la ligne d'en-but, il est bien suivi par Fabien Galthié qui empêche le défenseur néo-zélandais de lui arracher le ballon. L'action se solde par un essai quelques secondes plus tard de l'ouvreur Christophe Lamaison. Premier frisson. Mais les All Blacks sont piqués au vif et chargent Jonah Lomu de remettre les pendules à l'heure. À peine 4 minutes plus tard, sur un ballon de récupération, l'autobus d'Auckland met un premier raffut à Lamaison, résiste à la charge simultanée de trois défenseurs, dont le deuxième ligne Abdelatif Benazzi qui rebondit sur lui telle une balle de tennis lancée contre un mur, et emporte deux derniers joueurs avant d'aplatir devant Fabien Galthié. Les qualificatifs manquent pour décrire une telle impression de puissance. « C'est Gulliver au pays de Lilliputiens », dira joliment le journaliste

Christian Jean-Pierre à chaud dans son commentaire sur TF1.

Malgré ce coup de tonnerre, les Bleus restent à portée de fusil à la pause (17-10) grâce à 3 échecs au pied de Merthens. Coincés en tribune, Skrela et Villepreux ne peuvent descendre dans le vestiaire pour donner leurs consignes. C'est aux joueurs et à eux seuls de trouver les solutions. Ibañez, Lièvremont et consort insistent sur le positif et la nécessité de croire en leur chance et tout le monde repart gonflé à bloc pour le deuxième acte, prêt à la guerre.

Mais pas encore au sacrifice quand, très vite, Lomu a un ballon d'attaque à négocier. La peur qu'il inspire transpire sur cette action. Lamaison refuse le plaquage, lui posant une simple main sur le dos, et Garbajosa lui attrape timidement l'épaule, avec aussi peu de succès que son ouvreur. Seul Galthié se jette dans les jambes du colosse et parvient à le faire tomber. Trop tard, l'ailier néo-zélandais retombe dans l'en-but. Cette petite humiliation aurait dû signer le glas des maigres chances du XV de France. Elle va au contraire le ressusciter.

Deux minutes plus tard, « Titou » Lamaison claque un drop. Renvoi, les All Blacks relancent un ballon, le perdent, Lamaison se remet en position… ça passe encore ! La fulgurance de Lomu est déjà presque effacée sur le plan comptable. On continue ? L'ailier Tana Umaga rate le ballon à la réception d'une chandelle. Mêlée, le flanker Josh Kronfeld se détache. Faute bête, pénalité, et trois points de plus pour le buteur tricolore. Et étonnamment aucun taulier côté Kiwis pour rassembler les troupes et les appeler au calme alors qu'il n'y a pas encore péril dans la demeure. Dans la continuité, nouvelle faute néo-zélandaise, nouvelle chance pour la gâchette briviste et nouvelle réussite.

Plus que 2 points d'écart, la peur change de camp. Dans la foulée du renvoi, c'est un Jeff Wilson fébrile qui relance et se fait cueillir par trois Bleus la bave aux lèvres. La suite appartient à la légende du rugby. Fabien Galthié arrive rapidement au ballon, tape par-dessus la défense dans l'espace libre, Andrew Merthens arrive sans conviction au contraire d'un Christophe Dominici qui profite pleinement d'un rebond favorable et fonce marquer près des poteaux. Le French Flair dans toute sa splendeur. Ce qui est en train de se produire sur la pelouse de Twickenham sort du cadre rationnel. En moins de 10 minutes, les invincibles All Blacks viennent d'encaisser un 19-0. Tout simplement inexplicable.

Et toujours aucune réaction des stars de l'hémisphère sud à l'horizon. La tornade bleue peut donc poursuivre son entreprise de destruction. Sur une touche au niveau de la ligne des 22 mètres adverses, le pack tricolore emporte son homologue sur 15 mètres. Galthié pour Lamaison, petit par-dessus, le bon rebond, encore, pour Richard Dourthe qui alourdit l'écart. Douze points d'avance avec la transformation. Dans la tribune, la caméra s'attarde sur Pierre Villepreux qui en pleure de joie.

Dans l'euphorie, les Bleus savent pourtant qu'ils n'ont pas le droit de se relâcher s'ils ne veulent pas réveiller la bête. Il reste 20 minutes et un essai néo-zélandais peut encore tout changer. Sur une belle séquence impulsée par le capitaine Taine Randell, le ballon arrive sur l'extérieur à Tana Umaga, qui fixe Fabien Galthié et glisse à Jeff Wilson. Le Columérin est pris dans un premier temps par le retour intérieur de l'arrière All Black mais s'accroche et parvient, avec l'aide de Xavier Garbajosa, à le propulser en touche juste avant la ligne d'en-but. Un sauvetage ô combien décisif à cet instant de la partie.

Touché à la main sur une énième intervention défensive autoritaire, sur le flanker Kronsfeld, le Lotois n'est pas encore prêt à rendre les armes. Bien lui en prend. En couverture dans ses 22 mètres sur un coup de pied à l'emporte-pièce de Lamaison, Lomu ramasse le ballon, se lance et arrive avec de la vitesse sur le premier défenseur, qui n'est autre que Galthié. Dans un autre contexte, on n'aurait pas donné cher de la peau du demi de mêlée de l'USC. Mais pas ce jour-là. L'autobus d'Auckland voit un véritable tigre foncer sur lui, l'impacter sur le haut du corps et le mettre à terre telle une frêle gazelle.

À 5 minutes de la fin, les Français marquent un dernier essai en contre, par Philippe Bernat-Salles et Fabien Galthié est remplacé dans la foulée de cet ultime coup de griffe : « J'ai voulu sortir avant la fin pour permettre à Stéphane Castaignède, le demi de mêlée remplaçant, de jouer lui aussi ce match », révèle-t-il dans le tome 2 du documentaire intitulé *Instants mythiques du rugby français*. « Je monte les marches et, en levant les yeux, vois mon père qui descend, en larmes, pour venir m'enlacer. Comme on est pudique dans la famille, j'ai compris qu'il s'était vraiment passé quelque chose de grand. Puis je suis descendu dans le vestiaire pour être tout seul dans mon coin, me calmer et vivre le moment à fond. » Puis il est ressorti pour partager cet instant hors du temps avec ses frères d'armes. Pour l'éternité, les Bleus ont battu les All Blacks 43-31 en demi-finale de Coupe du monde après leur avoir collé un 33-0 en l'espace de 20 minutes (Wilson marque un essai anecdotique pour la Nouvelle-Zélande à la dernière minute).

L'énergie mobilisée pour réussir ce renversement historique manque pour la finale face à l'Australie. Le match aurait pourtant pu pencher du bon côté en première période lorsqu'une transversale au pied de Lamaison trouve Magne qui rabat pour Benazzi. Ce dernier croit marquer mais l'essai est refusé par l'arbitre pour un en-avant du 3e ligne casqué. De quoi lui rappeler les mauvais souvenirs de 1995 et la demie contre l'Afrique du Sud où il pensait aussi avoir marqué… Avec un résultat similaire puisque la France n'arrive pas à faire son retard. Épuisée, elle lâche même à l'heure de jeu et perd au final largement (35-12). Si près, si loin.

Après coup, des cadres à l'image de Fabien Galthié pointeront des erreurs durant la semaine de préparation de la finale, notamment le choix d'un hôtel trop exposé à la vue de tous. Tant pis.

De retour en club, Galthié retrouve ses amis et découvre un nouvel entraîneur, Henri Auriol, déniché à Graulhet pour remplacer Jacques Brunel. Mais son discours passe moins bien que celui de l'Auscitain. La campagne de H-Cup est décevante et se termine en eau de boudin avec une dernière place de poule. Michel Bendichou écoute alors ses cadres, parmi lesquels Fabien Galthié qui lui préconisent de changer de coach pour éviter d'aller droit dans le mur. Message entendu, Auriol est débarqué en février et remplacé par Serge Milhas, un ancien demi de mêlée du club qui a tenu le rôle quand le natif de Cahors était miné par les blessures. Bendichou s'assure d'ailleurs d'avoir l'aval du « fils » avant de l'engager.

À la même période, Galthié est confirmé par le nouveau sélectionneur Bernard Laporte comme titulaire et joue les deux premiers matchs du Tournoi, passé à six nations, avant de se blesser en club aux adducteurs, l'obligeant à renoncer pour le reste de la compétition internationale. Sans lui, et avec Milhas aux commandes, l'USC parvient quand même à remonter la pente et se qualifier pour les barrages. De retour aux affaires, le natif de Cahors contribue grandement à se sortir du piège tendu par Bourgoin (20-18).

Arrive alors le quart de finale contre le Castres Olympique, premier de sa poule de qualification. Les Tarnais sont favoris mais déjouent. Dans le dernier quart d'heure, alors que l'issue est encore incertaine avec un score de 15-12 en faveur de la Colombe, Fabien Galthié et son maillot grenat se fait la malle au ras d'un ruck plein axe, fixe le dernier défenseur et joue parfaitement son 2 contre 1 avec Jérôme Sieurac pour le premier essai de la partie. Le staff columérin exulte mais va vite déchanter. Quelques instants plus tard, alors qu'il suit un partenaire qui est envoyé en touche, un Castrais lui roule dessus dans sa chute. Le regard ailleurs, il ne sent pas le danger venir et se tord de douleur. Son genou gauche a vrillé. Le diagnostic révèle une entorse nécessitant au moins 3 semaines de repos. Comme il n'en reste que 2 au mieux, sa saison est terminée. Dure récompense pour celui qui vient d'assurer un ticket dans le dernier carré à son club, vainqueur du CO 29-15.

C'est donc en tribune qu'il observe la demie au couteau entre l'USC et la Section paloise, entraînée par… Jacques Brunel. Après avoir arraché dans les arrêts de jeu la prolongation (11-11), les Haut-Garonnais, menés 22-21, obtiennent au bout du bout la pénalité de la gagne. Dans la peau du héros, l'ouvreur David Skrela, vingt ans à peine, ne tremble pas et envoie Colomiers en finale du championnat (24-22). La consécration pour un club à la progression constante depuis trois ans et un sentiment forcément mitigé pour son demi de mêlée blessé. D'un côté la joie de voir se concrétiser le rêve de tout un groupe, dont le noyau dur a participé à la montée en élite onze ans plus tôt. De l'autre, la frustration de ne pas pouvoir être acteur de ce moment qu'il a espéré et attendu toute sa vie.

Au Stade de France, au moment de l'entrée sur le terrain des joueurs, c'est ce dernier sentiment qui domine et le déborde au point d'éclater en sanglots. Le réalisateur télé ne manque pas de s'attarder sur son visage rempli de tristesse. En spectateur, il assiste à la belle première mi-temps des siens, puis à l'effondrement mental de son jeune coéquipier David Skrela dans l'exercice du tir au but, à l'essai de filou de son remplaçant Fabrice Culina, qui relance le suspense en toute fin de match, puis à la dernière démonstration de force parisienne en mêlée, à 5 mètres de leur en-but, sur introduction columérine, qui scelle le sort de la partie (28-23). Après la finale de H-Cup et celle de Coupe du monde, c'est la troisième fois qu'il voit son équipe échouer au pied d'un trophée en l'espace d'un an et demi. En aurait-il été autrement s'il avait pu jouer cette dernière ? Encore une fois, personne ne le saura jamais.

C'était en tout cas le momentum de l'US Colomiers, comme se plairait à le dire Galthié. L'instant où, à son apogée, elle fut tout près d'inscrire son nom en lettres d'or dans le palmarès du rugby français. Même si joueurs et staff espèrent la maintenir tout en haut, ils savent aussi que l'évolution rapide du professionnalisme joue en sa défaveur.

Éliminé au stade des poules en H-Cup, le club du président

Michel Bendichou se cherche un second souffle qui n'arrivera pas. Fabien Galthié anticipe ce retour dans le rang et ressent, pour la première fois, le besoin d'arpenter un autre chemin : « Au mois de février, je rentre de l'entraînement et je me suis dit : "C'est fini, il faut que j'aille voir ailleurs." J'avais la certitude que l'histoire était terminée et que je devais aller voir ailleurs. Et le seul endroit où je me voyais partir de Colomiers était à Paris avec le Stade français, car je connaissais son président Max Guazzini et qu'il y avait dans son club une façon de voir le rugby totalement différente de ce que je connaissais à Colomiers. J'avais bientôt trente-deux ans, il me restait encore deux trois ans à pouvoir jouer au haut niveau et je voyais les choses comme une évidence. Je voulais terminer sur autre chose et ce quelque chose devait être le Stade français de Max Guazzini. »

Une décision qui, si elle peut paraître soudaine, à l'image de son départ en Afrique du Sud six ans plus tôt, ne surprend pas à l'époque son coéquipier de vingt ans Stéphane Peysson : « Cela faisait un petit moment qu'il se posait des questions. Le club avait du mal à prendre le bon virage. Il y avait un besoin de se structurer pour maintenir des hautes ambitions et on s'est rendu compte que le club allait rapidement être limité et aurait du mal à conserver des chances de revenir en finale. Ce constat, je le partageais aussi et c'est d'ailleurs pour cela que je suis également parti à la fin de cette saison 2000-2001. »

Le seul hic pour le demi de mêlée, mais de taille : il est sous contrat avec l'USC et celui-ci n'arrive à échéance qu'en 2003. S'armant de courage, il va toquer à la porte de son président Michel Bendichou pour lui demander sa libération et celui-ci lui oppose un non catégorique. Pas question de lâcher son joueur vedette gracieusement. Si Guazzini veut vraiment lui enlever son « fils », il devra payer, comme au football, ce que le rugby s'est toujours refusé d'imiter. Alors que la saison de Colomiers se termine par une élimination en quart de finale d'Élite 1 à Castres (37-26), les négociations s'intensifient. Elles trouvent leur épilogue en pleine tournée d'été du XV de France en Afrique du Sud, où Galthié est confirmé en tant que capitaine. Son souhait est exaucé, le voilà soldat rose. Une bonne nouvelle de plus pour celui qui se prépare à découvrir les joies de la paternité, la naissance de son fils Mathis étant prévue pour le mois de novembre.

À Paris, il n'est pas parachuté dans l'inconnu. Il retrouve en effet bon nombre de partenaires de l'équipe de France, Richard Pool-Jones, son ami avec qui il avait partagé une belle tranche de vie en Afrique du Sud et Patrick Tabacco, son ancien poulain à Colomiers, parti en éclaireur dans la capitale un an plus tôt. « Fabien avait un peu conditionné ma venue au Stade français », révèle ce dernier. « Avant que je signe à Paris, cela faisait deux ans que le club s'intéressait à moi. Max Guazzini avait appelé Fabien pour connaître ma situation et Fabien lui avait dit que j'étais encore jeune et qu'il devait me laisser mûrir encore un peu à Colomiers avant de me recruter. Lors de ma première saison au Stade, Fabien m'appelait régulièrement pour me demander comment cela se passait pour moi et aussi pour prendre le pouls sur cette équipe qu'il envisageait peut-être de rejoindre. Je lui ai dit qu'il y avait beaucoup de qualités dans ce groupe et qu'il bossait bien, ce qui était vrai puisque nous avons été jusqu'en finale de la H-Cup.

« Mais la deuxième année a été moins bonne car l'entraîneur John Connolly ne faisait pratiquement pas de turnover. Les titulaires étaient usés et les remplaçants démobilisés, ce qui nuisait au rendement de l'équipe. Voyant cela, Fabien m'a un peu engueulé, me disant : “Dis donc, Patrick, tu m'avais dit que l'équipe tournait bien mais je la trouve très moyenne au contraire, tu t'es foutu de moi !” »

L'échec en quart de finale de H-Cup à domicile contre le Munster (14-16) fragilise l'entraîneur australien John Connolly et la défaite fin mars, toujours à Jean-Bouin, lors de la première journée de la phase qualificative contre Bourgoin (34-36) scelle son sort. Dans les jours qui suivent, les joueurs lancent un putsch, Max Guazzini accepte leurs revendications et limoge son technicien. N'ayant pas la possibilité de se retourner, il se tourne alors vers Fabien Galthié et lui demande de prendre en charge les entraînements avec l'ouvreur Diego Dominguez. Une casquette qu'il pourra assumer à temps plein pour les trois derniers matchs de la poule, une blessure à la main l'obligeant à rester derrière la barrière. Trois et pas plus car le Stade français n'en gagne aucun et voit la qualification s'envoler.

Contrairement à 2000, l'autogestion n'a cette fois pas porté ses fruits au Stade français. Au moment de plancher sur le nom de son futur entraîneur pour la saison prochaine, Guazzini consulte celui qui a déjà pris, en l'espace d'une saison, une place énorme dans son club. Il lui égrène les noms de ceux qui sont disponibles et en mesure de l'intéresser et lorsqu'il prononce celui du Sud-Africain Nick Mallett et voit les yeux de son interlocuteur s'éclairer, comprend qu'il tient une bonne piste. Les contacts sont établis et l'affaire est entendue. Un joli retour d'ascenseur du demi de mêlée envers celui qui l'avait accueilli six ans plus tôt au Cap, avec False Bay.

Une satisfaction parmi d'autres dans cette année 2002 bien riche pour Fabien Galthié. Sur un plan personnel déjà, il épouse en juillet Coline, la mère de son fils Mathis, dans son fief lotois de Montgesty et s'associe au restaurateur Denis Méliet, bien connu à Toulouse, pour ouvrir une enseigne J'Go à Paris, rue Drouot. Côté sportif, aussi, où les distinctions s'enchaînent. Il avait manqué le Grand Chelem de 1993 et n'avait eu qu'un rôle mineur lors de ceux 1997 et 1998, il en a été cette fois le fier capitaine. C'est également pour l'ensemble de son œuvre sportive en 2002 qu'il reçoit, en janvier 2003, la consécration individuelle suprême, le trophée de meilleur joueur du monde lors d'une cérémonie organisée par l'IRB au cours de laquelle Bernard Laporte est également désigné entraîneur de l'année.

C'est paradoxalement au sommet de sa carrière sportive qu'il prend la lourde décision d'y mettre fin. Il n'ira pas au-delà de la Coupe du monde 2003, son dernier défi, et donc pas au-delà du contrat qui le lie avec son club jusqu'en juin. Il sera champion avec le Stade français ou ne le sera jamais et acte le fait de n'avoir plus qu'une seule carte à jouer pour y parvenir. Éliminé au stade des quarts de finale de la petite coupe d'Europe, le club de Max Guazzini peut concentrer tous ses efforts pour l'aider à réaliser son rêve.

Deuxièmes de la phase régulière, les Parisiens donnent l'impression de monter en puissance et surnagent dans leur poule de qualification composée d'Agen, de Perpignan et de Grenoble. La réception du FCG est d'ailleurs son dernier match à Jean-Bouin. Des adieux festifs puisque, déjà qualifié, le Stade français joue libéré et réalise un festival offensif (53-27) avec sept essais marqués dont un de son futur retraité. Les hommes de Nick Mallett, assurés de terminer premiers de poule, peuvent lâcher du lest lors du dernier match à Agen (30-11) à l'inverse des Biarrots, leurs adversaires en demi-finale, qui doivent batailler ferme jusqu'au bout pour se qualifier.

Parmi les supporters basques, on espère une passation de pouvoir lors de cette demi-finale. Celle entre Fabien Galthié, au crépuscule de sa carrière et Dimitri Yachvili, demi de mêlée buteur du BO et déjà considéré comme le futur du XV de France à son poste avec le Toulousain Frédéric Michalak. Le jeune loup qui envoie le vieux loup à la retraite, l'histoire plaira sûrement aux journaux du coin. Mais personne n'aura l'occasion de l'écrire. Le champion de France en titre, émoussé par son combat pour s'extraire de sa poule, ne tient qu'à peine plus d'une mi-temps avant d'abdiquer sous les coups de boutoir des avants parisiens et la botte magique du vétéran Diego Dominguez (32-9). Le Stade français retrouve la finale du championnat, trois ans après son dernier sacre… contre le Colomiers de Fabien Galthié. Un Galthié tout heureux que la poisse, qui l'a si souvent accompagné durant sa carrière, ne lui ait pas joué un dernier vilain tour. Cette fois, pas de blessure pour lui pourrir la vie et l'empêcher d'être sur le terrain. Son dernier match de club, après 16 ans en senior dont 14 ininterrompus en première division, sera une finale de championnat.

Durant la semaine, les souvenirs de ce long périple remontent à la surface. Un peu plus encore lorsque le manager Alain Elias a la bonne idée de montrer aux joueurs une longue vidéo contenant une série de messages d'encouragements de leurs proches. Puis vient la traditionnelle remise des maillots la veille du match. C'est Max Guazzini en personne qui lui donne l'ultime tunique qu'il portera avec son club, déclenchant une forte émotion chez l'ancien Columérin.

Cette finale face au Stade toulousain est aussi la dernière représentation de la charnière Galthié-Dominguez. Bien plus que deux simples joueurs, deux véritables relais sur lesquels Nick Mallett s'est appuyé pour redonner des couleurs à une équipe à la recherche d'un second souffle. Deux leaders dans l'âme, véritables compétiteurs de l'extrême à l'exigence démesurée. L'entraîneur sud-africain n'avait qu'une certitude avant la finale, que ces deux-là ne le décevraient pas. Il ne s'est pas trompé.

Huitième minute de jeu, Frédéric Michalak, le buteur toulousain, passe déjà sa deuxième pénalité (6-3). Sur le renvoi, les Parisiens récupèrent le ballon et Galthié met sur orbite son ouvreur, dont le drop vient heurter le poteau. Qu'à cela ne tienne, les Haut-Garonnais, déjà prévenus avant le coup d'envoi, savent qu'ils devront monter très rapidement en défense pour éviter de laisser ce type de munition à l'ennemi parisien. Juste avant la mi-temps, alors que les soldats roses sont menés de 6 points (15-9), la même opportunité se présente. Galthié décoche une passe laser pour… le centre Stéphane Glas, qui s'est placé devant l'Italo-Argentin. Il fait mine d'armer le drop puis feinte Émile Ntamack, monté en pointe sur lui, est déséquilibré par une cuillère de Christian Labit mais se relève et avance de 15 mètres avec deux partenaires aux fesses. Nouveau point de fixation avec l'ailier Thomas Lombard et voilà les Parisiens à 5 mètres de l'en-but.

L'explosif arrière Ignacio Corletto plonge dans le ruck pour soutenir l'effort mais atterrit bien au-delà. L'arbitre Joël Dumé ne le sanctionne pas. L'Argentin ne s'arrête pas en si bon chemin puisque, sitôt debout, il retient le maillot de l'ouvreur toulousain Yann Delaigue pour l'empêcher de défendre. Là encore, l'arbitre ne le perçoit pas, à l'inverse de Fabien Galthié qui voit une petite porte s'ouvrir. Ni une ni deux, il ramasse la balle, fonce tête baissée et termine derrière la ligne.

Grâce à cet essai, qui aurait été refusé avec l'assistance vidéo, le Stade français prend la tête juste avant la mi-temps (16-15). Libéré, il peut dérouler en seconde période après un coup de canon du centre Brian Liebenberg. Intenable, insaisissable, Galthié place un nouveau départ au ras bien senti dans les 22 mètres toulousains et il faut un plaquage désespéré de l'Irlandais Trevor Brennan à 5 mètres de son en-but pour le priver d'un doublé. En manque d'oxygène, les Rouge et Noir focalisent sur le demi de mêlée parisien au ruck suivant, l'attendent de pied ferme sur leur ligne et lui laissent de fait un peu plus de temps pour ajuster une longue passe pour Corletto. La vitesse de l'Argentin, magnifiquement servi, fait le reste. KO debout, les hommes de Guy Novès essaient de réagir, en vain.

Le natif de Cahors profite, lui, des derniers moments en connaissant l'issue de sa sortie. À 5 minutes de la fin, il s'accorde un dernier plaisir. Dans les 22 mètres adverses, il se greffe à ses avants pour former un groupé pénétrant puis se fait une nouvelle fois la malle au ras du ruck. Il est pris mais savoure la peur qu'il inspire à ses adversaires déboussolés. Le temps de se relever, il adresse une longue passe précise à Brian Liebenberg, en bonne position pour le drop. Le tir est, lui, complétement foireux.

Alors que le temps réglementaire touche à sa fin, la caméra isole Jérôme Fillol, le remplaçant de Fabien Galthié, qui se mord les lèvres d'impatience sur le bord du terrain en espérant que le boss accepte de sortir et le laisser participer à la fête. Ce qu'il fait dans les arrêts de jeu, sous l'ovation du Stade de France. Les bras levés, le sourire jusqu'aux oreilles, en seigneur. Pour l'anecdote, Fillol ne termine même pas le match, écopant d'un carton jaune dans le temps additionnel.

À ce moment-là, Galthié est déjà ailleurs, comme il le raconte dans son autobiographe : « Je sais qu'il y a tout un jeu médiatique autour de moi, de ma dernière, et j'ai envie d'être tranquille. Il n'y a qu'un endroit où je suis certain de me retrouver seul, c'est le vestiaire, encore une fois, comme en 1999. Je prends le tunnel, arrive devant la porte et demande une cigarette au responsable de la sécurité (...). Je pénètre dans le vestiaire vide, m'allume cette clope et m'effondre. D'un seul coup d'un seul, tout défile dans ma tête. Tournefeuille, mes années poussins avec mon père, mon arrivée à Colomiers, mes éducateurs, Éric Béchu, José Osès, Jacques Brunel, mes copains Jean-Luc Sadourny, Hervé Couffignal, Stéphane Peysson, Henri Nart, Dominique Dal Pos. Je lâche tout... C'est un moment qui m'appartient, je savoure à ma façon. »

De retour sur le terrain, quand le match est terminé (32-18), vient le temps des embrassades. Christophe Dominici, David Auradou, Max Guazzini et Diego Dominguez lui tombent tour à tour dans les bras. Le journaliste de France 2 Matthieu Lartot, avec qui il commentera les matchs des Bleus des années plus tard, tente de lui arracher ses premiers mots mais prend un raffut. Son collègue Cédric Beaudou tente à son tour sa chance et reçoit comme réponse : « Je ne sais pas, laisse-moi profiter cinq minutes ! » Un deuxième raffut, donc, avant de faire sa spéciale : partir au ras pour, cette fois, monter les marches qui mènent au Bouclier de Brennus. Il est le premier à le toucher avec Diego Dominguez qui, à ce moment-là, pense lui aussi avoir joué sa dernière avec le Stade français. Une photo de l'Italo-Argentin, l'arcade ouverte, embrassant son demi de mêlée lors du tour d'honneur, traduit le profond respect entre les deux hommes. La charnière « la plus exigeante du monde », dixit Patrick Tabacco, venait de se dire au revoir sur la plus belle note.

L'histoire veut que, sept mois après cette finale, Michel Bendichou, l'ancien président de Fabien Galthié à Colomiers, décède des suites d'une crise cardiaque au jour de l'An, emportant avec lui le souvenir d'avoir vu de ses yeux, au Stade de France, celui qu'il considérait comme son « fils » connaître la consécration que son club n'avait pas pu lui offrir.

Une fin de rêve pour un joueur longtemps torturé par les blessures et qui, en insaisissable qu'il était, a su attendre le dernier moment pour faire faux bond à sa malchance chronique. Sa conclusion, toute personnelle : « J'ai été champion de France pour mon dernier match de club, cela devait se passer comme ça, c'était une évidence. » Il suffisait juste d'y croire et d'être patient.

4

Diego Dominguez : L'avant-gardiste

Diego, né en Argentine, numéro 10 légendaire passé entre autres par l'Italie, et rigoureusement précis dans sa frappe de balle... le rôle était déjà pris mais Diego Dominguez a su se l'accaparer et l'incarner avec talent. À sa façon, dans un style éminemment plus sobre que le génial Maradona et à l'échelle du rugby, bien sûr. Sa drogue à lui : le travail. Sa particularité ? Une réflexion avant-gardiste sur la gestion du corps, basée sur une hygiène de vie drastique, presque anachronique à une époque où bonne chère et troisièmes mi-temps arrosées étaient encore l'apanage d'un rugby au début de sa professionnalisation.

Une rigueur sans faille que même les tentations parisiennes et l'esprit de fête indissociable du Stade français de Max Guazzini, à la fin du dernier millénaire, n'ont su entamer. Parce que sa volonté de tirer la quintessence de lui-même était inébranlable, à l'image d'un Jonny Wilkinson quelques années plus tard.

Sa quête du mieux l'a ainsi poussé bien au-delà des frontières de Cordoba, sa ville de naissance, où il a découvert le rugby à six ans au sein du club de la Tablada, situé tout près de chez lui, et gravi tous les échelons jusqu'à intégrer l'équipe fanion – pensionnaire de première division – douze ans plus tard. Elle le mènera d'abord en Italie, terre de sa mère immigrée au sortir de la Deuxième Guerre mondiale, pour laquelle il possédait un passeport. Puis viendront la France et sa capitale, où il écrira sur le tard ses plus belles pages de rugbyman et ne refermera le livre qu'à l'âge de trente-huit ans. Avec, dans le rétroviseur de ces deux décennies, deux titres de champion en Argentine (1987, 1988), quatre en Italie (1991, 1993, 1995, 1996), quatre en France (1998, 2000, 2003, 2004), auxquels s'ajoutent une Coupe d'Italie (1995) et une Coupe de France (1999).

Une moisson exceptionnelle, prix de son inspiration d'avoir placé le rugby – pourtant encore amateur – en haut de ses priorités. Du courage, aussi, d'avoir su sortir de sa zone de confort pour viser toujours plus haut. Sa vie est ainsi marquée de choix forts.

Le premier : arrêter au bout d'un an sa formation d'ingénieur, où il était inscrit dans une école réputée de sa ville : « Le niveau était très relevé et pour réussir, il fallait y dédier un temps énorme », se souvient-il. « Or, moi, j'ai choisi très tôt de m'ajouter des entraînements en plus de ceux proposés par mon club pour pouvoir atteindre le haut niveau. J'ai donc basculé sur des études d'économie. »

Il suivra ce nouveau cursus durant quatre ans, dont un aux États-Unis pour y apprendre l'anglais, mais l'interrompra une année avant son terme, là encore pour bifurquer vers un autre destin dicté par le rugby. Acteur actif des deux titres locaux de son club de La Tablada et régulièrement retenu parmi les meilleurs joueurs de sa province, l'ouvreur se voit offrir en 1988, à vingt-deux ans, une belle opportunité. Rodolfo O'Reilly, le sélectionneur national argentin, l'intègre dans le groupe des Pumas qui accueillent le XV de France en juin. Il ne joue pas les deux tests, seulement les oppositions de la semaine, mais apprend au contact de l'« ancien », Rafael Maduro, désigné titulaire à l'ouverture depuis le départ de la légende Hugo Porta. Dans la foulée, il est convoqué pour voyager en Europe, plus précisément en France, afin d'y disputer la toute première Coupe du Monde universitaire.

À cette occasion, les étudiants Pumas s'illustrent puisqu'ils vont jusqu'en finale, perdue à Bayonne contre leurs homologues néo-zélandais. De quoi s'attirer tout de même quelques éloges et le regard bienveillant de dirigeants de clubs venus flairer les talents. Sans surprise, Diego Dominguez suscite des convoitises et lui parviennent déjà des sollicitations pour venir jouer sur le Vieux Continent. Si l'heure n'est pas encore venue, la démarche est flatteuse et l'idée commence à faire son chemin.

O'Reilly le retient encore pour la tournée de novembre en France puis l'été suivant en Nouvelle-Zélande. Toujours pas de sélection... Sa chance finit par arriver à l'automne lors de l'équivalent sud-américain du Tournoi des Six Nations. Il connaît ainsi sa première cape officielle contre le Chili, suivie d'une seconde face à l'Uruguay.

Alors que les portes semblent s'ouvrir en grand en Argentine, Diego Dominguez opte pour le contre-pied et prend une décision fondamentale. Porté par un désir d'aventure, d'indépendance et une volonté de se frotter à un rugby de club plus structuré, il choisit en décembre 1989 de quitter son pays natal. Son point de chute est suggéré par ses racines maternelles : l'Italie et Milan où il retrouve de la famille. Un club, aussi, l'Amatori, dont le propriétaire n'est autre que l'emblématique homme d'affaires Silvio Berlusconi.

Mais quand l'Argentin arrive en Lombardie, on lui signifie qu'il doit attendre la fin du championnat en cours pour intégrer sa nouvelle équipe. N'étant pas vraiment du genre patient, il active son réseau pour trouver une solution. Celle-ci se situe de l'autre côté des Alpes, à... Cognac, où l'entraîneur, André Leymat, adjoint de Jacques Fouroux durant les tournées de 1987 et 1988 contre l'Argentine, garde un bon souvenir de ce jeune numéro 10 à la botte aiguisée. Par ailleurs, l'effectif cognaçais compte dans ses rangs un Argentin, de Cordoba lui aussi : le troisième ligne Hugo Maffini, argument de poids pour faciliter l'intégration. Tout est ficelé rapidement, Dominguez prépare son baluchon et file en Charente pour trois mois.

Une première aventure française en première division brève et méconnue de la future icône de Jean-Bouin mais qu'il n'a pas oubliée bien des années plus tard. Surtout pas son premier match où il doit jouer au centre malgré une forte inexpérience à ce poste. Pour corser le tout, l'adversaire est Agen, un cador de l'époque, à Armandie, et son vis-à-vis direct est Philippe Sella, une référence internationale au sommet de son art.

« Il n'était pas simplement au top, il était stratosphérique », en sourit-il encore aujourd'hui. « Le coach me dit de me concentrer uniquement sur lui, que cela importait peu si je ne touchais pas le ballon mais qu'il ne devait pas passer. Durant le match, je le plaque une première fois à retardement. Il laisse passer mais à la seconde il me dit : "Petit, prochaine fois que tu me retouches sans ballon, tu es mort !" Là tu te dis que soit tu survis, soit on t'enterre sur la pelouse ! C'était dur, comme les semaines qui ont suivi mais j'ai serré les dents et je me suis accroché. »

La courte pige charentaise passée, Dominguez rentre à Milan et peut enfin intégrer l'Amatori. L'y attendent ses nouveaux partenaires, dont le plus illustre d'entre eux, l'Australien David Campese, que beaucoup désignent en ce temps comme le meilleur joueur du monde. Une véritable source d'inspiration pour le natif de Cordoba. Avec la star des Wallabies, il remportera d'ailleurs deux de ses quatre scudetti.

Avant de connaître l'ivresse du titre de champion pour sa première saison, Diego Dominguez est approché par la fédération italienne pour jouer avec la sélection azzura. Le terrain est propice, parce que le règlement le permet, mais aussi parce que la fédé argentine l'a interdit de porter le maillot des Pumas pendant trois ans à la suite de son départ soudain pour l'Europe. Peu d'arguments sont nécessaires pour convaincre le joueur, qui devient international italien dès le mois de mars 1991.

Le sélectionneur des Azzuri, le Français Bertrand Fourcade, est conquis et n'hésite pas à l'embarquer pour la Coupe du monde.

Avec Diego Dominguez, l'Italie fait très bonne figure dans sa poule relevée où elle remporte son premier match contre les États-Unis (30-9) et s'incline avec les honneurs face aux champions du monde en titre néo-zélandais (31-21). Très positif, donc, à l'inverse de l'Argentine qui repart du Mondial avec trois défaites dans la musette.

Le bilan sportif de Dominguez à l'issue de cette première saison sur la Botte (surnom donné à l'Italie en raison de sa forme) est fantastique et les choses se mettent également en place hors du rugby. Après avoir tenté de poursuivre encore un peu ses études en économie dans une prestigieuse école de Milan, il abandonne finalement pour monter sa société, spécialisée dans le commerce de voitures à l'international. Un business porteur avant la naissance de la monnaie unique européenne.

Le goût des affaires et la volonté d'entreprendre, deux qualités qu'il partage pleinement avec le grand patron de son club, à qui il voue, si ce n'est de l'admiration, au moins un profond respect : « Berlusconi venait nous voir pour les gros matchs et parfois à l'entraînement. Il s'informait sur les joueurs et nos résultats, ce qui m'impressionnait pour un homme de sa stature avec ses obligations et son emploi du temps. Il avait également une générosité que les gens connaissent peu. Il réunissait par exemple pour chaque Noël les joueurs de toutes les sections sportives et leurs familles. On se retrouvait donc à célébrer tous ensemble avec les gars du foot, du volley et du hockey. Et il s'arrêtait à chaque table pour saluer tout le monde. J'en garde des souvenirs exceptionnels ! »

Celui qu'on surnomme *Il Cavaliere* prend aussi pour habitude de recevoir chez lui tous ses champions. C'est ainsi que Dominguez et ses copains de l'Amatori, véritable machine à gagner des titres dans les années 1990 à l'image du Stade toulousain en France, connaîtront en tout quatre fois cet honneur durant la décennie (1991, 1993, 1994, 1996), toujours après avoir battu le grand rival du Benetton Trévise en finale et toujours avec « Don Diego » à la baguette.

Au niveau de la sélection, l'Italie prend de l'épaisseur grâce à une nouvelle génération de joueurs talentueux comme le demi de mêlée Alessandro Troncon, international à partir de 1994 et qui formera pendant les neuf années suivantes avec Diego Dominguez une des charnières les plus enthousiasmantes d'Europe.

Le monde du rugby la découvre notamment lors de la Coupe du monde 1995 en Afrique du Sud, certainement la plus particulière des trois disputées par l'ancien de La Tablada. Dans la poule de la Squadra Azzura se trouve en effet l'Argentine. S'il avait déjà affronté son pays de naissance lors d'un tournoi à 7 avec l'Italie, c'est une première à 15, avec un enjeu tout autre. Celui de ne pas terminer dernier du groupe. Les Transalpins, qui peuvent s'appuyer sur un match référence perdu de peu contre l'Angleterre (27-20), s'avancent avec confiance. Pour son numéro 10, c'est en revanche tempête sous un crâne !

« Heureusement qu'il n'y avait pas les portables à cette époque ! J'étais forcément tendu, car même si j'avais tourné la page, j'avais passé à cette époque la majeure partie de ma vie en Argentine, avec tous les souvenirs qui vont avec. En face, je les connaissais presque tous. Et en écoutant les hymnes, pas mal d'images sont passées par ma tête. »

Le match aussi est tendu et serré. Tellement serré qu'un seul point sépare les deux équipes à quelques encablures de la fin. L'Italie est juste derrière mais voit la lumière à trois minutes de la fin grâce à… Diego Dominguez, jusque-là auteur de 16 points au pied et qui, tel un lapin sortant du chapeau, intercepte une passe du demi de mêlée adverse et file à l'essai. Ce même demi de mêlée, un certain Rodrigo Krexell, son camarade de chambre durant la Coupe du monde universitaire en France sept ans auparavant, avec qui il formait la charnière jusqu'en finale contre les All Blacks. Un coup de poignard fatal aux Pumas, mis à mort par un ancien de la meute, auteur ce jour-là de 23 points.

À vingt-neuf ans, Diego Dominguez vit une année 1995 épanouissante sur tous les plans, lui qui, en plus de remporter la Coupe d'Italie avec l'Amatori, devient papa pour la première fois d'un petit garçon nommé Piero. Un bonheur qui revient deux ans plus tard avec une fille, Sol, qui naît quelques mois après avoir remporté son quatrième et dernier Scudetto, pour sa dernière saison à Milan.

Car là encore, alors que sa vie s'apparente à une *dolce vita* en Lombardie, Dominguez va prendre la voie du grand changement. Un désir motivé par l'avènement du rugby professionnel et par le destin. À trente et un ans, alors qu'il continue de performer sous le maillot de l'Italie, une proposition de contrat lui parvient en provenance d'Afrique du Sud. De Durban, pour être précis, où la franchise des Sharks pense à lui pour en faire son ouvreur pour la saison à venir de Super Rugby.

L'idée le tente mais un événement va changer le cours des choses. Un match, plutôt. Le 23 mars 1997, alors que la Squadra Azzura tape déjà fort à la porte du Tournoi des Cinq Nations, celle-ci réussit l'exploit de battre la France, au stade Lesdiguières de Grenoble (40-32). Des Bleus qui avaient, de l'avis de plusieurs protagonistes, certainement un peu trop fêté le Grand Chelem obtenu une semaine plus tôt, mais un succès majuscule tout de même pour cette nation entraînée par le Français George Costes et son maître à jouer d'origine argentine, auteur de 20 points au pied.

Dans les tribunes, un spectateur pas comme les autres est ébloui par la performance de ce dernier. C'est Max Guazzini, directeur des programmes de la radio NRJ et président du Stade français depuis 1992. Un club historique, premier finaliste de l'histoire du Championnat de France en 1892 mais passé aux oubliettes. Sous la houlette de Guazzini, l'institution parisienne a remonté les échelons un à un et va retrouver, pour la saison 1997-1998, l'élite du rugby hexagonal. Et après avoir assisté à la déroute du XV de France, l'homme de radio se dit qu'il lui faut Diego Dominguez pour accompagner son équipe dans cette aventure.

Il arrive le jour même à avoir accès à l'ouvreur par l'intermédiaire d'une connaissance commune, un partenaire de sélection du nom de Massimo Giovanelli, et lui fait part de son vif intérêt. L'offre est évidemment tentante et Dominguez lui promet d'y réfléchir sérieusement, tout en ne lui cachant pas la proposition des Sharks. Comme à son habitude, l'international italien s'informe sur le Stade français, son histoire et également sur ce Guazzini qui est venu le démarcher et dont il entend plutôt du bien. Malgré un intérêt grandissant, il se rend toutefois en Afrique du Sud pour rencontrer le président des Sharks et découvrir le projet, les installations et la ville de Durban.

À son retour à Milan, son souhait est de se donner le temps de la réflexion. Surtout qu'une finale de championnat l'attend, dont il sait qu'elle sera *a priori* la dernière. L'Amatori s'incline face au grand rival du Benetton Trévise à l'issue d'un match spectaculaire (34-29), qui reste à ce jour la dernière finale de championnat d'élite disputée par le club lombard. Parmi les 8 000 spectateurs qui garnissent le stade Marcantonio Bentegodi de Vérone ce jour-là, un homme est venu tout spécialement pour Diego Dominguez et l'attend à la sortie des vestiaires. C'est Vincent Moscato, capitaine du Stade français, envoyé par Max Guazzini en personne pour le convaincre de signer à Paris.

La faconde de l'ancien Béglais fait son œuvre, les deux hommes dînent ensemble le soir même et l'Italo-Argentin, écrasé par les arguments massue du « bulldozer » Moscato, lui donne son accord avant la fin du repas.

Sa seule exigence, qu'il maintiendra jusqu'à la fin de carrière : que le contrat soit d'une durée d'un an. La condition est acceptée, le joueur débarque peu après cette entrevue informelle dans la capitale française et s'engage avec les Stadistes. À trente et un ans, Diego Dominguez change de statut. Le voilà désormais un rugbyman professionnel à part entière.

En jetant un œil sur ses cartons de déménagement, Max Guazzini est interpellé par un détail atypique : une cargaison frôlant le quintal de pâtes De Cecco et de café Illy, deux marques italiennes. Si l'anecdote fait marrer le président, qui lui signale que Paris n'est pas le fin fond d'une caverne préhistorique et qu'il trouverait aisément ces produits-là au supermarché du coin, elle lui confirme aussi les échos qu'il avait pu entendre au sujet du garçon, notamment sa volonté farouche de ne donner à son corps que ce qu'il considère comme le meilleur.

« J'ai présidé le Stade français pendant dix-huit ans et Diego a clairement été un des joueurs les plus professionnels que j'ai connus durant mon passage. Sur le plan sportif, où il s'imposait toujours une heure ou deux après les entraînements à buter, mais aussi hors du terrain où il avait une hygiène de vie irréprochable, faisait toujours attention à ce qu'il mangeait, ne buvait pas d'alcool et s'interdisait tout excès. On ne le voyait pas à 3 heures du matin en discothèque. Il avait passé la trentaine et savait se préserver au maximum pour pouvoir exploiter le meilleur de son potentiel. »

Un potentiel que les autres joueurs du Stade français découvrent, comme le raconte Christophe Laussucq, son premier partenaire à la charnière au club : « Diego jouait pour l'Italie mais on ne la voyait pas souvent à l'œuvre à l'époque. Il arrivait aussi de Milan et d'un championnat italien qui n'était pas une référence. C'était clairement un pari. Il a dû s'adapter au changement de niveau et franchir un palier mais cela s'est fait assez rapidement. »

Pas le plus identifié des treize recrues parisiennes de 1997 pour faire face à la montée, Dominguez doit faire ses preuves pour passer devant Christophe Reigt, l'autre ouvreur recruté par le club cette année, champion de France avec Bègles en 1991 où il formait la charnière avec… Bernard Laporte, passé entraîneur du Stade. Tout un programme donc et la hiérarchie n'est pas établie durant les premières semaines.

Mais l'Italo-Argentin a pour lui une arme rare à l'époque : sa grande précision dans les tirs au but. Une qualité qu'il a travaillée dès l'adolescence et sans relâche depuis ses dix-huit ans, où il a intégré pleinement l'exercice dans sa routine post opération d'une rupture des ligaments croisés du genou. Son taux de réussite élevé se révèle être une mine d'or pour une équipe promue qui doit apprendre à se connaître et n'a pas encore la marge d'un Stade toulousain sur la plupart de ses adversaires.

En plus de ses qualités techniques, « Don Diego » a d'autres atouts imparables pour s'imposer dans sa nouvelle équipe. Sa personnalité forte qui fait de lui un leader au sein d'un groupe qui ne manque pas de caractère et une belle gueule qui colle assez bien au projet de Max Guazzini d'apporter une touche de glamour au rugby pour le désenclaver de son petit réservoir d'initiés du Sud-Ouest.

Très vite, les supporters parisiens lui attribuent une chanson qui le suivra tout le long de son passage en France. À grands coups de « Dieeeee-go...Dieeeee-go » avant chaque pénalité qu'il va tenter, ils lui confèrent un statut de chouchou de Jean-Bouin.

Sous l'impulsion de son numéro 10, le Stade français monte en régime de façon *crescendo*, passant du statut d'intrigant promu à celui de poil à gratter puis carrément de candidat au Bouclier de Brennus. Un tour de force pour une équipe, parfois qualifiée de foyer de mercenaires par quelques observateurs de l'époque, qui a su se forger une âme plus rapidement que quiconque avant elle. Une improbable success-story qu'on pourrait attribuer à deux constituants forts de son ADN : ou l'art de combiner esprit de compétition exacerbé et franche camaraderie. Deux anecdotes illustrent à leur façon ce qui faisait l'esprit de ce Stade français.

Pour célébrer son entrée rapide à la table des tauliers du vestiaire, Diego Dominguez a connu, au bout de quelques semaines de compétition, un bizutage particulier façon Vincent Moscato. Tandis qu'il restait près d'une heure sur le terrain après l'entraînement pour buter, il voyait régulièrement son capitaine talonneur sortir du vestiaire en tenue d'Adam et entonner le fameux « Dieeeee-go… Dieeeee-go » tout en s'essuyant en long en large et en travers et de façon très ostensible le sillon interfessier avec la serviette qu'il lui avait dérobée dans son sac de sport.

De nature sérieuse mais pas du genre à baisser la tête, le natif de Cordoba a alors attendu le bon moment pour lui donner la réplique. À l'approche d'une fin de saison où le club parisien se révèle de plus en plus, il passe toutefois à côté lors d'un déplacement, particulièrement sur l'aspect du combat. Furieux, le jeune entraîneur Bernard Laporte demande dans la semaine qui suit à ses avants de rester après une séance d'entraînement pour du rab de mêlée et autre jeu sur du très petit périmètre. En rentrant au vestiaire pour se doucher et panser quelques plaies, Moscato n'a pu que constater les dégâts. Pantalon, chemise, chaussettes, portefeuille… tout est passé dans le bain vengeur de « Don Diego ».

Pour ce qui est de l'esprit de compétition, il suffisait de regarder l'état des pneus de Christophe Dominici, qui se plaisait à faire la course avec son demi d'ouverture quand il le croisait sur la route du terrain d'entraînement. La championnite pour tout, partout, qui donnait parfois des entraînements électriques mais qui a aussi contribué à l'éclosion de l'équipe.

Qualifiée à la surprise générale pour les phases finales, elle se retrouve face à une montagne *a priori* infranchissable en demie. Le quadruple champion de France en titre toulousain et sa pléiade de stars. Bien peu auraient parié ce jour-là sur une victoire écrasante… du promu parisien. Emmené par son Italo-Argentin, toujours impérial au but avec 19 points marqués, Paris déboulonne la statue du commandeur rouge et noire et la fracasse au sol (39-3). Le rêve fou de Guazzini, remporter la première finale de l'histoire du rugby hexagonal au Stade de France, est à portée de main face à un adversaire lui aussi inattendu : Perpignan.

Des finales, Dominguez en avait déjà plusieurs au compteur du haut de ses trente-deux ans. Il aura pourtant un niveau d'excitation et de trac comme jamais auparavant et comme jamais ensuite. « La pression était forte du fait que le club arrivait de deuxième division et avait l'occasion de réaliser un truc unique dans l'histoire en remportant le Bouclier l'année de sa remontée. C'était la première finale au Stade de France et ma première finale devant 80 000 personnes. J'avais déjà joué plusieurs finales en Italie, mais devant 12 000, 15 000 personnes. Là, c'était autre chose, surtout qu'on avait dû faire 14 entrées payantes pour mon premier match à Paris ! Avec le protocole d'avant-match, la présentation au président de la République, etc., tout ça faisait beaucoup à gérer sur le plan mental. »

Suffisamment en tout cas pour dérégler la patte droite du numéro 10 parisien, qui connaît deux échecs en début de match tout comme son homologue catalan Laurent Salies. Paradoxalement, sa troisième pénalité manquée en première période fait basculer le match puisque le ballon heurte le poteau, surprend le Perpignanais à la retombée et termine dans les bras du centre néo-zélandais Cliff Mytton qui franchit la ligne d'en-but. 14-0 après la transformation, un avantage presque irrémédiable dans une finale. Et effectivement, les Perpignanais, sonnés, ne s'en remettront jamais. Le résultat, très lourd, 34-7 dont cinq essais parisiens, en atteste et consacre un peu plus un Stade français de retour dans la lumière, 90 ans après son dernier sacre.

Il aura même l'occasion de réussir un doublé mémorable trois semaines plus tard en finale de la Coupe de France, encore à domicile puisque dans le stade parisien de Charléty, face à un Stade toulousain très revanchard. Et vengeance il y eut, avec une victoire 22-15 des Haut-Garonnais.

La surprise de 1997-1998 devient la bête à abattre la saison suivante. Un statut logiquement plus dur à assumer pour les Stadistes, attendus aux quatre coins de France. Deuxièmes de leur poule qualificative derrière la tonitruante US Colomiers, ils décrochent la timbale pour les quarts de finale : un Stade toulousain qui ne rêve que de bouffer du Parisien depuis sa déroute en championnat de la saison passée. Cette fois, la magie n'opère pas, le favori toulousain roule sur son ex-bourreau (51-19).

Une année blanche pour autant ? Pas quand même ! Surtout pas sur un plan personnel pour l'international italien qui a le bonheur d'accueillir en 1999 son troisième enfant, Thomas. Côté sportif, à défaut de retrouver Saint-Denis, le Stade français se hisse de nouveau en finale de la Coupe de France et la remporte cette fois aux dépens de Bourgoin (27-19). Cette année est aussi celle de la découverte de la H-Cup, avec un très beau parcours à la clé, seulement interrompu en demi-finale par le futur vainqueur, l'Ulster, un soir de janvier dans le venteux Ravenhill de Belfast (33-27).

Motivé par cette perspective de gagner un jour la coupe d'Europe et encore très en jambes pour un jeune homme de trente-trois ans, Diego Dominguez n'envisage pas du tout la retraite. Il s'apprête à vivre sa troisième Coupe du monde avec l'Italie. Une Squadra Azzura en pleine déconfiture en cette année 1999, qui voit son sélectionneur français Georges Coste, en place depuis 1993, débarqué trois mois avant la compétition à la suite d'une tournée estivale chaotique.

Sans surprise, elle traverse ce Mondial comme une ombre, écrasée par l'Angleterre (67-7), battue par le Tonga (28-25) et humiliée par les All Blacks… 101-3. « On s'est trompés dans notre préparation », se souvient Dominguez. « On est tous arrivés très lourds. Trop lourds ! Et ce jour-là, on a eu en face de nous des mecs qui volaient. On ne pouvait tout simplement pas les attraper ! Cette Coupe du monde a été très décevante et j'en suis ressorti très affecté mentalement car je ne m'attendais pas à un tel désastre. »

De quoi rentrer à Paris avec une belle gueule de bois. Surtout que les choses ont quelque peu changé du côté de la capitale.

L'entraîneur, Bernard Laporte, va partir. Appelé sous les drapeaux, il a accepté la mission de prendre les commandes du XV de France, laissant un Max Guazzini désemparé sans commandant pour mener sa barque. Quelques noms lui sont proposés dans l'urgence, dont… Georges Coste, libre depuis sa mise à l'écart de la sélection italienne.

Guazzini n'est pas très chaud de prime abord mais se renseigne quand même auprès de Diego Dominguez qui lui en dit finalement du bien. À l'écoute de son ouvreur, le président stadiste engage Coste au mois de décembre. Mais tout ne se passe pas comme sur des roulettes avec le Catalan, pris en grippe au fil des semaines par une partie du vestiaire. Au mois de mai, alors que le club est éliminé de la H Cup, de la Coupe de France, et est à la peine dans la course à la qualification pour les demi-finales en championnat, un large groupe de putschistes vient demander au président la tête du coach.

Une histoire folle racontée bien des années plus tard par ce dernier au *Midi olympique* : « Les joueurs ont organisé un vote à main levée, au cours duquel seul Marc Lièvremont, dont Coste avait été l'éducateur, ne s'est pas prononcé en faveur de l'éviction *(solidaire, il s'effacera d'ailleurs après le départ de son mentor et quittera la capitale à l'été, ndlr)*. J'étais furieux ! Je leur ai dit après le vote : “Vous vous démerdez jusqu'à la fin de saison, je ne veux rien savoir !” »

L'autogestion est déclarée le 12 mai, veille d'un déplacement à Aurillac. Deux joueurs d'expérience, Fabrice Landreau pour les avants et… Diego Dominguez pour les arrières, se proposent de prendre en main le groupe, assistés du manager général Alain Elias et du coordinateur Éric Bachoffer pour l'aspect organisationnel. Le premier match de l'attelage de fortune est le lendemain, à Aurillac et se solde par une désillusion (29-14).

Dans l'adversité, et alors que se profile la réception de Toulouse, facile premier de sa poule, le groupe choisit de se ressouder en partant tous ensemble en soirée. Arrosée, elle remettra, d'après la légende, les points sur les « i ». Quelques jours plus tard, les champions de France toulousains sont dominés à Jean-Bouin (27-7), marquant la résurrection du Stade français.

Surtout qu'il reste des matchs malgré la date tardive. Pourquoi ? Grâce à Max Guazzini qui, alors que son équipe dépouillée enchaînait les revers en début de saison, a eu la bonne idée de faire valoir un point de règlement méconnu auprès de la FFR, qui voulait qu'un club pouvait demander le report d'un match lorsque deux de ses joueurs étaient retenus en sélection au même moment. Une illumination – que la fédération s'empressera de retirer de ses statuts – qui décala toute la saison, au point d'en prévoir la finale le 15 juillet, une première !

Toujours est-il que pour espérer jouer cette finale, le groupe parisien doit se remobiliser et compter uniquement sur lui-même. Ou presque puisque Bernard Laporte, malgré sa casquette de sélectionneur français, demeure en contact permanent avec les têtes pensantes de l'effectif dont Dominguez et intervient même physiquement chaque lundi pour une séance d'entraînement.

De bric et de broc, le Stade français accroche les phases finales et voit, encore, Toulouse se dresser devant lui. Les compétiteurs se réveillent, Diego Dominguez, qui a fait son retour de blessure, vient apporter tout son leadership technique mais il en faut un peu plus pour terrasser le géant. Ce petit plus est apporté par Christophe Dominici qui redonne vie à ses partenaires d'une relance foudroyante au cœur de la seconde période. Menés 13-3, les Parisiens renversent les champions de France avec brio (30-13). Deux ans après leur premier titre, les revoilà au Stade de France.

Comme en 1998, l'opposant n'était pas attendu aussi haut. Colomiers, troisième de sa poule à égalité de points avec le Stade français, a franchi un à un les obstacles depuis les barrages pour en arriver là. Entre les deux, c'est la guerre des mondes. La capitale face à la commune de la proche banlieue toulousaine. Sur le terrain en revanche, bien peu de choses séparent les deux formations.

Pourtant privée de son patron, Fabien Galthié, considéré à l'époque comme un des tout meilleurs demis de mêlée du monde, l'USC fait jeu égal avec les stars parisiennes. Alors que le score est serré, une interception du talentueux Franck Comba fait tourner le match en faveur des Stadistes. Distancés, les banlieusards toulousains ne peuvent pas compter sur la botte de leur buteur, David Skrela, qui s'effondre mentalement, pour recoller.

À 30 secondes de la fin du temps réglementaire, un essai de Fabrice Culina, l'intérimaire de Fabien Galthié, redonne espoir aux siens. À 28-23, les Columérins peuvent encore empocher la mise avec un essai transformé et ils jettent leurs dernières forces en ce sens. Ils obtiennent une touche à 10 mètres de l'en-but parisien, progressent sur ballon porté et arrivent à proximité de la ligne.

Le ballon sort sur l'extérieur, l'essai est à la clé en bout de ligne pour l'USC mais Diego Dominguez claque le ballon vers l'avant pour empêcher l'ailier de marquer. Une faute que les arbitres d'aujourd'hui qualifieraient de cynique et lui aurait valu un carton jaune et un essai de pénalité. Mais l'outil vidéo n'existe pas en 2000, l'arbitre de champ ne peut pas prendre une telle responsabilité à ce moment du match en se basant sur son seul jugement à vitesse réel et ne signale qu'un en-avant.

Sans ce geste d'antijeu salvateur, Colomiers revenait au moins à égalité. Et quand bien même la transformation n'aurait pas été réussie, la prolongation à venir aurait été difficilement soutenable pour les Parisiens : « On était cuits ! On payait toute l'énergie dépensée pour se qualifier, pour éliminer Perpignan en quart puis Toulouse en demie. On n'avait plus de jus. Il était certain que si ce match avait duré dix minutes de plus, nous ne l'aurions pas gagné. »

Sur la mêlée qui suit, le pack parisien fait parler sa supériorité en gagnant une pénalité à la poussée malgré l'introduction adverse. Match terminé, le Stade français est de nouveau champion de

France et peut remercier son Diego argentin pour ce remake de la « main de Dieu » façon rugby. Après avoir déjà innové deux ans auparavant en étant le premier promu de l'histoire à remporter le Brennus, le club de Max Guazzini marque encore le rugby en devenant le premier à être sacré sans entraîneur, épilogue irrationnel de deux mois d'autogestion.

Pour Diego Dominguez, c'est aussi le deuxième grand moment de la saison, après la victoire de l'Italie pour le premier match de son histoire dans le Tournoi des Six Nations (34-20 à Rome). Il devra d'ailleurs patienter trois ans et sa toute dernière saison internationale pour revivre pareille fête. À l'aube de sa quatrième année au Stade français, après s'être assis deux fois sur le toit de l'Hexagone, l'Italo-Argentin tourne désormais son regard vers la H-Cup, dont la finale est prévue au Parc des Princes, antre du PSG, hôte des finales de championnat jusqu'en 1997 et situé à quelques pas seulement de Jean-Bouin. Cette coupe d'Europe dont il avait disputé le premier opus en 1996 avec Milan, année où il avait d'ailleurs connu, de son avis, son plus mauvais match dans les tirs au but, face au Leinster.

Pour cela, le président Guazzini parvient à conserver la plupart de ses forces vives, auxquelles il ajoute quelques plus-values comme le Columérin Patrick Tabacco, le Perpignanais Mike James, le Briviste David Venditti ou encore le Wallaby et ex-international argentin Patricio Noriega. Le club basé porte de Saint-Cloud, qui a retrouvé un entraîneur en la personne de l'Australien John Connolly, surfe sur sa dynamique de victoires et semble une nouvelle fois promis aux sommets.

Il assume par ailleurs son statut de champion de France sur la scène européenne, son objectif avoué. Un quasi-sans-faute en poules, un quart maîtrisé contre Pau (36-19) et une revanche arrachée contre son bourreau de la saison passée, le Munster (16-15), le propulsent en finale. À domicile, les Parisiens sont annoncés favoris face aux Leicester Tigers de Martin Johnson, capitaine emblématique de l'Angleterre.

Le jour J, Diego Dominguez, du haut de ses trente-cinq ans, se dévoile au sommet de son art, comme touché par la grâce. Son pied droit se drape d'or et fait mouche à chaque fois que ses partenaires lui offrent une munition. Et celles-ci ne manquent pas. Cinq pénalités en première période, puis quatre en seconde, alimentant un chassé-croisé de folie entre Parisiens et Anglais. Derrière au score à 8 minutes de la fin, ces derniers s'accrochent et parviennent à égaliser à 27-27 grâce à leur buteur maison Tim Stimpson.

L'atmosphère est irrespirable dans les cinq dernières minutes, les Parisiens poussent et leur ouvreur argentin fait encore parler sa classe. Servi après un bon travail de ses avants, il prend ses responsabilités au-delà de la ligne des 22 mètres près de la touche en tentant un drop particulièrement difficile. Qui passe, au grand dam de Tigers médusés. Dominguez 30, Leicester 27 et moins de deux minutes à jouer.

Tout proche, le rêve va pourtant virer au cauchemar. Peu après le renvoi, les Anglais bénéficient d'une touche et lancent le jeu depuis la ligne médiane. Rien d'alarmant *a priori*. Sauf que le centre David Venditti, entré en jeu à peine quelques minutes auparavant, va avoir une absence. En se laissant aspirer sur son extérieur, l'international français ouvre une porte au demi de mêlée Austin Healey qui ne se fait pas prier pour s'y engouffrer. Le mal est fait. Dominici a beau courir comme un dératé, il ne peut reprendre Leon Lloyd, parfaitement décalé par son numéro 9 et qui inscrit l'essai en bout de ligne. Coup de tonnerre sur le Parc des Princes, surtout que Tim Stimpson ne tremble pas sur la transformation en bord de touche, obligeant les soldats roses à marquer à leur tour un essai dans la poignée de secondes restantes. Cela n'arrivera jamais.

La déception est immense dans les rangs parisiens, à la hauteur du scénario rocambolesque qui a vu le Stade français laisser échapper une finale alors qu'il avait pratiquement match gagné. Pour Diego Dominguez, la douleur est à la fois collective et toute personnelle, lui qui, en marquant tous les points de son équipe, était à deux doigts d'entrer à jamais au Panthéon de la compétition.

« Leicester avait une grosse équipe, avec un très bon paquet d'avants. Mais ce jour-là, nous méritions d'être champions d'Europe. Après mon drop, pour moi, le match était terminé, on avait gagné, se lamente encore l'Italo-Argentin. Il n'y avait absolument pas le feu et quand j'ai vu qu'on se faisait transpercer et l'essai derrière, je n'y croyais pas. C'est de loin le pire souvenir de ma carrière. »

De ce scénario cruel naît de l'abattement et très vite ce sentiment mêlé de colère et d'incompréhension dirigé vers le coach australien John Connolly. Des joueurs au président, beaucoup lui reprochent ce changement à quatre minutes de la fin qui ne se justifiait pas tandis que le match était loin d'être plié. Quelque chose venait de se casser au Stade français.

Magie du calendrier, les Parisiens doivent renfiler le bleu de chauffe le week-end suivant pour le début des phases finales et un quart à Jean-Bouin contre Biarritz. Mais le cœur n'y est pas. Encore groggy par le coup de massue qu'il vient de prendre sur la tête, le Stade français fait illusion une mi-temps mais s'effrite en seconde. Le champion est détrôné avec pertes et fracas (19-35).

Pour Diego Dominguez, une page se tourne avec le départ de Christophe Laussucq, avec qui il formait la charnière lors des titres de 1998 et 2000. Des titres, c'est justement pour se donner plus de chances d'en regagner que le président Guazzini recrute Fabien Galthié, le demi de mêlée capitaine de l'équipe de France. Une énorme prise, mais le Columérin arrive dans un contexte particulier.

Il trouve un groupe encore meurtri par sa finale européenne et un coach fragilisé, dont il se dit fort que son président était à deux doigts de le virer après la déroute face au BO. Galthié ni personne ne peut éviter le déclin. En coupe d'Europe, l'aventure se termine dès les quarts et un mano à mano perdu face au nouveau meilleur ennemi du Munster (14-16). En championnat, le Stade français, qui a terminé quatrième et dernier qualifié de sa poule de classement, agonise dans sa poule de qualification.

Comme en 2000, les joueurs refont alors le coup du putsch et obtiennent le scalp de Connolly. Avec moins de regrets cette fois pour Max Guazzini, qui avait déjà prévu la suite en bouclant pour la saison prochaine le Sud-Africain Nick Mallett, ancien sélectionneur des Springboks. L'ex-directeur des programmes de NRJ déclare d'ailleurs qu'il aurait dû prendre cette décision un an plus tôt.

L'autogestion fait donc son grand come-back porte de Saint-Cloud. Et qui dit autogestion, dit retour dans le cambouis pour Diego Dominguez, aidé par d'autres joueurs d'expérience comme Fabien Galthié. Un Dominguez qui, quelques semaines plus tôt, avait encore démontré à son président la force de son caractère. Alors que l'Irlande était en France pour y disputer un match du Tournoi des Six Nations, Guazzini parvient à rencontrer en secret sa valeur montante, l'ouvreur du Munster Ronan O'Gara, dans un hôtel à Versailles.

Il raconte : « J'y suis allé en sachant qu'il y avait très peu de chances que cela se fasse. Mais Diego commençait à avoir un certain âge *(trente-six ans)* et je devais aussi commencer à envisager sa succession. L'entrevue est courtoise mais je sais que le joueur ne viendra pas. À la suite de cela, je décide d'en parler à Diego sur le ton du bluff en lui assurant que O'Gara avait de fortes chances de venir chez nous l'an prochain. Alors qu'un joueur faible mentalement m'aurait demandé à partir, Diego a répondu du tac au tac : « Qu'il vienne, je l'attends ! On verra bien qui va jouer ! »

L'international italien va même encore plus loin en appelant lui-même son jeune homologue du Munster pour le convaincre de signer à Paris ! « On se connaissait déjà et je lui ai dit que chacun jouerait un match sur deux et pour les playoffs et les phases finales, ce serait le plus en forme. Il m'a répondu en riant qu'il ne voulait pas car j'allais lui casser les c******* toute la saison ! »

Dominguez était comme cela. Aussi bon sur le terrain qu'implacable chien de garde défendant mordicus sa place et ses acquis, notamment celui de buteur. « Diego n'était pas le plus accueillant avec la concurrence », se marre encore Christophe Laussucq, son coéquipier entre 1997 et 2001. « On était en chambre ensemble et on était très proches, mais il n'était pas du genre à filer des conseils sur la façon de buter. Cela m'est arrivé parfois quand il était blessé ou sur le terrain et il était plutôt content quand je me déchirais ! »

Ce que l'intéressé confirme : « Quand je le voyais buter à l'entraînement, je lui disais : "Ne perds pas ton temps, tu es une chèvre !" »

Autre son de cloche, signé Max Guazzini : « Je me rappelle un ouvreur qui venait d'arriver au club, à qui Diego avait proposé de venir s'entraîner avec lui. Au final, il lui a demandé de se mettre derrière les poteaux pour lui renvoyer les ballons… »

Autre facette moins connue de Diego Dominguez, son rapport avec ses demis de mêlée, avec qui il transposait la haute exigence qu'il avait pour lui-même. Une passe qui n'arrivait pas et c'était un raz-de-marée pour le malheureux : « J'étais toujours sur leur dos. Même Alessandro Troncon, avec qui j'ai joué 9 ans en sélection italienne *(de 1994 à 2003)* et qui avait pour moi la meilleure passe au monde. Eh bien même lui je l'ai tué ! »

Et même Fabien Galthié, donc, malgré son statut de star. Mais là encore, cela n'empêche pas les deux hommes de s'apprécier. O'Gara ne venant pas, c'est bien la charnière des glorieux « papys » qui attaque la saison 2002-2003. La dernière pour Galthié, pourtant trois ans plus jeune que Dominguez, qui a pour ultime objectif la Coupe du monde. Diego Dominguez, lui, ne se voit pas aller jusque-là en sélection. Ses derniers tours de piste avec la Squadra

Azzura se font lors du Tournoi des Six Nations, où il joue les deux premiers matchs contre le Pays de Galles (victoire 30-22) et l'Irlande (défaite 37-13) avant de passer le flambeau à son successeur Ramiro Pez. La dernière danse d'un ballet à 73 sélections dont 53 associées à Alessandro Troncon. Cette année-là, un supporter généreux lui offrira d'ailleurs une caisse contenant 73 DVD, un pour chaque match avec l'Italie.

Pour ce qui est du club, rien n'est encore décidé. Même s'il n'a plus ses jambes de vingt ans, l'ancien Milanais garde une forme optimale et un niveau toujours très compétitif. Pour le plus grand plaisir de son club, qui retrouve son rayonnement. Impressionnant en poule qualificative, le Stade français torpille le champion de France en titre biarrot en demie (32-9) et retrouve Toulouse en finale.

Meilleur réalisateur du championnat, Diego Dominguez lance son équipe dès la première minute de jeu en passant une pénalité en face des poteaux. Son match à lui, aussi, puisque ses quatre tentatives réussies durant la première période permettent aux Parisiens de rentrer au vestiaire d'une courte tête (16-15). Alors que le jeu a repris dans le deuxième acte depuis dix minutes, le Stade français obtient une pénalité dans son camp et le centre Brian Liebenberg a une idée folle : demander au patron des tirs au but la permission de taper à sa place ce coup de pied à près de 60 mètres des poteaux toulousains. L'échange est viril mais Dominguez adoube son coéquipier. L'immense coup de pompe de ce dernier, dans le mille, permet aux siens de prendre un peu d'air (19-15).

Les hommes de la capitale prennent définitivement le large presque dans la foulée grâce à l'Argentin Ignacio Corletto. Ce joueur arrivé de Narbonne en début de saison, suggéré à Max Guazzini par Diego Dominguez et qui a très vite explosé sous les couleurs parisiennes au point de devenir le meilleur marqueur d'essais du championnat. « Je voulais qu'il vienne jouer avec nous car il avait tout pour réussir ici, notamment grâce à sa vitesse de niveau international qui vous brûle dès les premiers mètres.

C'était un diamant brut à qui il manquait juste un entraînement poussé et régulier afin d'améliorer sa technique individuelle. Ce qu'il a réussi avec nous. »

Dominguez, auteur d'un très joli 8/9 au pied, inscrit les derniers points de son club pour un score final sans appel de 32-18. Un trophée de plus dans son armoire déjà pleine. Son troisième Bouclier de Brennus. Le dernier ? Il le pense à ce moment : « Il était hors de question que je termine l'année d'avant, après la très mauvaise saison que nous venions de vivre. Là, je suis au top de ma carrière mais je sais aussi que j'ai besoin de plus de temps pour récupérer après les matchs. On remporte ce titre et je me dis que le travail a été bien fait et que je peux arrêter là-dessus l'esprit tranquille. » Ce qu'il s'était donné l'opportunité de faire, n'ayant pas prolongé son contrat d'une année comme il le faisait à chaque fois.

Il confirme à Max Guazzini sa volonté de raccrocher mais ce dernier a beaucoup de mal à se faire à cette idée. Il lui demande de revenir sur sa décision, le supplie presque de continuer encore une année. Malgré son insistance, « Don Diego » prend la direction de l'Argentine juste après la finale. Comme chaque année, il part se régénérer dans la ferme qu'il a fait construire à 1 700 mètres d'altitude, sur les hauteurs de Cordoba. Et comme chaque année, impossible pour lui de s'adonner au farniente. Au programme, promenades à cheval, courses à pied et tirs au but sur le terrain de rugby de 40 mètres de long avec poteaux qu'il a aménagé au sein même de sa propriété.

Dans le même temps, Guazzini ne lâche pas l'affaire et continue d'appeler son chouchou pour tenter de le ramener en France. Un mois après son départ en vacances, c'est un homme reposé et des fourmis plein les jambes qui décroche lui-même son téléphone pour glisser à son président ces trois mots : « Max, je reviens ! » Deux jours plus tard, alors que la présaison avait déjà démarré, le voilà de retour porte de Saint-Cloud pour y signer, à trente-sept ans, son tout dernier contrat.

Joie indescriptible pour le président parisien qui avait tout mis en œuvre pour le convaincre au point de recruter un Argentin pour succéder à Fabien Galthié à la mêlée, Agustín Pichot, un autre Argentin, Juan-Martin Hernandez, et les frères Bergamasco, avec qui il avait évolué en sélection italienne. Aussi, il n'est plus le seul ouvreur international du club, qui a attiré le Columérin David Skrela. De quoi instaurer une rotation de qualité et gérer au mieux le corps du vétéran de Cordoba.

La saison du Stade français démarre timidement, au point de lutter pour sortir de sa poule de classement. Ce qui fait craindre le spectre de l'année de trop à « Don Diego ». En Coupe d'Europe, Paris retrouve encore le Munster en quart et se fait sortir (37-32). La fin d'un rêve pour son vieil ouvreur, qui perd là sa dernière chance de soulever la H-Cup. La suite ? Le rouleau compresseur rose et bleu finit par reprendre son rythme, termine premier de sa poule de qualification en championnat devant Toulouse et Biarritz et retrouve les phases finales.

Son adversaire en demie est la belle équipe de Bourgoin. L'histoire peut très bien s'arrêter à l'issue de la rencontre pour Diego Dominguez. Pourtant, sa confiance naturelle en son équipe et en lui-même lui donne la certitude de jouer un match de plus. Les faits lui donnent raison puisque les soldats roses, bousculés pendant près d'une heure, parviennent à faire la différence dans le dernier tiers du match grâce à un très bon David Skrela, entré en jeu à une demi-heure de la fin à la place de l'Italo-Argentin.

Pas question pour autant pour Nick Mallett de bousculer la hiérarchie des dix pour la finale, c'est bien Diego Dominguez qui va débuter. Pour la première fois de sa carrière, celui-ci va demander à être seul en chambre lors de la mise au vert. L'occasion de revivre durant ces nuits où il dort peu le très long film de sa carrière, de repenser à ses parents qui l'amenaient au rugby avec assiduité, de tous ces grands joueurs avec et contre qui il a pu jouer, des grands moments et des moins bons.

Comme à son habitude avant chaque finale, le président Max Guazzini prononce un discours fort la veille, ne manque pas d'utiliser le dernier match de son demi d'ouverture comme levier de motivation et lui remet en personne cette ultime tunique dont il recevra en échange quelques larmes. Le décor est planté, il n'y a plus qu'à boucler la boucle face à Perpignan, le même adversaire qu'en 1998 pour le premier sacre.

Comme en 1998, le buteur catalan peine à gérer la pression et rate deux pénalités dans les vingt premières minutes. Mais contrairement à 1998, Diego Dominguez est, lui, tout de suite dans son match. Ses trois premières tentatives réussies assurent un court avantage aux siens (9-6) et il se voit alors bien marquer cette finale de l'empreinte de son geste fétiche : le drop. À la demi-heure de jeu, après un bon travail de ses avants, il se tient prêt dans l'axe des poteaux. Mais un de ses partenaires lui grille la politesse. C'est Christophe Dominici, néophyte en la matière, qui choisit précisément ce jour pour se trouver un nouveau talent. Avec réussite.

« Il avait une belle qualité au pied mais il ne la travaillait pas beaucoup, se souvient Dominguez. Cela nous arrivait de taper des drops à l'entraînement et il me disait des fois qu'il allait en passer en match mais il n'osait jamais. Et là, il me passe devant, tape un drop de merde et ça rentre ! Il se retourne vers moi, me regarde et me dit : “T'as compris comment on fait petit ?” J'étais tellement énervé, je lui ai répondu : “Allez, casse-toi !” En pleine finale ! »

La réplique, à peine deux minutes plus tard, alors que l'ancien Milanais est toujours vexé comme un pou, est légendaire : « On récupère un ballon en touche dans le camp de Perpignan et moi, je me place derrière la ligne des quarante mètres. À ce moment du match, alors qu'on est encore loin de la mi-temps et qu'on n'a pas à se précipiter, je tente un drop que jamais une personne normale n'aurait tenté ! Il était impossible ! En plus, je tombe en tapant. Mais le drop est parfait. Là je me relève, je vais voir directement Domi et je lui lâche : “Alors, t'as compris comment on fait, enc*** !” »

Le trou est fait (15-6), Dominguez s'éclate et s'offre même une percée de classe juste avant la pause. Au retour des vestiaires, le rêve éveillé continue avec deux nouvelles pénalités puis, peu avant sa sortie prévue autour de la 55e minute de jeu, un essai de ses avants qui scelle définitivement le sort de la rencontre. Sous les « Dieeeeego... Dieeeeego » qui l'ont accompagné durant tout son passage à Paris, et qui résonnent plus fort que jamais dans les travées du Stade de France, il s'applique à réussir sa toute dernière transformation. Un 100 % au pied un jour de finale pour clôturer vingt ans de carrière en première division, la sortie est digne d'un roi.

La très large avance de son équipe lui permet de savourer les vingt-cinq dernières minutes sans pression. D'admirer aussi une dernière fois les tribunes pleines depuis le banc de touche « et toutes ces choses magnifiques que seul le sport de haut niveau peut te donner ». La réaction de l'Usap en fin de match est anecdotique, la victoire parisienne (38-20) est totale. Au moment de monter en présidentielle pour récupérer le Bouclier de Brennus, les Stadistes offrent à Diego Dominguez une dernière marque de respect en le laissant grimper en premier et seul les marches sous le son toujours plus assourdissant des « Dieeeeego... Dieeeeego ».

À la table d'honneur, le président de la République Jacques Chirac lui serre chaleureusement la main, lui assure qu'il a été formidable, mais son interlocuteur ne pense qu'au Bouclier. Qu'il brandit en premier quelques minutes plus tard. Pour la toute dernière fois, de longues secondes, peu pressé qu'il était de tirer un trait sur une si belle carrière. Et de reprendre, seulement une poignée de jours plus tard, celle de businessman en tant que directeur d'une enseigne de sport en Argentine, avec le sentiment du devoir accompli.

5

Jean-Michel Gonzalez : L'âme du rugby basque

Quand un homme quitte son terroir natal pour un nouveau port d'attache, peu importe son bagage culturel et social, il emporte toujours avec lui une valise pleine des clichés qu'ont les autres sur sa terre et ses semblables. Qu'on s'en amuse ou s'en offusque, la nature humaine semble ainsi faite. Plus l'identité est marquée, plus la valise est lourde. C'est le cas pour les Basques à qui on prête volontiers un caractère fort, une franchise parfois déroutante, une appétence pour la chicane et les travaux de force, mais surtout un attachement viscéral à leur terre.

Une essentialisation de plus. Mais qui touche dans le mille en ce qui concerne Jean-Michel Gonzalez. Ses racines, il les a toujours chéries au point de ne jamais s'en éloigner malgré les sollicitations et les opportunités de vie. Quel autre rugbyman pourrait revendiquer le fait d'avoir connu trois clubs de première division sans même changer de département ?

Pas du genre docile, son caractère a aussi fait sa carrière. C'est une fâcherie qui l'a amené au rugby quant à quatorze ans, il décida de claquer de colère la porte du club de foot de son village de Cambo-les-Bains, la Kanboko Izarra, pour laquelle il avait joué défenseur pendant huit ans, parce que, surclassé en junior, il n'était pas entré en jeu lors d'un match. Une colère qui ressurgira d'ailleurs vingt-quatre ans plus tard quand son entraîneur Jacques

Delmas ne le fit pas rentrer, on y reviendra, lors de la demi-finale de Top 16 contre Bourgoin (32-27) pour sa dernière saison professionnelle.

Le caractère encore, quand, pour sa seule infidélité de rugbyman au Pays basque, il signe à Pau mais que les dirigeants béarnais ne lui proposent qu'un an au lieu des deux années qu'il réclamait. Quelques mois et de solides prestations plus tard, quand les mêmes dirigeants tâtèrent le terrain pour le faire prolonger, il leur rétorqua avec fierté et tenace rancune : « Vous n'aviez qu'à me faire confiance dès le début, tant pis pour vous je ne reste pas ! »

Avec lui, soit le courant passe, soit il ne passe pas du tout, pas d'entre-deux. Mais quand il passe et que les liens se créent, ils devancent toute autre considération. En 1996, un an seulement après une Coupe du monde réussie où la France termine troisième et que les belles écuries de l'Hexagone lui font les yeux doux, il décide d'accompagner son club de l'Aviron bayonnais en groupe A2, l'équivalent de la deuxième division, par fidélité et amitié, mettant ainsi en péril la suite de sa carrière internationale.

L'amitié, les copains, tout ce qui l'avait déjà fait basculer au rugby. À l'aile pour ses premiers pas à l'US Cambo, « comme tous les péquenauds qui commencent et qu'on met là car ils ne maîtrisent rien », en rigole-t-il aujourd'hui. Mais les qualités surgissent vite et l'ancien footeux est rapidement positionné dans le pack, d'abord en troisième ligne avant de monter en première ligne. Avec très tôt ce signe distinctif qui l'accompagnera tout au long de sa carrière : son fameux bandeau « parce que ça protégeait les oreilles et que le casque n'existait pas encore ».

Trois ans après, le jeune Gonzalez se fait déjà une place dans l'équipe première, que ce soit au talon ou en troisième ligne. Il évolue alors en Honneur avec quelques vieux briscards ayant joué à haut niveau comme les anciens Biarrots Francis Sallaberry et Tonio Garcia. Coïncidence ou pas, un dirigeant du BO vient taper à la porte du domicile familial. Le patriarche, qui mène les discussions, pose une condition : que le club trouve un nouveau boulot à son fils, qui travaille déjà en tant qu'apprenti boucher. Faute de réponse satisfaisante, le dirigeant est éconduit.

L'été qui suit sa première année avec l'équipe une de l'US CAMBO, Jean-Michel Gonzalez suit un copain dans une épreuve de force basque organisée dans le village voisin d'Espelette. À la tête de l'événement, un rugbyman de renom, Pierre Dhospital, pilier international français évoluant à l'Aviron bayonnais.

« Pierre me voit et me dit : “Tu sais tirer à la corde ?” Je lui réponds que non et il met en face de moi un de ses meilleurs tireurs. Il ne s'attendait sûrement pas à ce que je fasse passer le gars en question au-dessus de ma tête. Du coup il est revenu vers moi, m'a demandé si je jouais au rugby et m'a dit qu'il serait bien que je vienne m'essayer à l'Aviron bayonnais. »

Le lien est établi, le club évite l'écueil rencontré quelques semaines plus tôt par le BO en lui trouvant un travail dans un abattoir du coin et l'histoire entre Gonzalez et le haut niveau peut enfin débuter. Dans les équipes de jeunes, d'abord, et pas forcément de la meilleure des manières puisqu'il se fait, lors de sa dernière année Junior, une fracture de fatigue au tibia. Cette année-là, son équipe ne se qualifie pas pour les phases finales, au contraire de l'équipe Seniors B.

Bien qu'il soit resté de longs mois sans jouer, on lui demande d'aller aider. Le parcours s'arrête en demi-finale contre Béziers B, mais le niveau affiché par le gamin de Cambo au poste de pilier droit ne passe pas inaperçu. À la reprise des entraînements pour préparer la saison suivante, les entraîneurs de l'équipe 1 Roland Pétrissans et Francis Leta l'intègrent au groupe. Un premier match arrive contre Bourg-en-Bresse et la voie s'ouvre comme souvent à la suite d'une blessure du titulaire.

Énorme clin d'œil du destin, c'est son futur entraîneur à Biarritz, Laurent Rodriguez, alors troisième ligne à Dax, qui abîme l'épaule du talonneur bayonnais en place Yves Cedarry sur une percussion. À dix-neuf ans, et pour les dix années qui suivent, le polyvalent Jean-Michel Gonzalez devient titulaire à part entière à l'Aviron bayonnais, naviguant entre les trois postes de la première ligne selon les besoins.

Étonné d'en être arrivé là, lui qui a commencé le rugby sur le tard, il n'en demeure pas moins plein de fougue et pas du tout impressionné par les grands noms qu'il peut croiser. « Parce que je ne connaissais personne vu qu'on ne regardait pas le sport dans ma famille et aussi parce que je n'étais intimidé par personne. »

Il est toutefois vite rattrapé par un problème de logistique. Après un déplacement à Clermont un dimanche, la longueur du trajet en bus fait qu'ils ne rentrent qu'à 3 heures du matin à Bayonne. Même pour un jeune homme plein de vie et sans paresse, embaucher à peine une heure plus tard aux abattoirs est une épreuve. Le Camboard sollicite alors ses dirigeants qui lui dégotent deux pistes professionnelles : la première à la mairie de Bayonne et la seconde chez Bridas Sécurité, une entreprise spécialisée dans les extincteurs. « Vu ton tempérament, on sait bien que tu ne choisiras pas la mairie », lui lance-t-on. Et ce sera en effet les extincteurs !

Jean-Michel Gonzalez trouve son équilibre à la fois personnel, professionnel et rugbystique sur les bords de la Nive. Et il aurait très bien pu poursuivre ainsi, dans un certain anonymat, si une saison n'avait pas fait basculer son destin. En 1991-1992, l'Aviron, habituel pensionnaire du bas de tableau, se sublime.

Dans un choc qui l'oppose au Racing Club de France, champion en 1990 et demi-finaliste en 1991, Gonzalez est amené à jouer pilier gauche après le forfait du titulaire du poste. Une mauvaise nouvelle pour son vis-à-vis du jour Philippe Voisin, torturé en mêlée durant la partie. Dans la tribune, le jeune sélectionneur du XV de France Pierre Berbizier apprécie, va le voir après le match pour se présenter et le Bayonnais lui confirme que s'il jouait bien à gauche ce jour-là, il savait aussi faire à droite et au talon.

Quelques semaines plus tard, l'Aviron croise Narbonne en huitième de finale et Gonzalez, encore titulaire à gauche de la première ligne, demeure à son aise face à l'expérimenté Laurent Seigne. Les Basques l'emportent (16-12) et trouvent le voisin biarrot en quart de finale. Le derby est perdu d'un rien (16-15), mais son joueur polyvalent de la première ligne se fait encore remarquer en tenant la dragée haute à l'international Pascal Ondarts. Des prestations évidemment scrutées par Pierre Berbizier, qui le confortent dans ses premières impressions.

Quelques jours plus tard, alors qu'il feuillette comme à son habitude le journal *Sud-Ouest*, il découvre son nom dans la liste des joueurs retenus pour le prochain test contre la Roumanie au Havre et tombe de sa chaise. Le moment est fort pour celui qui, quelques années auparavant, se demandait comment il avait bien pu arriver jusqu'en première à l'Aviron.

Remplaçant de Louis Armary au poste de… pilier gauche, celui-là même où il avait tapé dans l'œil du sélectionneur, le Camboard ne rentre pas comme il est d'usage à l'époque lorsque le titulaire ne se blesse pas. Mais il prend ses marques dans un groupe France où il figure pour la tournée d'été en Argentine.

Avec la perspective de jouer les matchs de semaine avec les remplaçants, voire plus en cas de blessure. Il forme ainsi avec l'Auscitain Stéphane Graou et l'Angoumoisin Fabrice Landreau la première ligne de cette France B. Et distribue ses premiers bourre-pifs en bleu dans un de ces fameux matchs de semaine du côté de Tucuman. Lors d'une rencontre face aux Pumas B, le talonneur titulaire Jean-Pierre Genet se fait expulser, ce qui implique un changement au match suivant. La solution naturelle est Fabrice Landreau mais Pierre Berbizier ne l'entend pas tout à fait de cette oreille. Il émet des réserves sur ses qualités de lanceur en touche, consulte son pilier Louis Armary et lui demande si Gonzalez sait lancer.

« Mais Pierre, il joue talonneur en club d'habitude ! »

Bingo ! À l'annonce de l'équipe qui démarre contre l'Argentine quelques jours plus tard, c'est bien Gonzalez et non Landreau qui hérite du numéro 2. Les larmes jaillissent, la veille du match est courte et le 4 juillet 1992, à l'aube de ses vingt-cinq ans, il connaît ainsi sa première sélection avec le XV de France.

Le match en lui-même ? Une jolie victoire des Bleus 27-12. Une semaine plus tard, rebelote. Avec son nouveau talonneur, le XV de France s'envole encore au stade José Amalfitani de Buenos Aires (33-9). Le test est concluant, le Bayonnais a su saisir sa chance et Pierre Berbizier sait désormais qu'il peut compter sur lui pour la suite.

Il le reprend donc pour les tests d'automne où la France joue deux fois l'Afrique du Sud. Toujours avec Gonzalez titulaire, les Bleus perdent le premier à Lyon (15-20) et remportent brillamment le second au Parc (29-16). Pour conclure cette belle année 1992, le talonneur basque s'offre un petit chocolat avec un essai marqué contre l'Argentine à Nantes, qui n'évite pas la défaite (20-24) mais restera à la fois son premier et son dernier essai en 35 sélections.

Au contact des meilleurs joueurs français, l'enfant de Cambo se bonifie et enrichit sa palette. Pour le plus grand bonheur d'un XV de France qui vit l'une de ses plus belles périodes. En 1993, il sort en effet victorieux de sa tournée estivale en Afrique du Sud puis, en 1994, réussit l'exploit d'en faire de même en Nouvelle-Zélande. Deux victoires à jamais inscrites en lettres d'or dans le grand livre des Bleus qui tiennent pourtant leur origine d'un couac retentissant.

Un mois avant d'aller défier les All Blacks chez eux, les tricolores font en effet escale au Canada pour se mettre en jambes face aux Canucks (le surnom des joueurs de la sélection canadienne). Pense-t-on du moins. Dans une rencontre où Philippe Sella se fait exclure, les Français se vautrent lamentablement (défaite 18-16). Un échec cuisant aux conséquences inattendues.

« Je ne sais pas ce qu'il s'est passé ce jour-là, seulement qu'on avait été nul à chier », se souvient Jean-Michel Gonzalez. « À la suite de ça, Berbiz *(diminutif de Berbizier)* a repris les choses en main, il ne nous a plus lâchés et on ne pouvait plus respirer ! On s'entraînait comme des forcenés, on courait à longueur de journée comme des jobards ! Même quand on est arrivés en Nouvelle-Zélande, on a fait un footing quasiment à la sortie de l'avion. On était affûtés ! » Pour la petite histoire, le sélectionneur courroucé avait constitué des binômes avant/trois-quarts et le pauvre Jean-Luc Gonzalez avait hérité du très véloce et endurant ailier Sébastien Viars.

Avant de débuter la série de tests, Pierre Berbizier convoque tous les joueurs à l'hôtel, armé d'une balance. Il y fait monter ses troupes une par une puis projette sur un écran les données de poids des All Blacks qu'il était parvenu à dénicher. Il lance alors d'un ton solennel : « Voyez, vous êtes aussi lourds qu'eux, vous allez donc rivaliser avec eux ! »

Pour Jean-Michel Gonzalez, le doute subsiste encore dans son esprit sur sa titularisation ou non. Son concurrent, Jean-François Tordo, affiche quelques bons arguments. Mais un élément joue en sa défaveur : ce n'est pas lui qui lance en touche dans son club de Toulon mais le demi de mêlée Aubin Hueber. Comme Fabrice Landreau deux ans auparavant et pour la même raison, Tordo reste donc le deuxième choix au talon. S'il joue le galop d'essai contre la province de North Harbour, il laisse sa place à Jean-Michel Gonzalez contre les Blacks B, puis les Blacks « premium » deux fois.

Lors du premier test à Christchurch, les Bleus réussissent une performance majuscule et gagnent de 14 points (22-8), un écart qui restera un record pour le XV de France face à cette nation jusqu'à ce que Romain Ntamack et ses partenaires ne fassent sauter de nouveau la banque vingt-sept ans plus tard au Stade de France (40-25). Lors de la réception d'après-match, le talonneur et capitaine vexé des Kiwis, Sean Fitzpatrick prend le micro et annonce : « Préparez-vous bien, les Français, car dans une semaine à Auckland, ce sera la guerre ! » Le genre de défi du goût de Jean-Michel Gonzalez !

« Lors de ce deuxième match, sur la première mêlée, il m'arrache le bandeau et me le fout dans les yeux. On s'est rentré dedans pendant 80 minutes, c'était un match violent. On était mené à quelques minutes de la fin. On s'est alors réunis et on s'est dit qu'il ne fallait plus leur rendre aucun ballon, qu'on allait jouer et les faire péter physiquement. Leur ouvreur tape dans notre camp, Philippe Saint-André relance, je suis en soutien, je ramasse le ballon et le donne directement à Christophe Deylaud, et ça part de là… » Ça, c'est l'action qui mène au mythique essai du bout du monde conclu par l'arrière Jean-Luc Sadourny, qui donne la victoire aux siens (23-20).

Un moment de grâce fêté dignement les jours qui ont suivi du côté de Hawaï, dans une escapade aux frais d'une Fédération française de Rugby soucieuse de récompenser ses héros.

La réussite collective qu'il connaît en équipe de France, Jean-Michel Gonzalez ne la retrouve évidemment pas avec son club. Se maintenir en A1 est un combat de tous les instants. Mais il s'accroche durant cette saison pas tout à fait comme les autres puisqu'elle précède le Mondial en Afrique du Sud. À défaut de bons résultats en club, le Bayonnais détient quelque chose d'encore plus précieux : la confiance de son sélectionneur. Que ce dernier va lui témoigner à sa manière.

Cette année-là, le ballon de rugby entame sa révolution. Le cuir traditionnel connaît ses dernières heures avec le développement de l'enveloppe synthétique. Quelque temps avant l'annonce du groupe retenu pour partir au pays des Springboks, Gonzalez reçoit chez lui un colis contenant un ballon synthétique. L'expéditeur est Pierre Berbizier. Étonné, le talonneur l'appelle et lui demande quelques explications.

« Entraîne-toi à lancer avec car il y aura des ballons comme ça à la Coupe du monde ! » lui rétorque l'ancien demi de mêlée. Le message est suffisamment clair pour réchauffer le cœur du Basque, effectivement bien du voyage en Afrique du Sud avec le Toulonnais Marc de Rougement, l'autre talonneur retenu pour la grand-messe du rugby mondial.

À son arrivée sur place, il est frappé par l'attitude des employés noirs de l'hôtel, encore marqués par les stigmates d'un Apartheid fraîchement aboli : « Au début, à chaque fois qu'on passait devant eux, ils baissaient la tête et paraissaient presque surpris qu'on leur dise bonjour et qu'on s'arrête parler avec eux. À la fin de la compétition, après avoir échangé, ri, chanté avec eux, ce qui était logique puisqu'on se côtoyait au quotidien, ils nous ont fait une haie d'honneur pour nous dire au revoir, avec des sourires et beaucoup d'émotion. Cela m'a énormément marqué. »

Sur le plan sportif, le XV de France termine première d'une poule impactée par l'accident terrible de l'Ivoirien Max Brito, laissé tétraplégique lors du match de son équipe face au Tonga. L'obstacle irlandais est franchi aisément en quart (36-12) et vient cette partie tant attendue contre les Springboks, qui fera couler presque autant d'encre que de pluie ce jour-là.

Un terrible orage éclate quelques heures avant le match et laisse le terrain du Kings Park de Durban sous plusieurs centimètres d'eau. Plusieurs dames armées de balais s'activent comme elles peuvent pour chasser la marée de la pelouse, le coup d'envoi est retardé mais le match ne peut être reporté à une date ultérieure. Un point du règlement de la compétition relève que si la rencontre ne peut pas avoir lieu, c'est la France qui sera désignée vainqueur sur tapis vert.

« Nous les joueurs, on était là pour jouer, on en avait envie parce que c'était un rugby qui nous allait, on s'était préparés pour cela et il ne nous a jamais traversé l'esprit autre chose. Et puis allez dire aux spectateurs dans le stade et partout dans le pays que leur sélection est écartée de la finale sur tapis vert parce que les Français n'ont pas voulu jouer… »

Le match se joue malgré les conditions exécrables, et les Bleus s'aperçoivent au fil du match que les décisions de l'arbitre gallois Derek Bevan leur sont contraires. Il refuse notamment un essai à Émile Ntamack pour un en-avant peu évident et ne récompense pas plus Abdelatif Benazzi, tombé avec le ballon sur la ligne d'en-but sud-africaine. Défaits 19-15 sous le déluge, les partenaires de Philippe Saint-André ressortent du terrain noyé la rage au cœur.

« On savait qu'on s'était fait voler et que l'arbitre avait favorisé les Sud-Africains. Dans le vestiaire, il y avait énormément de frustration. Mais c'était ainsi, il fallait que l'Afrique du Sud gagne ce match et soit championne du monde. La veille de la finale, les All Blacks avaient été malades aussi bizarrement. Comme on le voit dans le film *Invictus (de Clint Eastwood, sorti en 2009)*, ils étaient prêts à tout pour gagner cette Coupe du monde. » Dans le film, la dernière image de la partie est celle de Jean-Michel Gonzalez, le plus facilement identifiable grâce à son bandeau, debout les mains sur les hanches et le regard dans le vague.

En dépit de leur immense déception, les Bleus parviennent à se remobiliser pour le match de la troisième place qu'ils gagnent aux dépens des Anglais (19-9). « Berbizier nous avait délégué la préparation de ce match », se souvient Gonzalez. « On avait joué au foot toute la semaine, fait deux trois lancements la veille, un peu de touche et c'était à peu tout. Et les Anglais n'ont pas vu le jour. »

Le soir, dans les rues de Pretoria, les Français sortent fêter ce dernier round victorieux et retrouvent par hasard leurs adversaires du jour dans un bar. Le talonneur anglais Brian Moore souhaite payer un coup à Jean-Michel Gonzalez pour récompenser la victoire des siens et l'avertit que ce sera à son tour de payer à boire à Paris quand le XV de la Rose viendra gagner. Le Basque lui signifie que non, il ne paiera pas plus à boire à Paris car l'Angleterre n'y gagnera pas. Un échange savoureux parmi d'autres au cœur de cette atmosphère assez inédite de convivialité franco-anglaise.

Les joueurs du XV de France terminent leur Mondial par un dernier coup d'éclat. Au moment de décerner les récompenses de la compétition, quand leur bourreau Derek Bevan monte à la table d'honneur pour recevoir sa petite breloque, Philippe Saint-André et les siens quittent la salle en guise de protestation contre son arbitrage.

Des sommets d'Afrique du Sud, celui qu'on surnomme affectueusement « Gonzo » redescend de plusieurs marches à son retour en France avec une nouvelle saison de lutte qui l'attend. Côté sélection, Pierre Berbizier s'en va, remplacé par le duo Jean-Claude Skrela – Pierre Villepreux. Dans l'esprit des deux hommes, le Bayonnais est dans la short-list pour prendre le capitanat. Mais il n'aura guère le temps de les convaincre. En octobre, les Bleus s'envolent en Argentine pour y disputer une nouvelle compétition, la Coupe latine.

Le talonneur avait tout à gagner mais il a beaucoup perdu, un genou en l'occurrence avec une lésion ligamentaire qui le met sur la touche pour de longues semaines. Au prix de gros efforts, il revient toutefois pour le premier match du Tournoi des Cinq Nations, gagné au forceps (15-12) mais gagné quand même, comme Gonzalez l'avait prédit à Moore sept mois auparavant.

Le Basque enchaîne une quatrième titularisation dans la compétition contre le Pays de Galles à Cardiff sans se douter que cette trente-cinquième sélection serait la toute dernière : « Jo Maso *(le manager de l'équipe de France)* me dit à la fin du Tournoi que je serai mis au repos pour la tournée d'été en Argentine, pour me permettre de souffler, et que les coachs feraient jouer des jeunes. Je suis resté au repos en sélection jusqu'à la fin de ma carrière ! »

Même si on ne lui a jamais signifié en ces termes, il paie en partie sa fidélité à Bayonne malgré un combat perdu pour le maintien à l'issue du championnat. Peut-être parce qu'il en prend conscience sans trop se l'avouer, il décide de couper le cordon avec l'Aviron à la fin de la saison suivante et un match de barrage pour éviter une nouvelle descente en groupe B, remporté face à Saint-Girons (28-23).

Partir, mais où ? Comment concilier ambition et proximité avec son Pays basque chéri ? Le bon compromis, c'est la Section paloise ! Un club de bon standing qui dispute par ailleurs cette coupe d'Europe qu'il rêve de connaître. Mieux, les coachs en place, Jean-Louis Luneau et Francis Léta, sont ses anciens entraîneurs, et même coéquipiers à Bayonne. Le contact est pris avec les deux têtes du sportif béarnais, évidemment intéressées à l'idée d'accueillir un international.

Mais lorsque Gonzalez arrive dans les bureaux du Hameau pour y signer à trente ans son premier contrat professionnel dans le rugby, tout ne se passe pas exactement comme prévu. Lui souhaite s'engager deux saisons, mais le coprésident André Lestorte ne lui en propose qu'une seule. La fierté est touchée, ce sera donc quoi qu'il arrive un an et pas plus dans la cité du Vert Galant.

Pas à son poste de prédilection, qui plus est. Le talonneur en place, Joël Rey, est aussi le capitaine et donne suffisamment satisfaction pour ne pas mettre en péril sa position dans l'équipe. Ce sera donc pilier droit, pendant de l'impétueux gaucher Pierre Triep-Capdeville.

Durant cette saison 1997-1998, les journées sont bien remplies pour « Gonzo ». Il maintient en effet son activité de vendeur d'assurances, démarrée un an plus tôt avec la société La Mondiale sur proposition de l'ancien international Peyo Hontas, et pour laquelle il avait dû se remettre en question et ingurgiter des techniques de vente et autres procédés informatiques qui lui étaient peu familiers. Sitôt le travail terminé, il prenait la route et traversait les Pyrénées-Atlantiques pour se rendre aux entraînements.

Malgré les contraintes, les performances sont au rendez-vous. Plus quelconque en championnat, la Section réalise toutefois un beau parcours en H-Cup. Sortie de sa poule, elle reçoit les Leicester Tigers en quart. La même équipe qui l'avait battue la saison précédente, à la suite d'une rencontre où Pierre Triep-Capdeville avait crié au scandale d'arbitrage.

« Pour ce match, j'ai dit à Pierre que s'il faisait le con, il aurait affaire à moi. Mais qu'en revanche, on allait les corriger en mêlée. Sur la première, on les emporte sur 30 mètres ! On leur a roulé dessus tout l'après-midi et on leur a mis plus de 30 points (35-18) dans un Hameau prêt à craquer. Un sacré souvenir ! »

Le suivant est en revanche moins agréable. À quelques jours de Noël, Pau se déplace à Bath pour y disputer sa demi-finale. L'arbitre de la rencontre est un certain… Derek Bevan, celui-là même qui officiait deux ans et demi auparavant pour la demie de Coupe du monde France - Afrique du Sud. Jean-Michel Gonzalez n'a rien oublié et voit le mauvais film se reproduire, avec des fautes anglaises non sanctionnées, notamment une de l'ailier Adebayo Adebayo qui, pris de vitesse par Philippe Bernat-Salles, lui tire le maillot sans ballon pour l'empêcher de passer devant et marquer l'essai. La courte défaite (20-14) laisse un goût amer aux Palois. Moins en vue en championnat, ils loupent la qualification pour les playoffs.

Pour Jean-Michel Gonzalez, la saison demeure une réussite sportive sur le plan personnel quoique frustrante. Ses performances sèment en effet le doute dans la tête du duo de sélectionneurs. À la fin du Tournoi des Cinq Nations qu'il dispute avec France B, il s'attend même à une bonne nouvelle quand Jean-Claude Skrela s'approche de lui : « Il me dit : “Je ne t'amène pas à la tournée en Argentine car si tu viens, je vais être obligé de te faire jouer, tu vas me foutre le bordel !” Et il ne souhaitait pas que je joue. C'était donc pour moi la fin officielle de ma carrière internationale. »

Celle en club continue en revanche et pas question de changer d'un iota son postulat de départ avec Pau. Et ce malgré une dernière relance de ses dirigeants. Son niveau affiché après avoir passé un an en A2 suscite les regards extérieurs, notamment celui de Serge Blanco, président du Biarritz Olympique. Ce dernier décroche son téléphone, sonde l'enfant de Cambo-les-Bains sur sa situation contractuelle, puis, le sachant libre, convient d'un rendez-vous où il obtient son accord.

Quelques jours plus tard, c'est au tour de Dax de venir à la charge par l'intermédiaire de son président Alain Pecastaing. Il lui offre 1 000 euros de plus par mois que Blanco. Mais une parole est une parole pour Jean-Michel Gonzalez qui décline.

Il débarque donc au BO où il retrouve là encore un ancien partenaire de l'Aviron, Patrice Lagisquet, qui co-entraîne avec Laurent Rodriguez. Le défi sportif y est aussi intéressant, avec un club qui affiche des ambitions retrouvées, comme en témoigne le recrutement de Roumat et Bernat-Salles, deux autres internationaux français confirmés. Les fondations de la machine à broyer biarrote du début des années 2000 se mettent en place lors de cette première saison 1998-1999 et les premiers fruits sont récoltés l'année suivante.

Qualifié pour les playoffs, le BO se hisse en quart de finale du championnat et emmène le grand Stade toulousain, futur champion, en prolongation. Même si la défaite est au bout (28-18 A.P), le groupe basque prend la mesure de tout son potentiel. Un « déclic », dixit Jean-Michel Gonzalez.

En s'appuyant sur cette base, les hommes du duo Rodriguez – Lagisquet poursuivent leur ascension. Ils réussissent d'abord un beau parcours en H-Cup, où ils tombent en quart contre le Munster (38-29). En Top 16, une nouvelle étape est franchie avec une victoire retentissante à Jean-Bouin en quart de finale contre le géant parisien (35-19). C'est le premier gros coup du BO dans son opération reconquête.

Le deuxième en revanche cette saison pour son talonneur qui, avec les Barbarians, battit les All Blacks un soir de novembre au stade Felix-Bollaert de Lens (23-21). Son troisième succès personnel contre la Nouvelle-Zélande, avec les deux tests de 1994 et même son quatrième si on compte celui contre les All Blacks B, durant un match de semaine la même année. Le meilleur ratio de l'ère moderne pour un Français contre cette nation.

Et le boulot dans tout ça ? L'autre, du moins. Eh bien là encore cette saison est à marquer d'une pierre blanche. « Gonzo », papa pour la deuxième fois en 2000, sent qu'il a fait le tour en tant que vendeur d'assurances chez La Mondiale et, au cours d'un échange avec un ancien collègue de Bridas Sécurité, décide de monter sa propre société spécialisée dans les extincteurs. Le 3 mai 2001, soit une vingtaine de jours avant les phases finales du championnat, naît Expaba Sécurité.

Encore un petit coup d'accélérateur dans une vie déjà à 100 à l'heure : « Même mes coéquipiers ne comprenaient pas comment je faisais. Je leur disais juste : "Bah, venez avec moi une journée, vous verrez comment je fais !" À ce moment-là, il ne restait guère plus que Denis Avril, employé à la mairie, et moi, qui continuions à bosser à côté du rugby. Mais pour moi c'était juste normal. Je ne concevais pas le rugby comme un travail. » Une vision qui n'est pas sans rappeler celle de Jérôme Cazalbou, comme vu précédemment dans ce livre. Mais contrairement à l'ancien Toulousain, Gonzalez ne l'a pas vraiment payé en fin de carrière.

En 2001-2002, l'année de l'envol du BO, il en est même le capitaine. Son BO qui écrase tout sur son passage, et ce dès l'entame où il défait, excusez du peu, le Stade français et Toulouse. « Pour moi le vrai déclic vient d'un match contre le SU Agen, qui broyait tout le monde en mêlée. Chez nous, sur la première mêlée au milieu du terrain, on fait éclater les Hasan, Crenca, Rué... Après ça, que pouvait-il nous arriver ? Le président Blanco avait aussi eu la bonne idée de faire venir Joe Roff *(ailier international australien, champion du monde et double vainqueur du Tri Nations).*

Il a été nul durant la phase régulière mais par contre, pour les phases finales, il a été un patron. »

Passé à côté en H-Cup, le club basque survole le championnat, termine premier de sa poule de classement puis de celle de qualification. Il retrouve comme la saison précédente Clermont en demie mais sort cette fois victorieux (31-12). À trente-cinq ans, Jean-Michel Gonzalez est sur le point de connaître le Stade de France pour sa première finale. Contre ces Agenais qu'il s'était régalé à dominer en mêlée à Aguiléra.

Mais les compteurs sont toujours remis à zéro pour une finale, avec une pression bien différente. Une pression qui dérègle d'ailleurs le pied du buteur biarrot Joe Roff, malheureux à cinq reprises. Menés à la pause 16-13 malgré un bel essai en contre de Bernat-Salles, les Biarrots resserrent le jeu après la pause et repassent devant. À 19-16 et près de cinq minutes après la sirène, les dés semblent jetés mais, chose assez rare pour un tel match à ce moment de la partie, l'arbitre Didier Méné prend ses responsabilités et sanctionne d'une pénalité le vétéran Olivier Roumat pour une perte d'appuis sur une tentative de conteste. À 40 mètres face aux poteaux, le jeune buteur lot-et-garonnais François Gélez, parfait dans l'exercice, envoie les deux équipes en prolongation.

Épuisé par le combat, le pilier biarrot Denis Avril cède sa place au talonneur remplaçant Nöel Curnier (une première fois sur saignement puis définitivement durant la deuxième période de la prolongation) qui, en plus de récupérer le lancer en touche, décale Jean-Michel Gonzalez à droite de la première ligne. Le premier lancer de Curnier est ainsi contré et sur la mêlée qui suit, « Gonzo » souffre face à son nouveau vis-à-vis Jean-Jacques Crenca. À l'image d'un BO qui tarde à trouver son second souffle. Le SUA en profite pour repasser devant 22-19 et Christophe Lamaison, suppléant de Gélez au but, manque même la pénalité du KO.

À 3 minutes de la fin, un plaquage à retardement de David Couzinet offre à Biarritz une pénalité à 45 mètres en face des poteaux agenais. En champion, Joe Roff prend ses responsabilités malgré sa maladresse du jour et ne se manque pas. 22-22, les 110 minutes sont dépassées et on se dirige vers un dénouement aux tirs au but. Mais Biarritz a une dernière offensive à mener. Et gagne du terrain au point d'entrer dans les 22 mètres adverses.

Placé au soutien dans les rucks, Jean-Michel Gonzalez n'a plus vraiment le coffre pour réclamer le ballon. Celui-ci lui parvient pourtant à sa grande surprise sur une passe en pivot du deuxième ligne Olivier Nauroy. Pire, le centre agenais Luc Lafforgue est déjà pratiquement sur lui et le plaque. Le ballon semble lui échapper des mains mais il le conserve en tombant dans un ultime effort. Petites causes grands effets puisque l'Anglais Stuart Legg, arrivé avant son demi de mêlée Laurent Mazas, peut ramasser le ballon et donner en retrait à… Laurent Mazas qui, d'un drop plein de sang-froid, donne la victoire au BO (25-22 A.P). Délivrés, les Basques laissent éclater leur bonheur et tous ou presque viennent enlacer leur capitaine, à l'image d'Olivier Roumat ou Serge Betsen.

Les festivités sont à la hauteur de l'attente, pour une ville qui n'avait plus vu le Bouclier depuis 1939 ! Avec ce titre, plus prestigieux que la Coupe de France remportée deux ans auparavant, le BO change aussi de dimension. Il n'est plus l'ambitieux qui veut s'asseoir à la table des grands mais l'équivalent de Toulouse et du Stade français, les deux autres géants du rugby hexagonal de l'époque.

Les honneurs du champion, l'ancien Olivier Roumat veut les vivre sur le terrain et repousse la retraite d'une saison. Attendu comme il se doit, le club basque est soumis à la remise en question dès le début de la saison suivante, avec une défaite d'entrée de jeu à Grenoble (22-14). Le calendrier prévoyant le week-end suivant un nouveau déplacement, à Clermont, les Biarrots choisissent de rester sur place. Sauf le coach Laurent Rodriguez qui doit rentrer sur la côte basque pour régler des affaires personnelles. C'est donc Jean-Michel Gonzalez qui, l'espace d'une semaine, enfile la casquette d'entraîneur-joueur et prend en main les avants du BO. À l'ancienne, sans fioriture mais avec suffisamment d'efficacité pour insuffler une réaction positive qui débouche sur une victoire chez les Jaunards (20-16).

Et le club repart de plus belle, tombe certes encore une fois en quart de finale de coupe d'Europe mais termine premier de sa poule en Top 16. Venu dans ces phases finales avec l'intention de refaire le coup de l'an dernier, Biarritz voit son projet tomber à plat en l'espace d'une mi-temps. La deuxième, ratée, de sa demie qui l'oppose au Stade français et qui voit les Parisiens prendre leur revanche de la saison passée (32-9).

Pour la première fois, « Gonzo » ressent alors l'envie de dire stop et en fait part à ses dirigeants et à son staff. Les deux lui demandent de continuer pour encadrer les jeunes et assurer la transition avec les talonneurs déjà au club. Ils le déchargent même en partie du capitanat en promulguant à ses côtés le troisième ligne Thomas Lièvremont. En bon soldat, Gonzalez accepte donc le deal mais le plan n'est pas suivi à la lettre. Même à trente-six ans, l'ancien Bayonnais demeure le plus compétitif au talon et joue plus souvent que ce qui était convenu. À la fin de la saison 2003-2004, où Biarritz franchit enfin le cap des quarts en H-Cup, mais tombe en demie contre Toulouse (19-11) et échoue de peu à se qualifier pour les demi-finales du Top 16, il renouvelle son intention de raccrocher.

« Le nouveau coach des avants, Jacques Delmas, voulait que je continue encore une année. Cette fois, j'ai imposé une condition. Je fais cette dernière année si et seulement si le club recrute un talonneur titulaire. Le club est allé chercher Benoît August et j'ai donc continué. » En plus de l'ancien Parisien, Biarritz frappe fort à l'été 2004 avec les signatures des Palois Damien Traille et Imanol Harinordoquy et du Toulousain Benoît Lecouls.

Renforcé et bonifié de l'intérieur par l'arrivée à maturité des jeunes Dimitri Yachvili, Julien Peyrelongue ou encore Guillaume Bousses, le BO impressionne sur les deux tableaux. En H-Cup, une demie stratosphérique l'attend contre le Stade français, double champion de France en titre. Le choc des titans semble choisir son vainqueur quand Damien Traille inscrit un essai à un quart d'heure de la fin, portant l'avance biarrote à 11 points. Mais les Parisiens parviennent à ranimer la flamme et Jean-Michel Gonzalez entre en jeu dans ce contexte où Biarritz doit tenir. Benoît August reste quant à lui sur le terrain et recule en troisième ligne.

Cinq minutes après la sirène, « Gonzo » doit négocier un lancer en touche dans son camp, qui doit potentiellement être le dernier avant la délivrance : « Un coéquipier me demande de lancer dans la zone de Benoît August. Je ne la sens pas et demande à changer plusieurs fois mais ce n'est pas entendu. Le lancer est perdu et au bout de l'action, les Parisiens marquent par Christophe Dominici. Après ça, j'ai bien été chargé dans la presse ! On m'a mis la défaite (17-20) sur le dos. »

Vexé, le vétéran répond avec humour le week-end suivant, pour sa dernière à Aguiléra, contre Perpignan. Sur son premier lancer en touche, bien capté par son sauteur, il rejoint le regroupement les bras levés tel Rocky Balboa après sa montée des marches du musée d'art de Philadelphie. Geste évidemment accompagné d'une salve d'applaudissements complices venue des tribunes. Un sourire puis quelques larmes au moment de dire adieu à ce stade qui a été le sien durant les sept dernières années de sa carrière.

Le groupe basque, encore marqué par son élimination européenne, est quant à lui focalisé sur la reconquête du Brennus. Le dernier avant le passage à 14 clubs. Deuxième de la phase régulière, le BO croise en demi-finale le Bourgoin de Pascal Papé, Sébastien Chabal et Julien Bonnaire. Un défi de taille mais relevé par les Rouge et Blanc (32-27). Match auquel Jean-Michel Gonzalez, sur le banc, ne prend pas part.

Frustré et pas du genre à ruminer dans son coin, il ne manque pas d'exprimer son mécontentement à Jacques Delmas. Mais ce dernier, droit dans ses bottes, défend sa position et le prévient qu'il adoptera la même stratégie en finale. À savoir que sauf blessure d'August ou un écart suffisamment large en fin de partie, le talonneur titulaire fera tout le match.

En leader, « Gonzo » ne se laisse pas aller à la bouderie. Il motive au contraire ses partenaires, en utilisant avec ses coachs le levier de la revanche de la demie de H-Cup et la nécessaire guerre de tranchées à mener aux Parisiens. Il s'interdit en revanche d'évoquer son cas personnel : « Je ne voulais pas qu'on en parle car ce n'était pas le dernier match de Jean-Michel mais une finale pour être champion de France. Tout le monde le savait et tout le monde l'a respecté. »

Comme la stratégie agressive, qui se transformait par moments en agression. « On connaissait l'activité de David Auradou en touche et on ne voulait pas qu'il vienne nous mettre le bordel sur nos lancers. Jérôme Thion s'en est occupé dès le début. » Une première bagarre impressionnante dès les premières minutes du match, suivie de quelques autres. En fin de première période, Benoît August est mis au tapis en sortie de mêlée par le pilier argentin Rodrigo Roncero. Une opportunité pour son vieux remplaçant ? Non, car l'ancien Parisien se relève et reprend courageusement sa position.

Dommage pour Gonzalez car avec un match aussi serré et indécis (19-19 à la mi-temps), ses chances d'entrer en jeu deviennent de plus en plus minces. À 7 minutes de la fin, alors que le score est de 31-28 en faveur du BO, elles sont mêmes très hypothétiques. Mais il continue inlassablement à s'échauffer dans l'en-but, un œil toujours rivé sur le terrain. Il trépigne, même, comme le signale le jeune journaliste de France 2 en bord de terrain, Matthieu Lartot. Et puis le fait de match qui pouvait changer son destin arrive. Sur une mêlée, August reste au sol, touché à l'épaule. Cette fois, il ne pourra pas revenir. Avisé, Jacques Delmas appelle l'enfant de Cambo et lui dit que c'est à son tour de jouer.

L'émotion se lit sur son visage au moment où il enlève son pull d'échauffement, porté par les milliers de supporters biarrots qui l'acclament et chantent son nom. Comme en H-Cup, il doit aider ses copains à tenir le score, mais comme en H-Cup, une touche va l'empêcher de mener à bien cette mission. À 5 mètres de son en-but, pour son premier lancer, pas un cadeau il est vrai ! Le premier sauteur parisien permet au Stade français de récupérer le ballon puis une pénalité quasiment dans la foulée. David Skrela ne gâche pas la munition, remet les deux équipes à égalité et offre au public dionysien 30 minutes de bonheur en plus.

Comme en 2002, Biarritz va devoir aller chercher son titre en prolongation. Pas abattu par son lancer perdu, « Gonzo » réunit ses troupes pour leur asséner un discours guerrier : « Même si je n'étais plus le capitaine de fait, je le restais au fond de moi et j'étais aussi un leader de combat. J'avais toujours ce respect et cette écoute des gars qui savaient qu'ils pouvaient compter sur moi dans ces moments-là. »

Le plus âgé des Biarrots a en face de lui Benjamin Kayser, le plus jeune Parisien et ses vingt bougies au compteur. Un sacré choc des générations qui va tourner à l'avantage du vieux lion au meilleur des moments. Alors que les hommes de Fabien Galthié ont repris l'avantage dans la première prolongation (34-31), les Basques se ruent à l'attaque dans la seconde période et sont récompensés par un drop magistral de Julien Peyrelongue. Mieux, Skrela botte le renvoi directement en touche, ce qui donne une mêlée au centre en faveur des Rouge et Blanc.

Pour « Gonzo », c'est le moment ou jamais : « Je prends Denis Avril à part et je lui dis : "Tu vois la mêlée qui arrive elle est pour nous, on les enfonce !" » Et il joint les actes à la parole après une première mêlée à refaire. Soutenu par son pilier, il axe son effort sur le juvénile Kayser et le fait exploser comme un pop-corn. L'arbitre Jean-Christophe Gastou siffle logiquement pénalité pour Biarritz. Malgré la fatigue, Yachvili allonge la frappe et l'expédie entre les poteaux.

Son équipe repassée devant et avec moins de huit minutes restantes, Gonzalez, jusque-là actif dans la circulation du ballon de son équipe, change son fusil d'épaule : « En Coupe d'Europe, on avait perdu parce qu'on n'avait pas su conserver suffisamment le ballon. Donc là je me suis dit que j'allais soit le coffrer soit le ralentir, et qu'ils ne le verraient pas. » Il met toutefois ses partenaires en difficulté en manquant à trois minutes de la fin un lancer en touche à 5 mètres de l'en-but parisien qui aurait pu tuer la finale.

Il donne au contraire l'occasion aux rugbymen de la capitale l'opportunité de se relancer, et met la pression aux Basques, dont Brusque et Yachvili qui tapent directement des coups de pied en touche. Fidèle à son credo, le talonneur aux 35 sélections s'attache à pourrir une tentative de sortie de balle rapide des Parisiens dans leur camp sur un ruck et se fait pénaliser à la sirène. Manquant eux aussi d'oxygène, les champions de France la jouent vite au lieu de trouver la touche et, au bout d'un dernier mouvement, finissent hors des limites du terrain. La fin d'un long suspense.

Le BO est champion de France, trois ans après son dernier sacre. Durant son tour d'honneur, le néo-retraité savoure et étreint à tour de bras. Même Jacques Delmas, avec qui il échange des mots forts sur la pelouse. Ce qu'il avait retenu jusqu'ici finit par sortir au moment de répondre aux questions de Matthieu Lartot. Avec une voix de plus en plus chevrotante au fur et à mesure qu'il entend à quelques mètres de lui des « Gonzo, Gonzo », et qui s'éteint définitivement pour laisser place aux sanglots lorsqu'il aperçoit une pancarte « Merci Gonzo ». Il ne pouvait rêver mieux, vingt ans tout juste après avoir rejoint l'Aviron bayonnais grâce à une prouesse au tir à la corde.

Son magnifique au revoir à ce rugby qu'il n'a jamais cessé de considérer comme un jeu et rien d'autre, lui qui était le dernier rempart de la pluriactivité au BO en 2005. « Dès le lundi matin, 8 heures, j'étais au boulot ! On est sortis tous les soirs de la semaine pour fêter le titre, et à chaque fois, le lendemain matin, j'étais au boulot. Il fallait assumer, c'était comme ça. » Parce que s'échapper n'était jusqu'à la fin pas une option pour ce gros caractère qui incarna jusqu'au bout ce rugby basque dont il était le garant et l'âme.

6

Mike James : L'Universal Soldier

Facile, naturelle, l'analogie est presque évidente. Par son physique, sa chevelure blonde et son double mètre façon armoire normande. Également par son goût pour l'effort, le combat et les tâches obscures. En 1999, Mike James est devenu l'Universal Soldier grâce à son nouvel entraîneur à Perpignan, Philippe Boher qui lui donna ce surnom en référence au film éponyme sorti sept ans plus tôt et au colossal acteur suédois Dolph Lundgren qui l'incarnait.

Pour les deux hommes, une traversée de l'Atlantique fut nécessaire pour atteindre les sommets dans leur domaine d'activité. Dans le sens inverse toutefois. Natif de Vancouver, Mike James a en effet dû quitter son Canada natal, pays à la tradition rugby très limitée, pour connaître le haut niveau. Rien, à part peut-être sa carrure, ne l'y prédestinait. Comme beaucoup de ses compatriotes, climat et manque d'infrastructures obligent, il a découvert le ballon ovale au lycée, à l'âge de seize ans. Par hasard et curiosité, parce qu'il était proposé dans son établissement situé dans le quartier de Burnaby.

Son premier entraînement, dans un gymnase, est placé avant le début des cours à 7 heures du matin. Il y affiche quelques aptitudes au plaquage. Mais l'horaire barbare et le trajet à effectuer à vélo sous la pluie font qu'on ne l'y revoit pas à la séance d'après. Las, l'entraîneur, un certain John Adams, ne le lâche pas si facilement.

« Le capitaine de l'équipe me croise et me dit que le coach souhaite me parler. J'ai mis une pièce dans la cabine téléphonique et le gars, qui ne me connaissait pas vraiment, me dit que je suis plein de promesses, qu'il me voit bien un avenir dans ce sport et me demande de revenir. Je ne voulais pas le décevoir alors j'ai dit OK. C'est ce monsieur qui a changé ma vie ! »

À ce moment-là, il n'est pas question de niveau mais uniquement de plaisir. Le grand Mike joue d'ailleurs son premier match… à l'aile et les suivants… à l'arrière. À la fin de cette première saison de rugby, il entend parler d'un match de l'équipe nationale canadienne face au Japon, diffusé sur une chaîne de télévision. Un événement rare au pays. Il ne manque pas le rendez-vous et est subjugué par un pilier dont les seuls cheveux sur le crâne étaient taillés de façon à dessiner une feuille d'érable. Pour couronner le tout, les Canucks (surnom donné à la sélection canadienne) remportent la partie. Une révélation pour le jeune blondinet qui va se fixer pour objectif de monter en niveau pour, pourquoi pas, représenter lui aussi son pays et passer à la télé.

Il change alors d'équipe et en rejoint une plus cotée, qui ratisse plus large que le bout de la rue pour composer son effectif. Dès le premier entraînement, le coach lui fait comprendre qu'il n'a pas le gabarit ni la vitesse pour être performant derrière et qu'il serait bien mieux en seconde ligne. Sa reconversion est en marche. Le poste lui convient mieux, son niveau grimpe et le voilà déjà appelé avec les moins de 19 ans canadiens.

Parallèlement à son évolution sportive, Mike James poursuit ses études de commerce et choisit d'effectuer un semestre à l'étranger, en Australie. En 1993, il décolle pour l'île, direction Brisbane. Il parvient à s'inscrire dans un bon club local, le GPS Rugby, dont les tout meilleurs éléments vont parfois nourrir la grande franchise des Queensland Reds. L'expérience est courte mais réussie, avec quelques matchs en équipe une à la clé et surtout une vision plus concrète d'un meilleur rugby.

À son retour en Amérique du Nord, le sélectionneur national l'intègre à son groupe. À vingt ans, il connaît ainsi sa première sélection en 1994 contre les États-Unis. En deuxième ligne, évidemment, aux côtés d'un joueur qu'il considère comme un modèle et qui formera avec lui l'attelage du Canada pendant 9 ans : Al Charron. La deuxième sélection arrive dans la foulée face à un adversaire d'un tout autre calibre, le XV de France de Philippe Sella, Jean-Luc Sadourny ou Philippe Saint-André. Face à lui, une deuxième ligne de poids composée d'Olivier Merle et Olivier Roumat.

L'improbable se produit pourtant ce 4 juin, avec une défaite des Bleus (18-16) qualifiée d'infamante par la presse hexagonale. Un véritable jour de gloire en revanche pour le rugby canadien, quelques mois seulement après la déjà retentissante victoire face au Pays de Galles à Cardiff (24-26). Le jeune Mike James est crédité d'une belle prestation, notamment en touche où il est parvenu à prendre tous les lancers, canadiens comme français.

« C'était une grosse équipe de France qui venait chez nous à Ottawa mais elle a peut-être pris ce match comme une opposition d'entraînement. Au final, ce ne fut pas un grand jour pour elle mais un très grand jour pour le Canada. On s'est quand même demandé comment nous avions réussi cela, d'autant plus face à la même équipe qui a battu les All Blacks chez eux un mois plus tard en marquant l'essai du bout du monde ! Mais on l'a fêté comme il se doit et en sortant du bar tôt le matin, en déambulant avec nos blazers rouges tels des vendeurs de voitures, on a croisé les Bleus de Berbizier prêts à partir au footing ! »

Pour le natif de Vancouver, l'aventure en sélection se poursuit avec une tournée en fin d'année en Europe. Au programme, entre autres, un match contre la France à Besançon. Dans la chambre d'hôtel, le matinal Mike James allume la télévision, tombe sur la mythique émission du service public dédiée au rugby, *Rencontres à XV*, et voit des images de matchs des clubs de l'élite du championnat hexagonal. Son camarade de chambre lui dit alors : « Mec, si un jour tu as l'opportunité de venir jouer en France, fonce, car ils savent très bien jouer dans ce pays ! » Une petite phrase qui, le moment venu, lui reviendra en tête comme une douce musique.

Installé en équipe nationale, le jeune deuxième ligne est logiquement retenu pour la Coupe du monde 1995 en Afrique du Sud. Dans le groupe des Canucks, basés à Port Elizabeth, se trouvent l'Australie championne du monde et le pays hôte, futur lauréat de l'édition. Les Canadiens font malgré tout bonne figure en remportant leur premier match contre la Roumanie (34-3). James se fracture un os de la main dès les premières minutes du deuxième match face aux Wallabies (27-11) mais il serre les dents et continue jusqu'au bout. C'est emplâtré qu'il assiste à la dernière rencontre du groupe contre l'Afrique du Sud (20-0), marquée par un coup d'envoi retardé de près d'une heure à cause d'une panne d'électricité.

La compétition terminée, le deuxième ligne de Vancouver prolongera le plaisir une quinzaine de jours au pays de Nelson Mandela, le temps de louer un van avec une demi-douzaine de coéquipiers dont son binôme Al Charron, afin de rejoindre en roadtrip le parc Kruger pour s'adonner à un safari photo.

Au retour du Mondial, Mike James se pose pour réfléchir. Après s'être frotté au gratin du rugby mondial, il en veut encore et plus, ce que ne peut lui apporter le championnat canadien où il évolue. Son coéquipier en sélection, Eddie Evans, qui joue au Japon, lui parle de ce pays qui rêve de grandir sur le plan rugbystique et qui est prêt, alors que le rugby vient de décider l'ouverture au professionnalisme, à injecter de l'argent pour progresser. Un contrat l'y attend même s'il daigne traverser le Pacifique.

Mais c'est par-delà un autre océan que son sort va se jouer. Comme souvent au rugby par un concours de circonstances et un réseau de relations des plus improbables. Aux États-Unis se trouve un exilé français, Franck Boivert, Perpignanais de naissance passé par l'Usap. Celui qui sera bien des années plus tard découvreur de pépites aux Fidji mène à bien, au milieu des années 1990, une mission de développement du rugby à la prestigieuse université californienne de Stanford. Encore loin du Canada donc. Mais Stanford vient disputer un match contre l'université d'UBC, à Vancouver ! L'entraîneur d'UBC est aussi l'entraîneur des avants du Canada.

Encore un peu de magie du hasard ? Cette année-là, Boivert, qui garde des contacts étroits avec l'Usap, est sondé par son ancien club. L'institution catalane cherche un remplaçant à son icone sud-africaine Barend Britz, en fin de carrière, et ne se ferme aucune porte au cas où un oiseau rare pointerait le bout de son nez en Amérique du Nord. Lors d'une simple discussion lors de ce fameux match entre Stanford et UBC, Boivert évoque avec son homologue les talents canadiens et ce dernier lui recommande Mike James. Un nom qui ne lui est pas inconnu, lui qui avait assisté à sa première sélection deux ans auparavant contre les États-Unis.

Un coup de fil à Perpignan, le vice-président de l'Usap Marcel Dagrenat prend l'avion direction Vancouver, vient voir à l'œuvre Mike James et lui fait part de sa volonté de le ramener en France. Pour moins d'argent que ce qu'on pouvait lui proposer au Japon mais avec un défi sportif ô combien plus excitant. Lui revient alors cette petite phrase que lui avait glissée son camarade de chambre à l'hôtel un an et demi plus tôt après avoir vu *Rencontres à XV* à la télé. « Mec, si tu as l'occasion de jouer en France, fonce ! » Alors il fonce.

« J'ai dit à ma mère avant de partir : "Ne t'inquiète pas, maman, si je suis nul, je rentre à la maison avant Noël et je reprendrai les études." » Il ne rentrera à Vancouver que onze ans plus tard.

Les premières impressions le confortent dans son choix : « Le seul souci était d'être loin de ma mère et également de me faire comprendre. Dans le bus pour se rendre aux matchs, je voyais les Français qui jouaient aux cartes, se réunissaient autour de discours qui paraissaient intéressants, regardaient des films et moi je ne comprenais pas grand-chose. Là, je me suis dit : “Mike, tu vas devoir t'adapter rapidement.” »

Sur le terrain, James doit aussi franchir un palier au sein d'un groupe de bon niveau dont Bernard Goutta faisait office de source d'admiration. L'équipe devait se construire avec deux nouveaux entraîneurs : Alain Hyardet et Alain Teixidor. En quête d'intégration, il se voit proposer en novembre 1996 une sélection avec les Barbarians (équipe non officielle à l'esprit festif chapeautée par de glorieux anciens tels Jean-Pierre Rives) contre l'Afrique du Sud coachée par son futur entraîneur au Stade français, Nick Mallett. La première d'une longue histoire de 5 matchs avec les Babaas, entre 1995 et 2006.

À Perpignan, l'année de transition se termine sur un huitième de finale perdu contre Bordeaux-Bègles, mais elle permet au Canadien de s'installer dans le XV de départ. Il s'éclate et s'extasie devant la passion des Perpignanais pour leur club.

« Je venais d'un pays où personne n'en avait rien à faire du rugby et je me retrouve d'un coup dans une ville où il fait beau pratiquement toute l'année, contrairement à Vancouver où il pleut 300 jours par an, et avec un public nombreux et passionné pour son club. Pour moi, c'est comme si j'avais gagné au Loto, je me disais que l'Usap était le meilleur choix de ma vie ! Même le fait que je ne retrouvais pas tous les caleçons que je laissais sécher dehors ne me dérangeait pas ! »

La saison 1997-1998 est celle de la montée en puissance. Mike James y découvre les joutes continentales par le biais de la petite coupe d'Europe. Il y croise notamment le club de Newcastle, futur champion d'Angleterre.

Blessé au coude au match aller, le Canadien ne peut pas jouer au retour à Perpignan mais tient à assister à la troisième mi-temps dans un bar de la ville. Les discussions s'enchaînent au rythme des verres avec les Anglais et au cours de l'une d'elles, l'arrière Tim Stimpson lui fait cette confidence : « Tu vois le gamin là-bas, il a dix-huit ans et il est meilleur que Rob Andrew *(grand ouvreur international anglais des années 1990)* ! Retiens bien son nom car il sera le prochain dieu de l'équipe d'Angleterre. Il s'appelle Jonathan Wilkinson. »

En fin de soirée, il reste cinq Anglais et Mike James, qui se propose de les ramener à leur hôtel en voiture. Problème, la voiture en question, une Ford Escort, ne peut pas caser tous les protagonistes. C'est donc le jeune Jonny Wilkinson qui est désigné pour faire le trajet depuis le coffre.

Si les Catalans ne brillent pas particulièrement dans cette compétition, en championnat, c'est autre chose. Premiers de leur poule de qualification, ils séduisent. Se dresse alors devant eux le Castres Olympique pour un quart de finale aller-retour *a priori* difficile. Les Catalans s'inclinent de peu dans le Tarn (26-19) mais réalisent une performance majuscule au retour dans l'habituel antre des treizistes Gilbert-Brutus, Aimé-Giral étant en travaux d'agrandissement à ce moment-là. Une fessée (42-7) et un déclic pour des Perpignanais désormais pleinement conscients de leur potentiel.

La demie est bien plus ardue face à Colomiers, valeur montante du rugby français. La rencontre accouche d'un score étriqué en faveur des Sang et Or (15-13), qui l'emportent grâce à un drop du jeune Laurent Saliès à deux minutes de la fin. Vingt et un ans après, l'Usap revient en finale du championnat et la ville de Perpignan s'embrase. Et croit plus que jamais à un septième Bouclier de Brennus, 43 ans après le dernier, du fait du statut de promu et surprise du chef de son ultime opposant, le Stade français.

« Comme quoi il n'est jamais bon d'être favori en rugby », en sourit encore Mike James. « On est certainement arrivés avec un excès de confiance sur cette finale et on s'est fait exploser ! On manquait d'expérience des grands matchs et de lucidité et on s'est fait prendre sur l'engagement et le combat. » Malgré la sévère déconvenue (34-7), les joueurs et le staff sont attendus par une foule impressionnante à leur retour dans le Roussillon. On parle alors de 40 000 supporters massés autour du Castillet pour remercier les leurs de leur beau parcours.

« J'étais très impressionné, je n'avais jamais vu ça. Tous ces gens qui nous attendaient avec des drapeaux catalans et nous qui défilions dans les rues sur le toit d'un bus… En Amérique du Nord, on peut concevoir ce type de chose pour le champion mais jamais pour le perdant. Cela nous a remonté le moral mais fait aussi prendre conscience qu'on était passés à côté de quelque chose d'immense. »

La déception passée, l'Usap s'engage bien dans la saison suivante, notamment en Coupe d'Europe où elle brille. Mais elle doit aborder les matchs couperet sans son géant canadien, qui a resigné pour deux ans mais qui se blesse à une cheville lors d'une sélection avec les Barbarians en novembre contre l'Argentine. Elle tombe en demi-finale contre Colomiers, qui prend sa revanche de la saison passée dans un match tout aussi serré (10-6). Le point de départ d'un léger déclin pour Perpignan, qui ne parvient pas à sortir en championnat d'une poule qualificative pourtant à sa portée.

En démarrant la saison 1999-2000, qu'il raccroche après avoir participé à sa deuxième Coupe du monde (et joué notamment contre la France), Mike James, en fin de contrat, ne sait pas qu'elle sera la dernière à Perpignan. Mais un joueur du Stade français va le pister et le convaincre de le rejoindre. Ce fin négociateur, c'est Diego Dominguez. Plus qu'un modèle, une source d'inspiration pour le natif de Vancouver, qui admire la rigueur et la force mentale de l'Argentin. Et Dominguez apprécie tout particulièrement le deuxième ligne de l'Usap, pour ses qualités de joueur et également cette exigence qu'ils partagent.

En quart de finale, le Stade français élimine les Catalans. À cette occasion, Diego Dominguez, appuyé par son président Max

Guazzini, enfonce le clou et obtient son accord : « Pour moi Diego était un *serial killer*. Je me voyais comme quelqu'un de très professionnel, qui avait cet esprit nord-américain de vouloir s'entraîner très dur pour être le meilleur. Et Diego, c'était ça fois dix. Il m'a "chassé" pendant un moment, si bien que je voulais jouer avec lui. J'ai aussi vu la puissance du Stade français, je voulais côtoyer des joueurs comme Diego, gagner des titres et égoïstement j'ai accepté de signer au Stade français. »

À Perpignan, Mike James avait eu son fils aîné, Quentin, et était le parrain de la fille de son coéquipier Jérôme Pradal. Le genre de liens qui rendent un départ émouvant. « Je me suis trouvé comme homme là-bas et cette ville tient et tiendra toujours une place forte dans mon cœur. »

En montant à la capitale, il rejoint le champion de France en titre et un nouvel entraîneur, John Connolly, fraîchement arrivé lui aussi. Un Australien qui officiait avec les Queensland Reds de Brisbane en 1994 quand le Canadien faisait son semestre d'étude dans la ville. Un homme aux méthodes rapidement contestées.

« Son passage a été problématique car il ne parlait pas un mot de français et ne s'y est jamais mis. Avec Pieter De Villiers et Richard Pool-Jones, nous passions notre temps à tout traduire à chaque entraînement et chaque match. Il pensait que tout le monde réfléchissait comme lui et ne comprenait pas la mentalité latine. Il avait aussi apporté avec lui une méthode de préparation physique très dure. Lors de ma première avant-saison à Paris, on s'est fait massacrer et on était tous au bord de l'explosion. »

L'ancien Perpignanais est poussé dans ses retranchements d'entrée de jeu mais s'accroche pour se faire une place, d'autant plus que celle-ci doit se faire aux dépens d'un taulier du vestiaire parisien, Hervé Chaffardon, influent mais sur la fin. Exemplaire et bon camarade, il ne met guère de temps à se faire accepter : « Mike arrivait déjà avec une belle réputation et a tout de suite confirmé les bons échos qu'on avait de lui », se souvient l'ancien troisième ligne Christophe Moni. « On a aussi découvert un très bon mec, avec un excellent état d'esprit et beaucoup d'humour. Son intégration s'est donc faite rapidement et de façon très naturelle, à l'image de son association en deuxième ligne avec David Auradou avec qui il était très complémentaire. »

Celui que l'on surnomme désormais « Pancake », en raison de ses origines, fait l'unanimité, des joueurs à l'entraîneur en passant par le président Max Guazzini. À tel point que ce dernier lui réserve même l'honneur de faire la couverture de la toute première édition du calendrier des Dieux du Stade, son nouveau bébé marketing inspiré du calendrier Pirelli (composé de photos de joueurs nus pour illustrer les mois de l'année) qui connaîtra un succès retentissant au-delà des frontières du rugby.

Venu à Paris pour soulever des titres, James connaît une finale dès la première saison. Malgré une immense prestation de son totem Diego Dominguez, le Stade français voit la Coupe d'Europe lui échapper de façon rocambolesque dans les dernières minutes de jeu contre Leicester (34-30). Un premier stigmate dans son aventure parisienne.

Le grand Mike doit attendre sa troisième saison dans la capitale pour découvrir l'ivresse d'un sacre. Avec Nick Mallett, qu'il avait déjà croisé sept ans auparavant avec les Barbarians lors d'un match de gala contre l'Afrique du Sud, Paris retrouve de sa superbe : « Je n'aurais pas suffisamment de mots pour dire tout le bien que je pense de Nick Mallett. C'était un grand tacticien, qui savait s'entourer d'adjoints très fort techniquement, mais c'était surtout un très grand meneur d'hommes. Il avait cette capacité à pousser les mecs pour qu'ils donnent le meilleur d'eux-mêmes et il nous a redonné la faim de gagner. »

Mené par son stratège sud-africain, Paris rayonne en championnat et retrouve le Stade de France. Après l'échec de 1998 avec Perpignan et deux ans après la désillusion européenne contre Leicester, Mike James aborde ce match à la vie à la mort contre

Toulouse avec les crocs d'un cougar. Et cette fois, le destin lui sourit. Sept ans après avoir débarqué au pays de Serge Blanco, et juste avant de franchir le cap de la trentaine, le voilà enfin champion de France.

À l'apogée de sa carrière aussi. Car après ce sacre de 2003, le deuxième ligne devra composer jusqu'à la fin avec une blessure handicapante. Durant l'été, alors qu'il prépare sa troisième Coupe du monde avec le Canada, la grosse tuile arrive sans prévenir. Un de ses disques intervertébraux s'abîme lourdement, impliquant une perte de mobilité au niveau de la jambe gauche et nécessitant une opération. La rééducation, accélérée sur six semaines pour qu'il puisse jouer le Mondial, ne lui permet pas de récupérer l'intégralité de ses moyens. Il perd ainsi à jamais 20 % d'amplitude au niveau de son pied mais pas l'envie de jouer. Il le fera juste diminué.

De retour de la Coupe du monde australienne, où il dispute deux matchs malgré son état, Mike James prend le temps de se régénérer. À l'image de son équipe qui balbutie en début de saison avant de trouver son rythme de croisière. Les « affamés » reviennent en finale. Comme en 1998, l'adversaire du Stade français se nomme Perpignan. Sauf que cette fois, James porte le maillot bleu et rouge. Un match évidemment particulier pour lui, compte tenu de ses attaches catalanes.

Sur le terrain de l'enceinte dionysienne, l'Usap est un cran en dessous et se fait irrémédiablement distancer après un essai parisien inscrit en deuxième mi-temps à la suite d'une touche à 5 mètres de l'en-but, parfaitement captée par Mike James et conclue sur un maul porté par Mauro Bergamasco. Une belle illustration de ce qu'a toujours été le Canadien : un travailleur de l'ombre mais tellement précieux pour chacune de ses équipes.

Pour lui la saveur de ce deuxième Bouclier de Brennus est double puisqu'elle est aussi le plus bel au revoir à son ami Diego Dominguez. L'homme qui, se dit-il, a eu tellement raison de le convaincre de monter à la capitale pour toucher les sommets. C'est aussi le moment des adieux pour Nick Mallett, de l'aveu du grand Mike le coach le plus inspirant qu'il ait connu dans sa vie de joueur. Bref, plus d'une page se tourne en même temps, certainement les plus belles de sa carrière. La suite, bien qu'animée elle aussi, n'atteindra pas un tel niveau de plénitude.

À commencer par la relation avec les successeurs de Mallett, Fabien Galthié et Fabrice Landreau, placés aux manettes de la Ferrari Stade français pour leur première véritable expérience d'entraîneurs. Une mission d'autant plus singulière que les deux hommes, fraîchement retraités, ont tous deux été Stadistes et coéquipiers de l'effectif en place. La barrière qu'ils installent pour éviter la confusion des genres est parfois mal vécue par une partie des éléments du groupe qui regrettent ce management froid de leurs anciens camarades de vestiaire.

Le changement d'ère passe aussi pour Mike James par l'instauration d'une réelle concurrence à son poste. Débarque en effet à l'été 2004 Olivier Brouzet, international français de renom à la solide réputation. Pour sa dernière année de carrière et donc plus de la première jeunesse certes, mais un élément toujours très compétitif recruté pour entrer très activement dans la rotation en deuxième barre. Avec l'ajout de Brouzet, « Pancake » ne joue plus tous les matchs dans leur intégralité comme ce pouvait être le cas les années précédentes.

Les petits bouleversements et quiproquos du quotidien n'empêchent pas la machine parisienne de rouler sur le championnat et la H Cup. Quand les matchs couperets pointent le bout de leur nez, le groupe peut s'appuyer sur des résultats très probants. Mais rien ne pouvait le préparer à vivre les phases finales les plus dingues jamais connues. Les plus chargées en émotions, aussi.

Vient d'abord la Coupe d'Europe. Souverain en phase de poules, le Stade français explose Newcastle en quart (48-8) et aborde sa demie au Parc des Princes contre Biarritz bouffi de confiance. Un gros match en perspective que Mike James, qui n'a pas oublié le camouflet face à Leicester quatre ans plus tôt, attend avec la plus grande impatience. Mais la veille du match, son épouse enceinte se plaint de douleurs au ventre. En voyant les draps du lit tachés de sang, le couple comprend la gravité de l'instant et rejoint à la hâte une clinique proche.

Le corps médical ne fait guère de mystère et l'angoisse se mue en effroi à l'annonce du terrible verdict. Dévasté par la perte du bébé, Mike James n'envisage plus de participer à la demie qui doit débuter dans quelques heures : « Je ne voulais évidemment plus jouer ce match et j'ai appelé le coach pour lui dire que je n'étais pas en état psychologique et que j'allais rester avec ma femme pour l'accompagner dans cette épreuve. Mais il n'a pas voulu me lâcher. Il m'a répété que l'équipe avait besoin de moi et a insisté pour que je vienne quand même, malgré la situation. Il a fini par me convaincre et je suis parti de la clinique à 45 minutes du coup d'envoi, une paire de crampons à la main avec une escorte de police tandis que ma femme était en salle d'opération. C'était un moment fort de ma vie et je me dis aujourd'hui qu'il m'a sûrement coûté mon premier mariage. »

Le Canadien n'est toujours pas au Parc des Princes lors de la vérification des licences mais le président du BO de l'époque, Marcel Martin, avisé du drame, donne pour consigne à son staff de ne pas signaler son absence afin qu'il puisse rester sur la feuille de match. Sa place sera sur le banc.

Depuis la touche, « Pancake » voit ses camarades souffrir sur le terrain. Dimitri Yachvili, le demi de mêlée et buteur biarrot, sanctionne les fautes parisiennes. Mené 12-6 puis 17-6 à un quart d'heure de la fin après un essai de Damien Traille, le Stade français se dirige vers une élimination. Mike James entre alors en jeu et affiche beaucoup de détermination. Avec lui, les soldats roses se relancent grâce à un essai à 7 minutes de la fin de Jérôme Fillol, demi de mêlée mais titularisé à l'ouverture pour la première fois de la saison.

L'espoir renaît, Paris pousse dans les arrêts de jeu pour renverser son adversaire, Mike James vole une touche dans les 22 basques et s'ensuit une action interminable, conclue victorieusement par Christophe Dominici plus de 8 minutes après la sirène. James, irréprochable sur le rectangle vert, haranguant même la foule du Parc par moments pour chercher son soutien, lève les bras en l'air : « J'avais tellement de frustration et de colère à l'intérieur de moi-même, j'avais besoin de donner un peu de sens au fait d'avoir laissé ma femme à la clinique pour aller jouer un match. Je ne dis pas que je l'ai gagné tout seul, mais je pense que c'est un des seuls matchs où j'ai vraiment eu à la fin le sentiment d'avoir aidé mon équipe à gagner. »

De retour dans un foyer plongé dans la peine, le natif de Vancouver n'a pas vraiment le temps de cogiter puisque la finale de la H-Cup, prévue dans le mythique stade écossais de Murrayfield face au grand rival toulousain, se joue dès le week-end suivant. De retour dans le XV de départ de Galthié, James ferraille avec ses partenaires dans un match verrouillé où les Parisiens prennent l'avance d'une courte tête (12-9). Remplacé avant l'heure de jeu par Olivier Brouzet, il assiste en fin de match à une certaine panique de ses coéquipiers qui se mettent à rendre le ballon à tout-va au lieu de le conserver. Impuissant sur le banc de touche, il assiste en spectateur au scénario presque inverse de la semaine précédente avec Paris devant mais qui craque dans les arrêts de jeu, se fait rejoindre et plie dans la prolongation (18-12).

Après la cruelle déception d'une deuxième finale de coupe d'Europe perdue, le feu d'une revanche seulement deux semaines plus tard en championnat. Toulousains et Parisiens se retrouvent en demi-finale à Bordeaux. Malheureux dans son jeu au pied du côté de Murrayfield, Jérôme Fillol va se rattraper avec la manière. Alors que les Rouge et Noir, menés 23-11, reviennent dans la partie grâce à Cédric Heymans, les hommes de Galthié revoient le spectre de la H-Cup. À quatre minutes de la fin, une action des néo-champions d'Europe est promise à l'essai. Le centre Florian Fritz voit la route vers l'en-but se dégager mais c'est sans compter le plongeon désespéré de Fillol dans ses pieds et une cuillère mémorable qui le fauche et lui fait échapper le ballon. Le score (23-18) ne bouge plus et Paris se qualifie pour sa troisième finale de championnat d'affilée.

Puisque cette saison est placée sous le signe de la dramaturgie, l'adversaire n'est autre que Biarritz, qui voit là l'occasion de se venger de la demi-finale de H-Cup échappée à la 88e minute de jeu. « On s'était bien préparés pour ce match mais on n'était pas prêts à ce qu'allait nous proposer Biarritz », raconte Mike James. « On savait qu'il y avait des antagonismes et des rivalités, comme entre leur talonneur Benoît August, qui a joué deux ans chez nous et était le remplaçant de Mathieu Blin, ou encore entre David Auradou et Jérôme Thion, en concurrence en équipe de France. Leur coach Jacques Delmas avait préparé un petit plan basé sur le défi physique et ça s'est vu au bout de 5 minutes à peine avec cette agression de Thion sur Auradou. Ils nous ont fait la guerre tout le match et on n'a pas su répondre suffisamment à cette suragressivité. »

La tension est en effet omniprésente sur le terrain du Stade de France tandis que les deux équipes se livrent un chassé-croisé. David Skrela égalise à 31-31 à 3 minutes de la fin sur pénalité et James et ses copains vont devoir jouer leur deuxième finale de la saison en prolongation. Après avoir livré tant de matchs, tant de durs combats et tant de minutes, seul le mental maintient les corps debout. Héroïques de courage, les soldats roses voient la lumière au bout du tunnel lorsque Skrela passe une pénalité de 45 mètres pour redonner l'avantage aux siens à la toute fin de la première mi-temps de la prolongation.

Et pourtant, tout va s'écrouler en l'espace de 165 secondes. Le temps pour le Biarrot Julien Peyrelongue de claquer un drop « dominguesque », de voir David Skrela botter le renvoi directement en touche, puis l'arbitre de sanctionner le pack parisien sur la mêlée au milieu du terrain qui suit et enfin d'assister à la crucifixion sur la pénalité par Dimitri Yachvili, bourreau des Stadistes avec 29 points au pied. Du Netflix avant l'heure !

Cette fin de saison traumatisante laisse des traces dans l'effectif. Dans l'intimité du vestiaire, certains cadres reprochent à Fabien Galthié d'avoir sabordé leur doublé par ses choix et sa gestion humaine. Bon an mal an, le Stade français repart au combat le cœur lourd pour l'opus 2005-2006. Éliminé dès les poules en H-Cup, il mise sur le championnat pour se refaire la cerise mais tombe en demie contre le Stade toulousain dans une rencontre serrée (12-9). Avant cela, Mike James, en fin de contrat avait pris le soin de rempiler pour deux saisons supplémentaires.

À trente-trois ans, il n'attaque donc pas la saison 2006-2007 en se disant que ce sera la dernière. Mais au fil des semaines, une drôle de sensation l'envahit. Il y a la fatigue physique, bien sûr, tous ces efforts pour rester compétitif malgré une jambe gauche diminuée, mais pour la première fois aussi une usure mentale : « Il y avait mon épouse qui me disait régulièrement qu'elle souhaitait rentrer au Canada pour que nos trois garçons puissent grandir près de leurs grands-parents. De mon côté, je sentais que je perdais la passion et que je ne prenais plus de plaisir. Au début de ma carrière, je voulais tuer les mecs en face de moi chaque week-end et là, je me suis surpris à devenir moins dur, plus doux. Je me suis donc dit qu'il était de dire stop et je suis allé voir Max Guazzini avant Noël pour lui annoncer ma décision. »

Le 1er avril, il dispute ainsi son dernier match de H-Cup. Une défaite frustrante d'un petit point à Leicester (21-20) comme l'ultime pied de nez d'une compétition qui ne lui a jamais souri. Le 28 avril, pour le dernier match de la saison à Jean-Bouin, le Stade français s'impose 24-17 mais l'essentiel est ailleurs. L'ensemble du club a en effet décidé d'offrir une der inoubliable à son géant canadien. Dès l'échauffement, les joueurs enfilent un tee-shirt hommage avec le portrait de l'ancien Perpignanais et un message clair « Merci Mike ». Dans le vestiaire, les larmes coulent quand ses deux fils aînés viennent lui remettre son maillot. Enfin, au coup de sifflet final, des enfants du club, portant fièrement le tee-shirt « Merci Mike », l'accompagnent dans un tour d'honneur dont une belle partie se fera sur les épaules de Mauro Bergamasco et Mathieu Blin et sous les acclamations du public.

« Je ne m'y attendais pas et ça m'a fait chaud au cœur. Ça a peut-être fait aussi prendre conscience à certains un peu plus jeunes que toute histoire, aussi belle soit-elle, se termine un jour et qu'il faut vraiment vivre les moments à fond pour ne pas regretter. Pour ma part, je me disais que même s'il ne me restait plus grand-chose sous le capot, j'allais mettre tout ce que j'avais jusqu'au bout. »

Il attaque ainsi ses dernières phases finales avec la flamme au cœur mais sans son éternel binôme David Auradou, en partance pour le Racing, de retour de blessure mais mis sur le banc par Fabien Galthié. Pas de quoi perturber le Stade français dans sa mission reconquête. Biarritz en fait les frais en demi-finale (18-6). Mike James aura donc droit au Stade de France pour sa dernière représentation sous le maillot bleu et rose, face à un adversaire inédit pour lui en finale : Clermont.

Son flegme tout nord-américain l'aide alors à appréhender l'événement : « C'était comme le dernier épisode d'une série. Je me disais que j'avais un job à terminer et j'ai eu le temps de me préparer à gérer mes émotions. Et puis mes coéquipiers attendaient un Mike à la hauteur et je ne voulais pas les décevoir. »

Une nouvelle fois associé à Arnaud Marchois en deuxième ligne, le grand Mike et ses partenaires sont malmenés. L'équipe fait fausse route en première période et le score à la pause, déjà conséquent (12-0), aurait pu être plus lourd si les Auvergnats n'avaient pas fait preuve de trop de prudence lors d'une pénalité à 5 mètres de l'en-but qu'ils préférèrent tenter plutôt que de chercher l'essai.

Pour réveiller ses troupes, Fabien Galthié fait un coaching précoce dans le deuxième acte et James en fait les frais, au même titre que le jeune Marchois. Peut-être pas le type de sortie dont il rêvait à titre personnel mais il l'accepte volontiers en bon soldat, pourvu que cela serve les intérêts du collectif et permette à son équipe de renverser la vapeur. Mais bien plus que la sortie de James, remplacé par son vieux copain David Auradou, c'est surtout l'entrée en jeu du centre international Brian Liebenberg qui met Paris sur la voie d'une remontée fantastique. Leurs esprits retrouvés, les Stadistes grignotent leur écart et passent même devant pour la première fois du match à un peu plus de 10 minutes du terme. Le buteur australien de Clermont James, Brock de son prénom, redonne l'avantage aux siens peu après mais les Parisiens ne paniquent pas, jouent leur va-tout et sont récompensés par un essai salvateur du deuxième ligne Radike Samo en bout de ligne à seulement 2 minutes de la fin.

23-18, le score ne bouge plus, le Stade français glane sur le fil son cinquième Bouclier de Brennus sous l'ère Guazzini, le troisième et dernier pour Mike James. Peu après la libération de l'arbitre, il retrouve son vieil ami David Auradou, avec qui il n'a pas eu le plaisir de jouer une dernière fois pour sceller ensemble leurs sept années côte à côte dans la cage. Les mots sont forts entre les deux hommes, à l'image de leur tandem. Les deux savourent cette der victorieuse jusqu'à la levée du Bouclier.

La dernière note finalement positive d'une partition de 11 ans de rugby de club en France pour le Canadien. Avant de définitivement raccrocher, l'Universal Soldier mènera quand même une dernière bataille : représenter son pays pour la quatrième fois en Coupe du monde. « J'étais très content d'avoir gagné la finale contre Clermont pour mon dernier match au Stade français car je savais bien que je n'allais pas connaître beaucoup de victoires au Mondial pour mes dernières avec le Canada ! »

7

Omar Hasan : La force du destin

Le jeune Omar, du haut de ses neuf ans, ignorait à peu près tout du rugby lorsqu'il a répondu à l'appel de ses copains de l'école et s'est essayé au ballon ovale sur un petit terrain de Tucuman, dans le nord-ouest de l'Argentine. Il en connaissait les moindres aspects 28 ans plus tard lorsqu'il souleva, avec ses coéquipiers du Stade toulousain, le Bouclier de Brennus un soir de juin 2008 au Stade de France. L'épilogue extraordinaire d'une carrière atypique mais incroyablement riche, à l'image du personnage.

Son éclosion rapide au poste de pilier droit, d'abord, dans le club de sa ville, le Natacion y Gimnasia – une institution en Argentine – qui lui a ouvert les portes des Pumas et offert une opportunité incroyable venue du bout du monde : jouer au pays des All Blacks, avec les Wellington Lions pour une pige de trois mois. Court mais suffisant pour lui donner envie de rester un peu dans cette partie du globe.

Et déjà un premier clin d'œil du destin sous la forme d'un coup de fil opportun à son ami Patricio Noriega, avec qui il s'est lié d'amitié en sélection et qui avait fait lui aussi le grand voyage en Océanie pour jouer pour la franchise australienne des Brumbies. Ce dernier lui apprend qu'Ewen McKenzie, pilier droit émérite des Wallabies, s'est blessé aux cervicales. Une place à pourvoir, un intérêt évident du natif de Tucuman, trois mots de Pato à ses dirigeants et l'affaire est conclue. Hasan arrive à Canberra à peu près en même temps qu'un nouvel entraîneur jeune au caractère déjà bien trempé, un certain Eddie Jones.

« Il te regardait toujours avec ses grands yeux et tu ne savais pas s'il allait te tuer dans la minute », dit de lui le Puma. Un soir, après un match difficile en Afrique du Sud, perdu contre les Bulls de Pretoria, Jones en a après son pilier argentin. À l'heure du repas, devant tous ses coéquipiers, il lui lance un glacial : « Omar, tu crois que tu arriveras un jour à bien caler le côté droit de notre mêlée ? Parce que sinon, je vais devoir me passer de toi. » Les témoins de la scène sont choqués. L'Argentin se pince les lèvres, pleure de rage quelques minutes plus tard et sort dans un quartier peu recommandable de la ville pour noyer sa colère.

L'aventure australienne, loin d'être toujours aussi traumatisante au milieu des George Gregan, Joe Roff, Stephen Larkham et autres Wallabies légendaires et véritables stars de ce jeu, doit se terminer au bout de six mois. Année de Coupe du monde oblige, il n'y a de place que pour les Aussies, ou du moins les joueurs éligibles à la sélection, qui peuvent rester dans les franchises. Hasan doit encore faire ses valises, mais pour aller où ? Là encore, le destin va s'en mêler.

Les joies du rugby international l'amènent en France, où les Pumas défient les Bleus à Nantes. La défaite est lourde (34-14) mais une rencontre va changer sa vie. Le globe-trotter croise dans les travées de la Beaujoire Jacques Fouroux. L'ancien sélectionneur du XV de France des années 1980, qui préside le FC Auch, lui fait part de son intention de le ramener dans le Gers. Là encore, pour pallier une blessure.

Banco ! Quelques jours plus tard, il reçoit un coup de fil d'un dirigeant du FCA, qui ficèle avec lui l'accord dans un espagnol à l'accent « très gersois ». L'histoire d'amour entre la France et Omar Hasan débute donc en décembre 1998 « par la grande porte du Sud-Ouest ».

Mais qui dit joker médical dit bail court, encore. Quelques mois au FCA et le Puma doit refaire son baluchon tout juste déballé. Sauf que cette fois, pas besoin de prendre l'avion pour gagner un nouveau port d'attache. Direction Agen, autre bastion historique de la France du rugby.

À vingt-huit ans, après avoir pas mal bourlingué et enchaîné les piges depuis son départ d'Argentine, l'heure est de nouveau venue de se poser. Il restera en tout cinq années dans le Lot-et-Garonne, partagé entre ses deux passions : le rugby et le chant.

Entre Agen et New York, aussi, où vivait sa compagne et future épouse. C'est d'ailleurs à Big Apple que tout aurait pu basculer. Un professeur de chant renommé rencontré là-bas le pousse à se lancer dans une carrière lyrique et de s'installer à Manhattan. On est en 2004, Hasan est en fin de contrat avec le SUA, la question de la fin de carrière se pose clairement et l'idée de s'installer aux États-Unis est séduisante.

« J'avais déjà presque tout connu dans le rugby et je voulais un nouveau défi. Les propositions que j'avais à ce moment-là ne m'intéressaient pas, tout comme le fait de partir dans un autre club pour l'argent. J'avais besoin de quelque chose qui me motive et je ne trouvais plus rien pour cela dans le rugby. Après mûre réflexion, j'avais décidé de laisser tomber le rugby pro et d'émigrer à New York. Un défi énorme mais qui me plaisait. Jusqu'à ce que mon agent m'appelle au dernier moment… »

Et prononce la phrase magique : « Le Stade toulousain est très intéressé par ta venue. » Le cœur du guerrier est touché, les certitudes s'envolent et l'heure de la retraite est repoussée. Christian Lanta, l'entraîneur d'Agen, est furieux mais qu'importe. La légende dit que, de peur d'une volte-face de dernière minute, le dirigeant toulousain, venu le chercher, voulait lui faire signer le contrat sur le chemin menant à la Ville rose. « Il voulait que je le fasse sur une aire d'autoroute à Valence d'Agen ! Je lui ai dit que je n'étais pas un marchand de tapis et j'ai bien signé mon contrat à Toulouse. »

À Agen, Hasan avait connu de belles années. Il était, avec Jean-Jacques Crenca et Philippe Benetton une des locomotives d'un paquet d'avants redouté. Il y avait découvert l'ambition dès sa première année où le SUA, auteur d'une première partie de saison très prometteuse, notamment grâce à la puissance destructrice de sa mêlée, rêvait de reconquête du Brennus.

Un rêve brisé dès le premier match des phases finales, en barrage à Armandie contre Perpignan (33-32). Une rencontre épique perdue dans les arrêts de jeu après une pénalité concédée… en mêlée, la seule perdue ce jour-là par Hasan (orphelin de son binôme Crenca) mais devant leurs poteaux et donc fatale à ce moment de la partie.

Deux ans plus tard, après une saison 2000-2001 mitigée, Omar Hasan a même joué une finale de championnat, perdue contre Biarritz (25-22 après prolongation). Le dernier haut fait de gloire de l'ancien club de Philippe Sella. Mais il lui manquait juste la cerise sur le gâteau : la douce saveur d'un titre. C'est un des deux axes forts qui ont motivé sa décision de rejoindre le grand Stade toulousain. L'autre étant son attrait pour l'effervescence des grandes villes, que n'avaient ni Auch ni Agen.

Hasan s'engage donc à Toulouse pour une saison plus une en option et imagine qu'il ne lui faudra guère plus de temps pour lever des titres. Il n'avait pas vraiment tort puisqu'un trophée tombe dès la première saison. Et pas des moindres ! La grande coupe d'Europe, au terme d'un parcours d'exception où les Haut-Garonnais, brillants premiers d'une poule relevée, ont tordu de l'Anglais dans les matchs couperets : Northampton en quart (37-9) et les Tigres de Leicester, des géants de l'époque, chez eux en demie (19-27).

Puis ce fut le tour du grand rival national, le Stade français, de se casser les dents sur l'armada rouge et noir. En Écosse, à Murrayfield, Toulouse, mené 12-9 et acculé dans son camp en fin de match, revient miraculeusement dans le coup à la suite d'une errance au pied du Parisien Jérôme Fillol, formé sur les bords de la Garonne, et arrache in extremis la prolongation après plus de cinq minutes d'arrêts de jeu grâce à la botte de Frédéric Michalak. Le même Michalak qui scellera le score en prolongation sur un drop bien senti (18-12) sous les yeux d'un Hasan épuisé car sur le pré de bout en bout, mais tout heureux de garnir enfin son armoire à trophées.

Et le Bouclier de Brennus dans tout ça ? Il s'offre à d'autres ! Des années après, il l'avoue : « En venant à Toulouse, avec le passé glorieux du club et tous les grands joueurs de l'équipe, je pensais que ce serait facile d'être champion de France. Raté, ça a été plus dur que ce que je croyais. »

Le pilier argentin prolonge son bail d'un an à l'issue d'une saison 2005-2006 frustrante. En H-Cup tout d'abord, où le champion en titre fait pourtant figure d'immense favori. D'autant plus après sa phase de poule réussie qui débouche sur un quart de finale à domicile face au Leinster. Rien de si effrayant pour la bande à Novès, dont on pense qu'elle va rouler sur son adversaire devant – secteur où la franchise de Dublin est peu pourvue en internationaux – notamment avec sa première ligne d'expérience Poux – Bru – Hasan.

Mais les boys irlandais se subliment grâce à leur ouvreur Felipe Contepomi, compatriote d'Hasan, se détachent en première période, parviennent à faire le dos rond lorsque la pression des Rouge et Noir, poussés par un Stadium comble, se fait oppressante et font irrémédiablement le trou après une bourde de Michalak en seconde période. Une mauvaise blague en ce premier avril.

En championnat, passé à 14 équipes cette année-là, l'histoire se termine en eau de boudin. Elle avait pourtant bien débuté avec une phase régulière à 19 victoires en 26 matchs puis une victoire courte mais tellement appréciable en demie face au rival parisien (12-9). Puis vient la finale au Stade de France face au tenant du titre biarrot. Pas un sommet technique. Les en-avant se multiplient et Omar Hasan trouve du répondant en mêlée en la personne du roumain Petru Bălan, qui lui donne du fil à retordre. Toulouse perd le match dans le premier quart d'heure de la seconde période, avec pas moins de trois essais encaissés, et quand le pilier argentin est remplacé à l'heure de jeu, c'est avec la mine sombre des mauvais jours et le regard lucide sur ce rêve qui lui échappe encore, quatre ans après sa première finale avec Agen et toujours à cause du BO.

Bien que titulaire solide depuis son arrivée dans la Ville rose, on fait vite comprendre à l'Argentin qu'il ne devrait pas y avoir de suite à la troisième saison. Guy Novès et son staff lui cherchent un remplaçant et pensent avoir flairé le bon poisson du côté de l'Afrique du Sud. Sur le terrain, Toulouse patine cette année-là, avec une élimination dès la phase de poules de la H-Cup et un revers en demi-finale du championnat contre Clermont (20-15).

Hasan, lui, ne se voit pas encore raccrocher malgré ses trente-six printemps et pense avoir couvert ses arrières du côté de Toulon. Un club de Pro D2 redevenu très ambitieux depuis la prise de pouvoir de son nouveau président Mourad Boudjellal et dont le manager se nomme Tana Umaga, icône du rugby néo-zélandais et… ancien coéquipier de l'Argentin du temps de son bref passage à Wellington, en 1997. Le tableau est joli mais finit par se gâter. Alors que tout semblait bouclé, Umaga hésite, se demande dans quel état d'esprit et de forme sera son ex-partenaire après avoir joué la Coupe du monde et dit adieu à sa sélection. Il renonce finalement à l'engager et l'affaire capote. Un mal pour un bien grâce au destin qui joue une nouvelle fois en faveur du rugbyman chanteur. Dans le même temps, le fameux Sud-Africain retourne lui aussi sa veste et Guy Novès se retrouve embêté avec le poste de pilier droit.

Est-il trop tard pour rattraper papy Omar par la manche ? René Bouscatel, le président du club en personne, tente le coup et l'invite à une partie de golf. « Je commençais à bien connaître l'animal et je me doutais un peu du pourquoi du comment. »

« Alors, tu vas à Toulon ? » joue faussement la comédie l'homme fort du Stade.

— Non président, ça ne s'est pas fait.

— Je suis désolé pour toi. Écoute, tu es bien ici alors tu n'as qu'à rester avec nous ! »

Deal sur le green, voilà Hasan embarqué pour une quatrième saison toulousaine. Le cru est excellent, brassé d'un savant mélange entre une génération à maturité (Servat, Jauzion, Heymans, Elissalde, Albacete…), des jeunes talents qui poussent (Médard, Fritz, Nyanga…) et quelques glorieux anciens pour encadrer tout ce joli monde (Pelous, Kelleher, Human).

Pas de dessin, l'enfant de Tucuman est bien dans la troisième catégorie, celle des papas. Un rôle qu'il prépare aussi en dehors d'Ernest-Wallon puisqu'il attend, avec son épouse, un heureux événement, prévu pour la fin d'année 2008. Une première paternité à l'issue d'une grande saison ponctuée de titres… l'hypothèse de ce joyeux millésime le fait déjà saliver.

Sur la scène européenne, le Stade toulousain retrouve son rang mais le désormais ex-international argentin est sur la touche. La raison ? Un match largement perdu en Ulster la saison précédente (30-3) resté en travers de la gorge de Guy Novès. Hasan est puni de Coupe d'Europe et sera même écarté du groupe pour la finale contre le Munster (remportée par les Irlandais 16-13). La pilule est dure à avaler mais l'adjoint de Novès, Yannick Bru, avec qui il a été champion d'Europe en 2005, lui promet une revanche en Top 14. Elle viendra. Toulouse se qualifie comme à son habitude pour les phases finales et Novès ne se prive cette fois pas de son vétéran à la voix d'or. Le Stade français est étrillé (31-13) et les Rouge et Noir retrouvent la finale du Top 14.

Le baryton fera son dernier tour de chant sur la plus belle des scènes avec, en ligne de mire, ce Bouclier de Brennus qui lui a déjà filé deux fois entre les mains. « Ça a été une semaine très difficile car je n'arrivais pas à croire que ce serait la dernière pour moi en tant que rugbyman professionnel. Le jour de match, j'étais dans un état de tension extrême au point que je ne pouvais parler à personne.

« C'était ma dernière chance d'être champion de France et je ne pouvais pas perdre ce match car je n'aurais plus jamais dans ma vie une telle opportunité. Le matin, après le petit déjeuner, on est partis marcher et je montais en tension. On a fait quelques touches et en revenant, je ne tenais plus. Je ne voulais même pas rentrer dans ma chambre d'hôtel. Je faisais les cent pas et tournais en rond. Moi qui ai toujours su dominer mes émotions durant toute ma carrière, je n'avais jamais connu cela. Je n'avais qu'une envie, que ça commence. »

Sur le pré du Stade de France, le pilier aux 64 sélections avec les Pumas croise le fer avec un autre international argentin à l'histoire compliquée avec le Bouclier, Mario Ledesma, fier talonneur d'une équipe de Clermont impériale lors de la phase régulière mais traditionnellement maudite en finale. Et qui le restera encore un peu. À l'image de son droitier de trente-sept ans, Toulouse réalise un match solide et terrasse l'ASM dans les dernières minutes (26-20). La libération du coup de sifflet final est suivie de quelques larmes, de quelques moments à jamais gravés, aussi, comme cette franche accolade de Yannick Bru, qui avait décidément tenu parole en lui promettant une revanche après l'épisode douloureux de la finale de H-Cup. Ce tour de terrain sur les épaules de son compatriote Patricio Albacete, aussi. Et ce sentiment enivrant d'avoir enfin atteint son rêve de devenir champion de France.

Les jours qui suivirent, à Toulouse, furent tout aussi mémorables. De la traditionnelle tournée des bars en passant par le haka sur le toit du bus à impérial interprété par un Byron Kelleher torse nu en transe devant une foule immense, à l'arrivée en fanfare des joueurs, rue de Metz, nichés sur des camions de pompiers aux sirènes hurlantes. Et pour Omar Hasan, comme pour mieux faire la transition avec sa vie d'après, une interprétation du *Toréador* de

Carmen aux fenêtres de la mairie, devant une place du Capitole bondée. Peut-être pas sa plus aboutie, eu égard à la fatigue et aux excès de la veille, même s'il jure que toutes les notes sont passées.

Cette saison-là, Toulon était aussi à l'honneur avec un titre de champion de France de deuxième division. Ce même club que notre Argentin avait failli rejoindre un an plus tôt. « Si j'étais allé là-bas, avec cette montée en Top 14, j'aurais peut-être continué encore un peu ma carrière professionnelle. Le destin en a voulu autrement. » Et l'histoire n'en fut que plus belle.

8

Sebastian Bozzi : Trois minutes et tellement plus

De tous les Argentins qui ont fait le bonheur du Championnat de France dans les années 2000, Sebastian Bozzi n'est peut-être pas celui qui remonte en premier de la boîte à souvenirs. Mais quand bien même votre mémoire vous ferait défaut, ne le dites surtout pas à l'ancien pilier droit. Demandez plutôt à Alain Hyardet ce qu'il en coûte ! Fin de saison 2002-2003, l'Aixois vient se présenter aux joueurs de Clermont, qu'il s'apprête à diriger, et procède à des entretiens individuels.

Vient le tour de Bozzi, dont il ignore encore le tempérament de feu et à qui il tient ce discours.

« Je ne sais pas trop ce que tu vaux donc je vais t'observer durant les prochaines semaines et voir ainsi ce qu'on pourra faire avec toi la saison prochaine.

— Écoutez-moi bien, monsieur Hyardet, vous dites que vous ne me connaissez pas donc je vois deux options. La première : vous ne travaillez pas, vous êtes au chômage *(il était libre depuis sa fin de contrat avec Béziers en 2002)* et vous n'avez pas d'argent pour vous payer l'abonnement à Canal+ – parce que Clermont est diffusé tous les samedis – ni pour acheter le *Midi olympique*, qui me met régulièrement dans son équipe de la semaine. La deuxième option : vous avez accès à Canal+ et au Midol et dans ce cas vous ne comprenez rien au rugby… »

Et tel un boxeur, l'Argentin d'enchaîner son vis-à-vis, choqué, dans les cordes :

« Je vous manque de respect ? C'est vous qui m'avez manqué de respect en premier en me disant que vous ne me connaissiez pas ! Ce qui veut dire que vous êtes une pipe et que vous ne comprenez rien ! Mais ce n'est pas grave, vous aurez le temps de me connaître parce qu'il me reste un an de contrat ici. Vous allez faire venir Martín Scelzo ? Très bien ! Il est international *(argentin)* et a le dos dans la boîte à gants. Donc qui va jouer quand il sera blessé ou avec les Pumas ? C'est bibi ! »

Comme premier échange, on aura vu plus formel. Mais Sebastian Bozzi est tout sauf ça. Un personnage comme il n'en existe plus vraiment dans le sport professionnel. Certainement parce qu'il l'a découvert sur le tard, ce rugby pro, dont il semblait si loin. Le rugby de haut niveau tout court, déjà, lui qui n'avait touché le ballon ovale que ponctuellement avant de répondre, en 1988, à dix-sept ans, à l'appel d'un camarade de lycée pour le rejoindre au Banco Nacion. On parle ici du célèbre club de Buenos Aires. Une institution, même, dont le plus fameux des licenciés de l'époque s'appelait Hugo Horta, demi d'ouverture légendaire des Pumas des années 70-80.

La technique reste à acquérir mais les qualités physiques sont évidentes et l'essai est concluant. Ce sera en tant que pilier droit et non numéro 8 ou deuxième ligne, des postes qu'il avait brièvement connus durant le sport à l'école. Même sans grande formation préalable, le garçon est doué et accède, la même année, à la sélection des moins de 17 ans. Il aura le privilège de jouer, avec ses nouveaux copains, le lever de rideau d'un match de la tournée du XV de France en Argentine, dans le mythique stade José Amalfitani, habituel théâtre du club de foot de Vélez Sarsfield. Sans se douter du destin qui l'attendrait bien des années plus tard au pays de ses idoles du « rugby sale », Éric Champ et Thierry Louvet.

Les sélections, elles, s'arrêteront assez vite. Et tout net. La raison ? Un voyage en Europe avec son grand-père pour lequel il aurait décliné les moins de 21 ans, crime de lèse-majesté pour la fédé argentine. Le rugby, lui aussi, aurait pu s'arrêter net. À l'issue d'une première saison réussie avec l'équipe une de Banco Nacion, Bozzi est convaincu de changer de voie par un entraîneur américain de… golf, qui voit en lui le futur Eduardo Romero et l'invite à travailler dur pour obtenir une bourse d'études aux États-Unis. Pour faire carrière dans ce sport qu'il avait découvert enfant grâce à son père, qu'il avait abandonné à la mort de ce dernier mais que son oncle l'avait poussé à reprendre. À force de travail à répéter ses gammes huit heures par jour, il n'en était plus très loin, du pays de l'oncle Sam. Mais cette vie de solitaire n'était pas la sienne et il reprit le rugby en 1994 pour ne plus le lâcher.

Dans son club de Banco Nacion, il aurait pu y mener tranquillement toute sa vie de rugbyman amateur, à laquelle il s'adonnait avec passion après le boulot au sein de l'entreprise familiale de carrelage. Une brouille de plus, avec les dirigeants, l'amène à ne plus vouloir jouer pour l'équipe première. En 2000, à vingt-huit ans, et alors qu'il évolue avec la réserve et qu'il a donc fait une croix sur le haut niveau, une rencontre change sa vie. Son cousin, dirigeant du club voisin de CASI, l'invite à boire un café. À la table, un grand ami à lui. Son nom : Gonzalo Beccar Varela, pas le premier inconnu puisqu'il était adjoint d'Alex Wyllie lors de la belle épopée des Pumas à la Coupe du monde 1999.

Beccar Varela connaît Bozzi et sa réputation. Il sait le droitier puissant, rude en mêlée et dur au mal qu'il a en face de lui. Il se souvient aussi que, quelques jours plus tôt, son ami Gabriel Graco, manager argentin du Stade rochelais, lui avait dit qu'il cherchait un pilier droit pour seconder l'international italien Tino Paoletti. « Tu veux jouer en France, Sebastian ? »

« Où et combien ? » lui répond Bozzi, pensant à une simple blague. Quinze jours plus tard, il prenait l'avion direction la France et, à vingt-huit ans, posait son baluchon en Charente-Maritime pour y signer son premier contrat pro. Ou comment basculer de la B d'un club argentin encore amateur à l'industrie du Top 16 en seulement deux semaines.

Nouvelle vie, nouvelles contraintes aussi en tant que rugbyman professionnel, mais toujours le même caractère indomptable. Premier entraînement avec les Maritimes, le tout jeune demi de mêlée rochelais Jean-Baptiste Élissalde lui offre plusieurs occasions de s'exprimer lors de l'opposition. Sur un des ballons, le vieux briscard Frédéric Bonesso monte en flèche et lui assène un bon coup de bouclier sur la tête. Les deux hommes tombent au sol, Bozzi démarre la bagarre, force ses coéquipiers à intervenir pour séparer et rejoint le bord du terrain en vociférant en espagnol.

« S'ils ne savaient pas trop qui j'étais, après ça, les joueurs étaient rassurés. J'avais gagné leur respect. »

À La Rochelle, l'Argentin s'acclimate bien mais les choses se gâtent la deuxième année. L'ambiance est toxique, un groupe de joueurs majoritairement anglo-saxons réclame la tête de l'entraîneur Jean-Pierre Élissalde mais n'obtient qu'un mois de mise à pied de l'ancien demi de mêlée, en poste depuis plus de dix ans en CDI et dont le licenciement coûterait un bras au club. Au cœur d'un pack en souffrance en mêlée, Bozzi fustige le peu de temps passé à l'entraînement à travailler ce secteur et se retrouve au frigo.

Un mois plus tard, l'Argentin est finalement remis en selle en finale de la Coupe de la Ligue – une compétition aujourd'hui disparue – qu'il remporte face à Biarritz (23-19). Une bulle d'oxygène qui éclate au match d'après, en championnat, à Pau, où les Maritimes se noient. La « Bozz », comme on le surnomme de plus en plus, est convoqué dans le bureau de l'entraîneur Jean-Pierre Élissalde qui, en présence du manager Gabriel Graco et vidéo à l'appui, le désigne comme responsable de la débâcle.

« Si vous pensez qu'un pilier droit peut être le seul responsable d'une défaite, c'est que vous ne comprenez pas grand-chose au rugby ! » Une saillie qui signe sa mise à l'écart du groupe professionnel. En fin de contrat, la seule issue est un départ. Heureusement pour lui, son nouvel agent Pascal Forni, déjà incontournable dans le milieu, lui trouve un point de chute doré : Clermont.

Changement de dimension garanti au milieu des Tony Marsh, Olivier Brouzet, Olivier Magne, Richard Cockerill et consort. Il y découvre aussi un entraîneur encore jeune dans le métier, Laurent Travers, avec qui le courant passe bien : « C'était quelqu'un de très attachant qui marchait beaucoup à l'affectif et qui avait aussi tendance à être dans l'excès », se souvient l'ancien talonneur champion d'Europe 1997 avec Brive. « Soit d'entrée tu te dis “Mais pour qui se prend-il ?” et tu pars au clash avec lui, soit tu l'acceptes, tu t'en sers et tu peux en tirer le meilleur. »

Travers choisit l'option numéro 2, donne sa confiance à l'Argentin, d'à peine trois ans son cadet, et celui-ci tâche de lui rendre du mieux qu'il peut.

« La “Bozz”, ça te dérange pas de me dépanner en tant que pilier gauche ?

— Mais Toto *(surnom de Travers)*, tu déconnes ou quoi ? Évidemment que je vais jouer à gauche ! Même ouvreur si tu veux. Après, c'est toi l'entraîneur donc tu te démerderas mais moi tant que je joue, tu me mets où tu veux… »

Si Toto obtient des résultats satisfaisants avec Bozzi, c'est moins le cas collectivement avec les Jaunards qui manquent la qualification pour les phases finales. L'histoire de Laurent Travers à l'ASM se termine et le club désigne Alain Hyardet pour lui succéder. Échaudé par son premier échange épique avec le pilier argentin, Hyardet ne le convoque pas à la reprise de l'entraînement début juillet.

Qu'à cela ne tienne, Bozzi fait le pied de grue dès 9 heures du matin dans le vestiaire clermontois. Le ton monte entre les deux hommes, le manager Christophe Mombet intervient et envoie la forte tête dans le bureau du président Jean-Louis Jourdan. Celui-ci lui propose de prendre congé quelques jours. Pas question sans une lettre d'autorisation d'absence, lui rétorque Bozzi. Le pilier repart chez lui avec sa lettre, revient à la date convenue et obtiendra, après trois heures de négociations, 90 % de l'année de salaire qu'il aurait dû percevoir jusqu'à la fin de son contrat.

Sans club, la « Bozz » reçoit deux propositions : une du Stade français, l'autre du CA Béglais, relégué en Pro D2. Pour un montant étonnamment proche, ce qui fait pencher la balance pour… le club girondin. Il dit donc non à Max Guazzini, le président parisien de l'époque, pour se lancer, à trente-deux ans, dans un nouveau défi. Humainement enrichissant mais sportivement compliqué. L'équipe girondine, essentiellement composée de très jeunes joueurs, perd pied. Elle ne peut même plus compter sur l'expérience de sa grande gueule sud-américaine pour les trois derniers mois de la saison, la faute à un gros pépin au genou. Résultat des courses : une deuxième descente consécutive, en Fédérale 1. Blessé, pensionnaire d'un club de Pro D2 relégué au niveau amateur et la trentaine déjà bien tassée, la cote de Bozzi est à son plus bas.

Son agent Pascal Forni va quand même lui trouver un nouveau défi. Ce sera l'Angleterre, du côté de Sale, où il est inclus dans un package *made in France* avec Sébastien Bruno et Sébastien Chabal. Mais l'histoire tourne vite au vinaigre. Philippe Saint-André, le manager, voit débarquer un joueur encore convalescent dont il ignorait l'état physique, cela n'accroche pas entre les deux hommes et Bozzi joue peu.

Courant décembre, il reçoit une très belle offre de Newcastle. Un contrat de 2 ans à près de 20 000 livres par mois. Du jamais-vu pour celui à qui Max Guazzini, un an et demi plus tôt, avait proposé « à peine » 4 000 euros mensuels. Mais Saint-André refuse de le libérer, prétextant ne pas vouloir renforcer la concurrence.

« Tu te fous de moi, Philippe ? Pour moi c'est un dernier contrat en or. On est des professionnels, tu dois comprendre ça !

— On t'a bien préparé la "Bozz", t'es au top physiquement et je compte sur toi.

— Tu te fous encore de moi à me tailler des p**** ! Je ne joue presque pas et quand je joue, c'est pour dépanner à gauche ou au talon !

Après quelques jours où il reconnaît lui-même avoir été insupportable à l'entraînement, Bozzi prend un appel de Pascal Forni : « Fais tes valises, tu pars à Perpignan en tant que joker médical de Nicolas Mas pour 7 000 euros par mois. Tout est arrangé avec Saint-André. »

Bonjour la Catalogne avec un cinquième club européen en moins de cinq ans. Retour du plaisir, aussi, et du temps de jeu tout de suite conséquent. Après une demi-saison convaincante, Marcel Dagrenat, le président de l'Usap de l'époque, lui propose un an de plus au club. Malgré un retour à la charge de Newcastle, le natif de Buenos Aires reste dans les Pyrénées-Orientales. Pour mieux en partir, comme toujours, fâché au bout de quelques mois ?

Pas cette fois ! L'histoire ne bégaye pas car Bozzi y trouve son compte. À Perpignan, la « Bozz » devient « Papy » et noue des amitiés solides dans le vestiaire, comme avec ses compatriotes Diego Giannantonio, dont il sera le parrain de sa fille, et Rimas Álvarez Kairelis, qu'il aimera vite comme un frère. Son côté tête brûlée matche aussi avec le public d'Aimé-Giral, adepte de la grinta et des chevaux fougueux.

Au début de l'année 2007, peu après avoir signé sa troisième prolongation d'un an avec l'Usap, il reçoit un matin la visite d'un certain Pierre Berbizier, alors sélectionneur de l'Italie. « Sebastian, je crois que tu as un passeport italien et tu n'as jamais joué pour les Pumas. J'aimerais te sélectionner et te prendre dans mon groupe pour la Coupe du monde. » De quoi mettre quelques paillettes dans les yeux de « Papy », mais le rêve se brise l'après-midi même. Sa séance d'entraînement à Perpignan s'arrête brutalement : le tendon de son biceps lâche et l'espoir de connaître, à trente-six ans, la plus belle des compétitions du rugby international, s'envole déjà.

Toujours en 2007, l'Usap amorce un virage avec l'arrivée d'un nouveau président, Paul Goze, et d'un nouvel entraîneur en chef, Jacques Brunel. Entre Bozzi et le technicien moustachu, c'est je t'aime moi non plus. Lors d'un déplacement à Toulouse, en février 2008, l'Argentin démarre la rencontre et marque un essai mais se chamaille avec Fabien Pelous et les deux hommes écopent d'un carton jaune. Dans le vestiaire, à l'issue de la rencontre, largement perdue par l'Usap (41-15), Brunel lui lance sans le regarder : « Tu sais, "Papy", la prochaine fois que tu prends un carton de ce genre, ce sera terminé pour toi ici. » Phrase à laquelle il répondra, un peu plus tard : « Ce n'est pas toi qui mettras fin à ma carrière. Tant que je voudrai jouer, je jouerai, ici ou ailleurs. »

Une autre fois, le Gersois l'annonce titulaire en milieu de semaine puis change d'avis et l'enlève carrément de la feuille de match. Le bouillonnant intéressé viendra demander des comptes dans une confrontation musclée. Le 20 décembre de la même année, Castres vient livrer à Aimé-Giral un match âpre et disputé. En mêlée, Nicolas Mas est secoué par le Néo-Zélandais Carl Hoeft, un client. En deuxième mi-temps, le score est de 9-6, le CO a une énorme opportunité de basculer devant avec une mêlée à 5 mètres de l'en-but de l'Usap et c'est le moment choisi par Brunel pour annoncer le remplacement de Mas.

Franck Azéma, son adjoint, appelle Bozzi qui lui rétorque : « Mais vous êtes malades, vous n'allez pas me faire rentrer maintenant pour cette mêlée ! » Gêné, Azéma cherche la confirmation auprès du boss et tempère. Mais l'arbitre de la rencontre a déjà reçu l'information et demande que le changement soit effectué.

« Vous êtes des enc**** », lâche Bozzi, furieux, dans son style caractéristique. Mais « Papy » donne tout sur la poussée, Perpignan récupère la mêlée et remporte la rencontre. Le soir même, après une troisième mi-temps arrosée, il revient voir Brunel et le remercie pour ce cadeau de Noël avant l'heure. Celui-ci lui répond du tac au tac : « Si tu n'es pas capable à trente-sept ans d'assurer sur une mêlée à 5 mètres, c'est que tu n'as plus rien à faire au rugby. » Le coup de trop synonyme de déclic. Il le sait désormais, cette saison 2008-2009 sera sa dernière.

Il réserve la primeur de l'annonce à son entraîneur des avants, ancien partenaire et surtout ami Bernard Goutta, avant de lâcher l'information à Paul Goze et Jacques Brunel. Goutta, qui espérait compter sur son vieux pote encore un an de plus, est déçu, tout comme Goze. Pour Brunel, Bozzi a cette phrase : « Je suis devenu son meilleur ami le jour où je lui ai dit que j'arrêtais. »

Il fallait alors rendre cette dernière pige spéciale. Elle l'était déjà. Responsable de la vie de groupe, le pilier avait imposé à chaque déplacement en bus un DVD consacré à Diego Maradona, l'idole de sa jeunesse. Il avait même poussé l'affaire jusqu'à y adjoindre la chanson « La Mano de Dios » de Rodrigo Bueno, véritable ode à la carrière du Pibe de Oro et de sa célèbre main au Mondial 1986 avec l'Albiceleste contre l'Angleterre. Chanson qui, à force, était devenue l'hymne du vestiaire et un cri de ralliement des supporters catalans. Au point qu'avant un déplacement au milieu de la saison, le groupe avait mandaté le jeune Damien Chouly, pour récupérer le DVD oublié par Bozzi chez lui, refusant de prendre la route sans le porte-bonheur musical.

Du point de vue sportif, Perpignan s'affirme comme une machine à gagner, avec un effectif de qualité auquel est venue s'ajouter, à l'automne, la star néo-zélandaise Dan Carter. En conférence de presse, alors qu'un journaliste lui avait demandé ce que cela lui faisait de jouer avec l'ouvreur des All Blacks, « Papy » répond : « Demandez-lui plutôt ce que ça lui fait à lui de jouer avec Bozzi ! » Même si Carter se blesse gravement au genou après seulement cinq matchs, l'équipe est lancée. Et pour son vieux briscard de pilier une certitude : elle ira jusqu'au Brennus.

Au mois de mars, Paul Goze annonce dans l'émission *Lundi c'est rugby !* sur France Bleu la fin de carrière imminente de son Argentin. La semaine suivante, ce dernier est à son tour invité. Vient la question sur les raisons de sa décision. Après avoir brodé autour de la famille et du temps qui passe, il change brutalement de disque : « Bon, écoutez, oubliez tout ce que je vous ai dit, ce ne sont que des conneries ! Si j'arrête cette année, c'est parce que je sais qu'on sera champions de France. Et je donne rendez-vous à tous les supporters le 6 juin au Stade de France pour la finale. »

Le lendemain matin, avant la séance d'entraînement, dans le vestiaire, Jacques Brunel prend la parole :

« "Papy", qu'est-ce qui t'a pris d'annoncer ça ? Ça ne se fait pas, tu es malade ! »

Bozzi se lève : « Jacques, tu ne penses pas qu'on peut être champions ?

— Si, bien sûr que c'est possible… Mais ce ne sont pas des choses qu'on annonce publiquement comme ça.

— Moi j'en suis sûr et je peux même parier avec toi. Si on est champions de France, tu me porteras sur tes épaules avec le Bouclier.

— Et si on ne l'est pas ?

— Tu sembles douter de nous et ça me fait mal au cœur pour tous les gars qui sont ici mais si je perds ce pari, tu peux me demander tout ce que tu veux. Une Ferrari, dix millions d'euros, peu importe. Je sais que je ne te donnerai rien car on sera champions de France ! »

La légende raconte que Bozzi a, depuis ce moment et jusqu'à la finale, « mangé le cerveau » de ses partenaires en leur martelant chaque jour l'objectif suprême.

Au terme d'une saison régulière exceptionnelle où elle termine première avec vingt victoires en vingt-six matchs, l'Usap se qualifie brillamment pour les demi-finales. Brunel annonce le groupe et assure qu'il restera inchangé pour la finale, si finale il y a. Bozzi fait partie des heureux élus. En demie, l'adversaire est le Stade français. À vingt-cinq minutes de la fin, Brunel fait signe à « Papy » que son entrée est imminente. Une mêlée enfoncée contrarie ses plans, le changement est repoussé, le Gersois est ensuite pris dans son match et ne procède jamais au changement.

Un peu gêné, il va alors voir son pilier remplaçant après la rencontre et lui dit : « Désolé, “Papy”, je t'ai oublié.

— Je m'en fous, Jacques ! On a gagné, on est qualifiés pour la finale, c'est tout ce qui compte. »

L'histoire manque de se répéter une semaine plus tard face à Clermont. Alors que Perpignan file difficilement vers son premier titre depuis 1955, Bozzi est appelé à un quart d'heure de la fin. Mais là encore, le droitier titulaire Nicolas Mas est emporté sur une mêlée et Brunel doit reporter son changement. Le temps de jeu qui vient est indéfiniment long. Après une interminable attente, le ballon finit par sortir en touche à la toute fin de la 77e minute. Quand Bozzi entre sur la pelouse, il ne reste donc que trois minutes à jouer.

Le score est alors de 22-13 en faveur des Sang et Or, autant dire que, sauf catastrophe, la finale est pliée. « Papy » sait que sa prédiction va se réaliser et il ne lui reste plus qu'à profiter de ces trois minutes d'éternité, ses dernières de rugbyman. À trente secondes de la sirène, Clermont craque sa dernière cartouche à l'entrée des 22 mètres catalans. En sortie de ruck, Bozzi se jette comme un meurt-de-faim sur Loïc Jacquet et le force à commettre un en-avant. Mêlée pour Perpignan, le sort du match est définitivement scellé grâce à cette dernière ruade du vieux loup argentin.

Quelques secondes plus tard, sa carrière, démarrée sur le tard mais longue au final, était déjà derrière lui. Les larmes, les embrassades, le partage avec les supporters, la « Mano de Dios » crachée à fond dans les enceintes du Stade de France... L'émotion d'apercevoir, aussi, presque par hasard, au milieu des supporters, sa sœur et son frère, venus respectivement d'Argentine et d'Italie.

Et puis il y avait ce pari fait avec Jacques Brunel qui devait être honoré. L'Auscitain qui, lors du discours d'avant-match, après avoir su toucher l'ego de ses ouailles en évoquant ce boxeur de jadis qui fixait son adversaire avant de monter sur le ring et savait son match gagné si ce dernier baissait la tête, avait conclu par une attention particulière pour Bozzi. « Ce soir, un joueur que nous apprécions tous va terminer sa carrière. Permettez-lui d'avoir un beau tour d'honneur sur mes épaules avec le Bouclier. » Chose promise, chose due, quand bien même lever le gros gaillard fut une épreuve pour le bien moins costaud coach à la moustache.

Pour l'ensemble de son œuvre et parce qu'il était véritablement aimé de tous ses coéquipiers, le néo-retraité eut droit à un dernier cadeau. Au moment de monter les marches menant à la tribune d'honneur, Nicolas Mas, le capitaine perpignanais, le saisit par le bras et l'invite à lever le Bouclier en même temps que lui. Ému, Bozzi accepte et se dirige vers le bout de bois. Mais le fin couloir menant au Graal se referme derrière lui et bloque Mas. Dans l'euphorie, et pensant son capitaine à ses côtés, l'Argentin lève le Bouclier. Il restera, pour l'éternité, au premier plan de la photo la plus emblématique et attendue du champion.

9

Daan Human : Toulouse au cœur

Les plus belles histoires sont souvent celles que l'on n'attend pas. Quelques jours avant de mêler son destin à celui du Stade toulousain, Daan Human pensait en avoir terminé avec sa carrière de rugbyman. Au moment de parapher son contrat de joker médical du Roumain Dragoş Dima, il n'imaginait pas non plus que cette signature serait la première d'une série qui le mènerait 8 ans plus tard sur le trône du Top 14, pour sa dernière année de joueur professionnel.

« Je n'avais pas prévu de passer la majeure partie de ma carrière en France, avoue-t-il aujourd'hui, et je ne serais pas resté si longtemps si je n'avais pas trouvé au Stade toulousain une nouvelle famille. »

Il fallait pourtant qu'un certain nombre de planètes s'alignent pour faire la connexion entre ce fils de fermier sud-africain et le club le plus titré de France. Des bons choix, aussi, motivés parfois par des déceptions, mais qui ont toujours abouti sur du très positif. Le premier d'entre eux étant évidemment celui d'avoir poussé plus loin que le jardin de la ferme parentale de Verkeerdevlei, située dans la région du Free State à 80 kilomètres de Bloemfontein, terre natale de J.R.R Tolkien et bastion afrikaner, et bravé les nombreux kilomètres pour pratiquer le rugby.

Une passion révélée à huit ans et sanctuarisée un jour de 1986 lors d'une rencontre télévisée entre l'équipe nationale d'Afrique du Sud, menée par son idole de jeunesse Danie Gerber, et une sélection néo-zélandaise arborant l'appellation de Cavaliers pour contourner le boycott des nations du rugby envers l'Afrique du Sud et son régime d'Apartheid. Son premier souvenir des Springboks, celui aussi qui a fait naître en lui la vocation d'en devenir un.

Licencié jusqu'à seize ans dans la petite ville de Ladybrant, à la frontière du Lesotho, il mute dans un club de Bloemfontein en même temps qu'il change d'établissement scolaire. La grande institution rugbystique de la région, les Cheetahs, le repère lors d'une sélection regroupant les meilleurs jeunes du coin. Elle le choisit pour intégrer l'équipe des moins de 21 ans de la franchise en tant que pilier droit. Pas vraiment son côté de prédilection mais qu'importe. À dix-huit ans, il peut enfin se frotter aux meilleurs jeunes du pays, à l'instar des Victor Matfield, Bobby Skinstad et autres pépites de sa génération.

Lui s'évertue à donner le change, se concentre un peu plus sur le rugby que sur des études d'ingénieur qu'il abandonne au profit d'un cursus de professeur des écoles, et franchit une première étape dans sa quête du maillot vert et jaune en 1997 avec un appel chez les Babyboks (moins de 21 ans sud-africains) pour une tournée en Australie.

Pour ce qui est des « grands » en revanche, il doit s'armer de patience. Il connaît sa première fois avec la une des Cheetahs l'année suivante, en Currie Cup, mais concernant le Super 12, le championnat transnational de l'hémisphère sud où sa province est associée aux Lions et aux Griquas sous la bannière des Cats, la concurrence est rude. À son poste, Os du Randt, champion du monde avec les Springboks en 1995, fait figure d'indéboulonnable.

Pour combler le manque de temps de jeu et se défouler durant l'intersaison, il se fie à un agent qui lui trouve une drôle de pige en Irlande, dans le club de Lansdowne Road Rugby, à Dublin. Une première expérience européenne pas vraiment inoubliable : « Il pleuvait tout le temps ! Un jour, alors que je me rendais à l'entraînement à vélo, une grosse averse s'est abattue. Je suis descendu du vélo pour m'abriter, je me suis posé et me suis dit "Si tu restes ici, tu ne voudras plus jouer au rugby très longtemps" et j'ai fait demi-tour. » Trois mois après s'être envolé pour l'île britannique, Human rentre ainsi au pays.

Le pilier s'aguerrit encore au contact d'avants de métier comme le troisième ligne Rassie Erasmus, futur sélectionneur champion du monde avec l'Afrique du Sud en 2019. Son temps de jeu s'améliore avec les Cheetahs sans qu'il soit considéré pour autant comme un cadre en puissance. À vingt-quatre ans, l'heure de la remise en question a sonné. Comme deux ans auparavant, l'Europe va lui offrir une nouvelle opportunité de s'ouvrir à de nouveaux horizons. En Italie, cette fois, où le Benetton Trévise lui fait les yeux doux et l'attend pour les sept mois à venir.

Cette fois, l'expérience est nettement plus enrichissante. Sur le plan sportif, déjà, où il trouve une place de choix dans un effectif composé d'une belle génération d'internationaux italiens tels Mauro Bergamasco ou Alessandro Moscardi. Sur le plan humain, aussi, dans une ville et un club aux mœurs latines qu'il se plaît à découvrir :

« Rien que la nourriture italienne, que ce soient les pâtes, les pizzas, je n'avais jamais mangé des trucs pareils ! Je voyais aussi des façons de faire et de se préparer complétement différentes de ce que je connaissais. Voire incroyables pour moi. Je me souviens par exemple de Franco Properzi *(pilier international italien, 54 sélections)* qui, pour la collation d'avant-match, se descendait son petit verre de rouge. Je trouvais cela complètement fou au début et puis je m'y suis habitué. Et je peux dire que ces sept mois à Trévise ont été une vraie belle réussite. »

À la clé, un titre de champion d'Italie et une entrée dans le groupe des Springboks A, entraînés par un certain Jake White, qui mènera six ans plus tard l'Afrique du Sud à son deuxième sacre en Coupe du monde. L'objectif ultime se rapproche pour Daan

Human, mais là encore, sa progression est freinée à son retour au pays. Fin 2001, il apprend qu'il n'est pas retenu avec les Cats pour disputer le Super Rugby.

La déception est forte et c'est frustré qu'il reprend la route de la ferme. Sur le trajet, il répond à un appel. Son interlocuteur est Gert Smal, l'entraîneur des Stormers. Il ne pouvait tomber mieux. Une fois exprimé son intérêt de le recruter, les deux hommes prennent rendez-vous et l'affaire est vite conclue. Après trois ans de je t'aime moi non plus à Bloemfontein, Daan Human décide de changer d'air, direction Le Cap.

Un changement de vie à la hauteur de ce qu'il a pu vivre en Italie, jusque dans la barrière de la langue. À Bloemfontein, et plus largement dans le Free State, où la communauté des Afrikaners est la plus importante du pays, la langue majoritairement parlée est l'afrikaans : « C'est un peu moins vrai aujourd'hui mais durant ma jeunesse, personne ne parlait anglais là-bas. Moi pas plus que les autres. J'ai donc dû m'y mettre car la moitié du vestiaire des Stormers parlait anglais. »

Aidé par une tante chez laquelle il crèche quelque temps, Human s'adapte bien à sa nouvelle vie. Avec un coach qui lui fait confiance, il enchaîne les matchs et son association avec Faan Rautenbach, son nouveau pendant à droite de la première ligne, est un franc succès. Si bien qu'au bout de quelques mois à peine, les deux « pilards », nés la même année et tous deux issus du Free State, sont convoqués par Rudolf Straeuli, le nouveau sélectionneur des Springboks. À vingt-six ans, seize ans après ce match Afrique du Sud – Cavaliers qui lui a donné la vocation, Daan Human touche enfin son rêve.

Pour ne rien gâcher, le programme qui l'attend semble écrit pour lui. Sa première cape, face au Pays de Galles, a lieu « chez lui », à Bloemfontein, devant toute sa famille. Le soir même, ils sont une trentaine réunis pour fêter cette première sélection victorieuse autour d'un *braai*, le barbecue typique sud-africain, dans la ferme de Verkeerdevlei, dont Suzette, sa copine, future femme et mère de ses trois enfants. Le match suivant, toujours contre le XV du Poireau, se passe au Cap, son nouveau « chez-lui ». Il se solde encore par une victoire.

Titulaire lors de ces deux matchs, il démarre sur le banc lors du troisième test contre l'Argentine et entre en jeu pour tenter de contrer Omar Hasan, son futur coéquipier à Toulouse. Une nouvelle victoire à laquelle s'ajoute une dernière pour la route contre les Samoa.

Plutôt encourageant à un an seulement de la Coupe du monde, mais le sélectionneur Straeuli souhaite explorer différentes options. Human sort du groupe pour le Tri Nations et n'est pas repris pour la tournée de novembre en Europe. En manque de repères, les Springboks déçoivent.

L'ancien des Cheetahs redouble alors d'efforts avec les Stormers en espérant revenir en grâce et accompagner les Percy Montgomery, Marius Joubert, Breyton Paulse et autres internationaux confirmés de son équipe. Malgré une belle saison, le couperet tombe : présent dans un premier groupe de 40 joueurs, il n'est pas retenu dans la liste finale pour la Coupe du monde, aux dépens de Lawrence Sephaka, premier pilier noir de l'histoire des Springboks et futur Toulonnais en 2007-2008, et Christo Bezuidenhout, un néo-capé de trente-trois ans. Un rêve s'envole.

De cette déception, le fermier du Free State tente d'en tirer quelque chose et se montre plus à son avantage que jamais avec les Stormers : « En 2004, je fais la meilleure de mes trois saisons au Cap. Je pensais donc ravoir ma chance avec l'Afrique du Sud, mais le nouveau sélectionneur Jake White, que j'avais déjà connu en 2001 avec les Springboks A, communique deux groupes : les Springboks et les Springboks A, et je ne figurais dans aucun des deux. Je ne comprenais vraiment pas pourquoi. »

Cette fois, la pilule est trop dure à avaler, d'autant plus que l'adjoint de White n'est autre que Gert Smal, son entraîneur aux Stormers. Il se dit alors que son salut va une nouvelle fois passer par l'Europe et se cherche des opportunités en ce sens. Un agent du Cap l'approche alors avec en main une proposition de contrat d'un an dans un club français… le Castres Olympique. Bingo, Human accepte avec enthousiasme, paraphe les documents et avertit Gert Smal que non seulement il va décliner les deux ans de contrat supplémentaires que lui proposent les Stormers mais qu'en plus, il va quitter le pays et donc faire une croix sur cette sélection sud-africaine qui ne veut plus de lui. Malgré un rapprochement en 2009, il ne la verra en effet plus jamais et son compteur restera bloqué à 4 matchs avec les Springboks, tous en 2002.

La nouvelle est accueillie froidement par son club qui le fait moins jouer. Mais les représailles vont aller un peu plus loin. Pressé de faire le deal et d'empocher sa petite commission, l'agent d'Human oublie de lui communiquer un détail d'envergure dans la négociation. Castres l'attend pour le mois de septembre afin de pouvoir l'inscrire sur sa liste de joueurs pour la Coupe d'Europe. Problème, la saison de Super 12 se termine plus tard et les Stormers, très performants cette année-là, sont en route pour les playoffs et n'entendent pas libérer gracieusement leur pilier de façon anticipée.

Lorsque les dirigeants tarnais apprennent que leur recrue ne pourra pas être à l'entraînement à la date souhaitée, ils dénoncent le contrat et l'annulent. Pour Human, le coup est terrible. Il va quand même au bout de la saison de Super 12, où les Stormers se hissent jusqu'en demi-finale contre les Crusaders. Un match auquel il participe en fin de partie, son tout dernier en Afrique du Sud. Car lorsqu'il va voir ses dirigeants pour leur demander si la prolongation de deux ans tient toujours, ces derniers le renvoient dans ses 22 mètres, lui arguant qu'ils avaient déjà recruté un joueur à son poste.

Dans l'impasse, le gaillard y voit un message du destin et se dit qu'à vingt-huit ans, l'heure d'arrêter le rugby de haut niveau et de retourner travailler à la ferme a sonné. Il repart donc dans le Free State pour y recommencer une nouvelle vie. Pour se changer les idées, il s'évade un mois plus tard en week-end avec sa petite amie et tombe par hasard sur un match de rugby européen dans la chambre d'hôtel. De H-Cup, cette satanée compétition source du litige !

Mais s'il pensait en avoir fini avec le rugby, le rugby n'en avait clairement par terminé avec lui. Et il va lui offrir une deuxième chance, par l'intermédiaire d'un agent bien connu en Afrique du Sud – évidemment pas le même que celui qui a précipité sa chute –, Bruno Xama. Rencontré au Cap, ce dernier avait heureusement gardé le contact et l'appelle en lui demandant si l'idée de reprendre du service et de partir en Europe le tentait toujours. Un club français et pas des moindres, le Stade toulousain, recherche un joker médical au poste de pilier gauche. Les vaches attendront encore un peu, c'est un grand oui ! En novembre 2004, Daan Human débarque dans la Ville rose.

Seul, sans parler un mot de français mais avec l'espoir de renaître de ses cendres. Son premier sentiment est inattendu. En poussant la porte du vestiaire toulousain, il y voit quelques gamins et bien peu de joueurs confirmés. Les dents serrées, il ressort et appelle son père : « Papa, il y a un problème, on n'est même pas assez de joueurs pour faire une équipe, je me suis fait rouler ! »

Voyant son nouveau joueur en panique, Guy Novès le prend à part et parvient à lui expliquer le pourquoi du comment. Pas d'inquiétude, le Stade toulousain étant un gros pourvoyeur d'internationaux, il se retrouve forcément déplumé en cette période de tests de novembre. Ouf !

Human se détend un peu plus encore lorsqu'il aperçoit le troisième ligne Isitolo Maka. Sa tignasse afro lui est familière et lui rappelle instantanément ce match de H-Cup qu'il avait regardé dans un hôtel sud-africain avec sa copine un mois plus tôt. Sans le savoir, il avait vu jouer sa future équipe, lors d'une victoire étriquée glanée à Cardiff (6-9) pour son premier match de poule.

Remis de ses émotions, le pilier se permet même une bravade auprès de Guy Novès en lui assurant qu'il venait pour gagner ses galons de titulaire. « On verra bien », lui rétorque le manager haut-garonnais, conscient de la valeur de son concurrent Jean-Baptiste Poux. Toujours est-il que le Sud-Africain est intégré dans la rotation et connaît très vite son premier match… à Castres ! Une rencontre âpre qui lui donne un aperçu de ce qui l'attend en France : « Je me souviens que le pilier droit était ce jour-là Patrice Collazo et qu'il a pris un carton jaune. On a dû jouer à 14 contre 15 et on a perdu de peu. Mais je me rappelle surtout une belle bagarre qui a éclaté durant le match et qui m'a donné l'impression d'être dans une cour de prison, sans règles. »

Aidé au début par l'Irlandais Trevor Brennan et le Néo-Zélandais Isitolo Maka, Human affiche aussi une envie manifeste de s'intégrer par lui-même dans ce groupe constellé de grands joueurs. Il s'attache donc à apprendre le français. Plein de bonne volonté et au rendez-vous sur le terrain, il est récompensé après une dizaine de matchs. Novès le convoque et lui propose de rester au club deux ans de plus. Une bonne nouvelle qui intervient peu après une prise de contact de Pierre-Yves Revol, le président de Castres, embêté d'avoir laissé au voisin toulousain un joueur qu'il avait signé avant de se rétracter. La réponse est un « non » poli.

Heureux de s'inscrire dans la durée avec une écurie hautement ambitieuse, celui qui a gagné le surnom de Lieutenant Daan, donné par un des kinés du club en référence au personnage du film *Forrest Gump*, se sent pousser des ailes. Lors d'une coupure internationale au mois de mars, il rentre deux semaines au pays dans l'idée de demander Suzette en mariage. Là encore, c'est un succès ! Il l'épousera en juin au Cap. Après une première saison décidément riche en émotions, marquée par l'immense joie d'un titre. La fameuse H-Cup, à laquelle il n'a pu prendre part qu'à

© STAFF / AFP

Claude Portolan , dit « Porto », a été champion de France à 6 reprises avec le Stade toulousain et a remporté la première coupe d'Europe lors de sa dernière année.

Avec 7 Boucliers de Brennus et une coupe d'Europe, Jérôme Cazalbou est le joueur le plus titré de l'histoire du Stade toulousain.

© Thomas Coex / AFP

© Jean-Loup Gautreau / AFP

Malgré ses succès et son palmarès avec le Stade toulousain, Jérôme Cazalbou n'a connu que 4 sélections en équipe de France.

© Dave Winter / Icon Sport

Fabien Galthié, jamais en reste quand il s'agissait de défier les All Blacks.

Plus qu'un simple joueur, Fabien Galthié était le visage du Colomiers des années 90.

© Mike Egerton / PA Images / Icon Sport

La finale de H-Cup 2001 contre Leicester, le plus grand regret du maestro Diego Dominguez.

IPPO
UNIVERSAL

© Brendan Moran / Sportsfile / Icon Sport

Né en Argentine, Diego Dominguez a défendu le maillot de l'Italie à 74 reprises.

© Laurence Griffiths / PA Images / Icon Sport

Jean-Michel Gonzalez a connu 35 sélections avec le XV de France entre 1992 et 1996.

© Dave Winter / Icon Sport

C'est à Perpignan que le bondissant Mike James s'est fait connaître du public français.

© Joël Saget / AFP

Formé à Bayonne, Jean-Michel Gonzalez a su se faire adopter à Biarritz, étant même le capitaine du BO lors du titre de 2002.

Le Canadien, ici avec le Stade français, était un des deuxième ligne les plus craints du championnat.

Pilier droit de renommée internationale, Omar Hasan a fait le bonheur de la mêlée toulousaine pendant 4 ans.

Le pilier argentin Omar Hasan est venu chercher à Toulouse ce qu'il lui manquait : des titres !

© Icon Sport

Joueur de l'ombre de la grande Usap de la fin des années 2000, Sebastian Bozzi n'en demeurait pas moins un redoutable pilier de mêlée.

© Romain Perrocheau / Icon Sport

Jacques Brunel avait promis à Sebastian Bozzi de le porter en triomphe sur ses épaules si l'Usap gagnait le Bouclier. Il a tenu parole.

© Peter Muhly / AFP

Arrivé au Stade toulousain en simple joker médical, Daan Human est resté 8 ans sur les bords de la Garonne.

© Jacques Demarthon / AFP

En 2008, Daan Human a remporté son premier titre de champion de France en battant Clermont en finale.

La troisième finale de Top 14 a été la bonne pour Jonny Wilkinson, grand artisan du seul titre de champion de France de l'ère Mourad Boudjellal.

© Fred Porcu / Icon Sport

© Sbi / Icon Sport

Jonny Wilkinson est entré dans la légende du rugby grâce à ce drop en finale de la Coupe du monde 2003 contre l'Australie.

La botte de Martin Bustos Moyano a débloqué bien des situations pour Montpellier entre 2010 et 2013.

© Nicolas Mollo / Icon Sport

© Manuel Blondeau / Icon Sport

L'Argentin Martin Bustos Moyano porté en triomphe par ses supporters après avoir inscrit la pénalité de la remontée en Top 14 pour Bayonne en 2019.

Monument du rugby néo-zélandais, Jerome Kaino était de la partie en 2015 lors de la pire humiliation infligée par les All Blacks à l'équipe de France en Coupe du monde.

Venu terminer sa carrière en France, Jerome Kaino a remporté une fois la Champions Cup et deux fois le Top 14 avec le Stade toulousain.

Capitaine des Bleus de 2016 à 2019, Guilhem Guirado a traversé les heures les plus sombres du XV de France.

Formé à Perpignan, Guilhem Guirado a connu le meilleur et le pire avec l'Usap, avec un titre de champion de France en 2009 et une relégation en 2014.

partir des quarts de finale en raison de son arrivée tardive dans l'effectif toulousain.

Peu avant la finale contre le Stade français à Murrayfield, en Écosse, Guy Novès lui avait demandé si sa compagne était à Toulouse pour qu'elle puisse accompagner l'équipe avec les autres « moitiés » des joueurs. Ce n'était pas le cas, au contraire de ses deux frères venus d'Afrique du Sud pour lui rendre visite. « Pas de problème, ils montent dans l'avion », lui promet le généreux manager, touchant son joueur en plein cœur. Une superbe expérience pour les deux frangins, qui n'ont pas vu le plus beau des matchs mais ont pu assister tous frais payés au sacre du troisième larron au bout de la prolongation d'un match sans essai (15-12 A.P).

Revenu marié de ses vacances estivales, le Springbok attaque sa deuxième saison en France avec enthousiasme mais peu de chance. En l'espace de quelques mois, il se casse le bras, la main et trois côtes. Pas vraiment l'année de la confirmation dont il rêvait mais qui lui laisse aussi le temps de préparer l'arrivée de son premier enfant. Une petite fille, née en 2006, que lui et son épouse nomment Yannique, version féminine de Yannick, prénom porté par trois joueurs au Stade toulousain (Bru, Jauzion et Nyanga) qui leur a tapé dans l'œil.

Sur le terrain, le Lieutenant Daan revient au front pour les phases finales d'un championnat aux allures d'épreuve de rattrapage pour les Rouge et Noir, après une campagne européenne ratée. Toulouse prend sa revanche sur le Stade français, qui l'avait écarté en demie la saison passée (23-18), au terme d'un match ultra serré (12-9) et retrouve la finale, 3 ans après la dernière et 5 ans après le dernier sacre.

Une première au Stade de France pour Human, avec toute la pression qu'une finale devant 80 000 personnes peut engendrer, face au champion en titre biarrot. Une finale à l'image de sa saison, galère, où il voit, avec ses compagnons d'infortune, le Bouclier s'envoler en l'espace d'un quart d'heure en seconde période, pour un score final bien lourd (40-13).

À trente ans, le jeune papa en a encore beaucoup sous le pied au moment d'aborder sa troisième saison, la dernière de son contrat. Il se souhaite une revanche et espère convaincre ses dirigeants et son staff de le garder encore un peu. Lorsque des journalistes le questionnent sur le sujet en janvier, il répond : « Dans mon cœur, je sais ce que je désire. » Et son vœu va être exaucé. Épargné par les blessures, celui qui vient d'obtenir un passeport français enchaîne les bonnes performances au point d'ébranler la hiérarchie des piliers gauches et passer régulièrement devant son concurrent et ami Poux, que tout le monde surnomme amicalement Brad. En deuxième partie de saison, Novès lui demande de monter dans les bureaux où un joli contrat de 3 ans l'attend.

Le club, lui, maintient son niveau en championnat. Et pour la première fois depuis son arrivée, son gaucher sud-africain aborde les phases finales dans la peau d'un titulaire. La demi-finale contre Clermont démarre bien, le Stade mène 15-7 mais connaît une grosse panne, se fait renverser par les Jaunards et perd 20-15.

En 2007, Human voit débarquer à Toulouse en provenance du Stade français un compatriote, le troisième ligne Shaun Sowerby, avec qui il se lie d'amitié. C'est aussi cette année-là qu'arrivent en Top 14 deux anciens coéquipiers des Stormers : l'arrière Percy Montgomery à l'Usap et le trois-quarts centre Marius Joubert à Clermont. Ensemble, et avec d'autres Sud-Africains de Brive et d'ailleurs, ils organiseront d'ailleurs un match de cricket à Perpignan en fin de saison, suivi d'un beau barbecue façon sud-af.

Avant d'en arriver là, le lieutenant Daan s'illustre dans toutes les batailles, si bien qu'il est élu meilleur pilier du Top 14 par le *Midi olympique*. Avec Human en forme internationale, le Stade domine les deux tableaux. Son parcours européen est exemplaire mais la chute est brutale. En finale, au Millenium Stadium de Cardiff, il croise la route du Munster de Ronan O'Gara. Et le combat à mort tourne en faveur des Irlandais (16-13), capables de tenir leur maigre avantage dans le dernier quart d'heure à grands coups de picks and go.

« Jusqu'à aujourd'hui, je ne comprends toujours pas pourquoi nous avons perdu, j'essaie d'oublier ce match mais je n'y arrive pas », en soupire encore Human presque quinze ans après. « C'est la défaite la plus douloureuse de ma carrière. Je me suis longtemps demandé ce qu'on aurait pu faire de plus pour remporter cette finale. On a fait un super match, on l'a contrôlé un temps mais on l'a perdu. Heureusement que j'avais ma femme Suzette et mon ami Shaun Sowerby à mes côtés ce soir-là car ma déception et ma peine étaient immenses. »

Un échec synonyme de grosse claque pour tout un club, qui n'a toutefois pas le temps de se lamenter sur son sort puisqu'il doit enchaîner avec les phases finales du Top 14. Et contrairement au Stade français en 2001 après sa douloureuse défaite en finale de la même Coupe d'Europe contre Leicester (30-34), les Toulousains vont trouver la force de se relever.

Chacun va chercher son surplus de motivation là où il peut et pour Human, elle se trouve dans l'obligation d'être à la hauteur pour les derniers matchs en carrière d'Omar Hasan. Ce droitier argentin qu'il avait croisé pour la première fois en 2002 lors de sa troisième sélection avec les Springboks et qu'il avait appris à mieux connaître sur les bords de la Garonne. À respecter, surtout. Et puisque ce dernier n'avait jamais eu la chance d'être champion de France, il fallait lui offrir ce cadeau de départ.

En demie, Toulouse balaye le Stade français (31-13) et trouve Clermont sur sa route en finale. Un match où les deux piliers titulaires côté haut-garonnais sont Omar Hasan et Daan Human. « On a l'habitude de dire qu'il ne faut pas se focaliser sur les sentiments pour une finale. Mais c'était quand même spécial. J'ai eu la chance de jouer avec Omar dès mon arrivée au club, pendant quatre ans, et pour son dernier match. C'était forcément un grand moment pour moi. Il était un des meilleurs droitiers au monde. Je dirais même que si je devais en citer trois, il serait numéro 1 ! »

Toujours est-il que c'est le troisième larron de la première ligne toulousaine, William Servat, qui se met le plus en évidence sur ce match en inscrivant le premier essai de son équipe en force après avoir blackboulé l'ailier international Aurélien Rougerie. Durant cette première mi-temps, Human a la malchance d'être au mauvais endroit au mauvais moment sur une action toulousaine, à savoir en repli près de son en-but avec Maxime Médard sur un coup de pied par-dessus de Brock James.

Le ballon lui arrive dans les mains telle une patate chaude à la suite d'une grosse pression de son ancien coéquipier des Stormers Marius Joubert, et il prend de plein fouet la deuxième lame Jamie Cudmore alors qu'il peine à contrôler le ballon. Qui lui échappe, pour le plus grand bonheur d'Aurélien Rougerie, qui suit et marque. Pas le plus bel essai du monde mais qui compte quand même.

Bon en mêlée face au client qu'est son vis-à-vis, le Géorgien Davit Zirakashvili, et actif dans le jeu malgré quelques petites fautes de main, le Sud-Africain peut sortir la tête haute de sa finale, peu avant l'heure de jeu. Le score est alors de 13-10 en faveur de son équipe et sans lui, ses partenaires, portés par leur talentueux demi de mêlée néo-zélandais Byron Kelleher, vont terminer le travail (26-20).

Quatre ans après sa venue en France Human touche enfin le « Bout de bois », saisissant par la même occasion la puissance d'un titre de champion de France dans le cœur des supporters par rapport à celui de champion d'Europe. « C'était tout simplement magnifique. Il y avait une telle joie que tout le monde était un peu dans un état second. Le lendemain, en arrivant à Toulouse, nous avons fait un crochet par le club avec le bus et on nous avait dit de nous tenir près deux heures plus tard ici même pour décoller direction le Capitole. Durant ces deux heures, j'ai pris le Bouclier avec moi, je l'ai chargé dans la voiture et je suis rentré à la maison avec pour faire des photos dans le jardin avec ma femme et ma fille. Quand je suis revenu au club, tout le monde m'attendait un peu de pied ferme et on est partis pour le Capitole où c'était la folie. »

Une folie qui, comme souvent pour un champion, déborde un peu sur la saison suivante. Une saison 2008-2009 paradoxale pour le club phare de Haute-Garonne, capable de perdre son premier match contre Montpellier, puis d'aligner un peu plus tard une série historique de 11 victoires consécutives, pour au final sortir en quart de finale de la H-Cup et en demie de Top 14 contre Clermont (19-9), le dernier match en carrière de l'immense deuxième ligne Fabien Pelous, recordman de sélections avec les Bleus (118).

Pour Human, 2010 est une nouvelle année charnière, avec deux événements à gérer. L'arrivée d'un deuxième enfant et la fin de son contrat. Pour cette fillette à venir, comme pour la première, Toulouse lui soufflera le prénom. Pas d'un coéquipier cette fois, mais d'une camarade de crèche de l'aînée, Lisa-Lou, sur lequel le couple accroche. Pour ce qui est de la prolongation de son bail au Stade, elle coule presque de source pour Guy Novès qui, après avoir d'abord pensé lui offrir 2 ans, lui rajoute même une année optionnelle.

De quoi, aussi, couper l'herbe sous le pied des London Irish qui, motivés par leur pilier et ancien coéquipier de club et de sélection de Human, Faan Rautenbach, lui avaient fait parvenir une proposition de 3 ans. Flatteuse mais déclinée par le Sud-Africain qui, à trente-trois ans, ne s'imagine pas terminer ailleurs sa carrière que dans la Ville rose.

Comme en 2005, sa signature est suivie d'un sacre en H-Cup. Quatre ans après avoir pris une dérouillée en finale du Top 14 contre Biarritz, Toulouse retrouve le BO et le Stade de France, sur la scène européenne cette fois. Le « jardin » des Rouge et Noir, comme il est coutume de dire. La semaine précédente, Toulouse avait perdu sa demi-finale de championnat contre Perpignan (21-13) mais menait 13-9 quand sa doublette de piliers titulaires Daan Human – Census Johnston était sur le terrain. Avec ces deux échéances rapprochées, Novès a dû faire des choix dans sa gestion des hommes et malgré un calvaire en mêlée vécu par leurs concurrents Jean-Baptiste Poux et Benoît Lecouls face aux Catalans, Human ne démarre pas la finale européenne, pas plus que le droitier Johnston contre son ancien club.

Orgueilleux, Poux et Lecouls se rattrapent avec brio contre le BO en livrant un récital en mêlée fermée. En entrant peu après l'heure de jeu, Human et Johnston mettent un point d'honneur à ne pas dépareiller et concassent leurs homologues biarrots dès leur première mêlée. Un succès collectif qui porte une nouvelle fois le Stade toulousain sur le toit de l'Europe, sans même avoir eu besoin d'inscrire le moindre essai, comme en 2005.

Comme l'histoire semble se répéter, elle se répète également pour le fermier du Free State. Comme en 2005-2006, il est embêté par des blessures au début de cette saison 2010-2011. Il revient pour un déplacement à Montpellier, qui se révèle comme l'équipe à suivre du Top 14 sous la houlette de Fabien Galthié. En première période, il est victime d'un coup de poing sournois du deuxième ligne Thibaut Privat. Le bilan est lourd avec une fracture de la pommette. « Quand je respirais, je sentais de l'air dans mon œil et du sang s'y échappait également. Dans le vestiaire, Guy Novès me dit : “On a vu que tu avais bien chargé mais si tu peux tenir et rester pour l'équipe, on t'en remerciera.” »

Bon soldat, le lieutenant Daan s'exécute malgré les douleurs. Son partenaire de la première ligne, le talonneur William Servat, également chahuté par le même Privat sur un maul, tente de le venger avec un coup de poing qui n'atteint que très partiellement sa cible.

À froid, après réception du résultat de la radio de son pilier sud-africain, Novès, accablé par les absences en première ligne, laisse éclater sa colère à l'encontre du grand Montpelliérain : « C'est un geste assassin, par derrière, ignoble, qui peut correspondre à une agression dans la rue », lâche-t-il aux journalistes le regard noir.

Out un mois, l'ancien des Stormers travaille le foncier à l'entraînement avec l'ailier fidjien Caucaunibuca, débarqué à Toulouse en cours de saison en qualité de joker médical de Yann David. Un véritable pari tant le joueur, connu pour son manque de sérieux au niveau de la diététique, est loin de son poids de forme à son arrivée à Ernest-Wallon. Malgré ses nombreux kilos en trop, il fascine Human : « Il pouvait marquer des essais comme personne à l'époque. Il était exceptionnel, peut-être le meilleur joueur avec qui j'ai joué dans toute ma vie. Même avec 120 kilos, il était encore capable de marquer des essais énormes. »

Sa magie opère en deuxième partie de saison. Et un peu plus encore à l'approche des phases finales, les dernières en tant que titulaire de Daan Human. En demi-finale du Top 14, le Fidjien plante les deux essais de son équipe face à un Clermont dépassé (29-6), impulsant grandement le retour des Stadistes en finale. Une fin de saison un peu en miroir de la précédente, à savoir une revanche à prendre d'une demi-finale perdue, mais de H-Cup cette fois, contre le Leinster (32-23). L'ultime rempart avant le Bouclier de Brennus se nomme Montpellier. Pas un excellent souvenir pour Human.

Ce soir-là, cela ne le sera pas non plus pour William Servat, qui est touché au genou dès la deuxième minute de jeu. Le talonneur joue la demi-heure qui suit « sur une jambe » – ce qui ne manque pas de se voir tant son impact fait défaut aux siens – avant de renoncer la mort dans l'âme. Avant cette sortie prématurée de la « Bûche », Caucaunibuca avait été tout près de refaire le coup de la demie mais son essai fut logiquement refusé à la vidéo. Les Héraultais avaient quant à eux pris le lead grâce à une réalisation d'un autre ailier fidjien de talent, Timoci Nagusa.

Méconnaissables, menés 7-3 à la mi-temps, les Rouge et Noir rentrent au vestiaire la tête basse. « Dans le vestiaire, Novès a su trouver les mots pour réveiller tout le monde, à sa façon, en jouant sur l'orgueil. Il nous a dit que nous n'étions pas à notre niveau et nous a demandé si c'était parce que ces gars en face de nous n'avaient pas gagné autant de titres que nous et qu'ils avaient peut-être plus faim. Cela nous a fait réagir. »

Une réaction *crescendo* en seconde période à laquelle le Sud-Africain ne participe qu'aux prémices, lui qui cède sa place moins de dix minutes après le retour des vestiaires, juste après une réduction de l'écart de son équipe. La fatigue se faisant sentir, les Montpelliérains cèdent à l'indiscipline et se font peu à peu renverser, ne marquant pas le moindre point durant les 39 dernières minutes du match. Un match bien moyen, mais remporté 15-10 pour les hommes de Novès sans marquer d'essai, décidément leur drôle de marque de fabrique.

Human, lui, savoure ce quatrième trophée depuis son arrivée. À trente-cinq ans, il sait qu'il est bien plus près de la fin de carrière que du début. Ses cervicales ont déjà commencé à lui rappeler un peu chaque jour. Il sait aussi que les dirigeants toulousains ont obtenu la signature d'une grosse pointure à son poste, le champion du monde 2007 sud-africain Gurthrö Steenkamp et qu'il ne vient pas pour jouer les doublures.

Mais il ne sera disponible qu'à son retour de la Coupe du monde en Nouvelle-Zélande, ce qui laisse encore un peu de temps et d'opportunités pour se distinguer. Sauf que le vétéran, qui accueille en cette année 2011 son troisième et dernier enfant, François, se blesse sérieusement dès le début de saison avec une rupture du tendon du biceps, qui le tient loin des terrains pendant quatre longs mois. Son bras finit par se réparer mais ses cervicales ne l'ont quant à elles pas oublié et lui causent des souffrances importantes. Sans rien dire il s'accroche.

Si bien que son manager Guy Novès, qui le tient en haute estime, le convoque en mars pour lui signifier qu'il peut aller signer son année optionnelle. Mais il n'y aura pas de signature ce jour-là. En plus de ses douleurs au cou, le Lieutenant Daan a une raison personnelle de ne pas rempiler une dernière fois. Son père, malade, a besoin d'aide pour continuer à exploiter sa ferme. Il demande alors à discuter seul à seul avec son manager.

« Je lui ai dit que mon papa avait plus besoin de moi au pays que moi de faire une dernière année au club. Je l'ai ensuite remercié pour tout ce qu'il avait fait pour moi et ma famille et j'ai vu que ses yeux se remplissaient. Il m'a dit : “Si tu es sûr de ta décision, je la respecte. La seule chose que je te demande, c'est que tu donnes tout ce qu'il te reste jusqu'à la fin de la saison.” À partir de là, je me suis entraîné comme un fou. Tellement que Guy m'a dit un jour : “Tu t'entraînes énormément pour quelqu'un qui doit rentrer travailler à la ferme. Dis-moi avec quel club tu as signé !” Je lui ai juste rappelé mon engagement et que je comptais bien m'y tenir. »

Malgré sa bonne volonté, la concurrence est là et sa place est régulièrement en jeu à l'approche des phases finales, dernier objectif de la saison pour des Rouge et Noir éliminés en quart de la H-Cup par les Écossais d'Édimbourg (19-14). Lors de l'avant-dernière journée à Toulon, il grille une carte décisive en rendant une mauvaise copie. Au moment de choisir son groupe pour les phases finales, Novès l'écarte au profit de Steenkamp et Poux.

Durant un stage de préparation à Perpignan, avant la demi-finale contre Castres, il reçoit à l'entraînement un choc sur ses cervicales usées qui le laisse à terre de longues minutes : « Je ne sentais plus mon bras, qui était comme mort. Je pensais alors que le rugby était terminé un peu plus tôt que prévu pour moi. Mais grâce à Dieu j'ai pu m'en remettre. » Pour jouer les sparring-partners à l'entraînement, *a priori*. Sauf que rien n'est écrit d'avance au rugby.

Absent comme prévu de la feuille de match de la demi-finale contre Castres, il assiste en tribune à la performance de son vieil ami « Brad » Poux, choisi pour débuter la rencontre. Une rencontre forcément engagée entre les deux voisins de Midi-Pyrénées... où l'international français se blesse au biceps et ne peut pas reprendre la seconde période. Rien de dramatique pour le staff toulousain, conscient qu'il n'y perd guère au change en faisant entrer Gurthrö Steenkamp. D'ailleurs, la mêlée des champions de France va permettre de grappiller quelques points au pied en seconde période et contribuer à un nouveau succès en phase finale sans essai. Mais pour Human, c'est une autre fin de carrière qui se joue. Le malheur de son ami fait soudain son bonheur.

Car le forfait confirmé de Poux pour la finale contre Toulon lui permet d'intégrer la feuille de match. Ce n'était pas prévu, pas plus que le fait de rester huit ans en France et d'y voir naître ses trois enfants, mais c'est arrivé ! Comme il l'avait fait quatre ans plus tôt avec Omar Hasan, il pourra accompagner son autre compère de presque toujours de la première ligne toulousaine, William Servat, pour un dernier tour de piste qu'ils effectueront ensemble, sur la pelouse du Stade de France. Sous les ordres de Yannick Bru, qui va lui aussi quitter le navire pour prendre en main les avants de l'équipe de France. Toute une page du club se tournera après cette finale.

La rencontre en elle-même ? Celle qu'on attendait, entre une équipe toulousaine qui s'est fait une spécialité d'avancer uniquement de trois en trois lors des matchs couperets et un RCT qui a bâti son jeu sur le défi physique. Un défi complétement relevé par la première ligne haut-garonnaise. Que ce soit Steenkamp, Johnston ou Servat, tous réalisent une prestation exemplaire. Leur expérience est un atout redoutable dans cette partie d'échecs où chacun se rend coup pour coup. Pour ce qui est des points, le Néo-Zélandais Luke McAlister donne la réplique à l'Anglais Jonny Wilkinson.

Au score, les deux équipes sont dos à dos à l'heure de jeu (12-12), mais la mêlée varoise donne des signes de faiblesse. Elle finit par s'effondrer littéralement dans son camp, véritable moment de bascule de cette finale avec une double peine carton jaune et pénalité. De son côté, Daan Human se tient prêt à entrer depuis un moment déjà et le fait savoir à plusieurs reprises à Guy Novès. Mais difficile pour le manager de modifier une première ligne aussi souveraine.

Pas avare d'efforts, Steenkamp finit quand même par tirer la langue, boîte même alors que Toulon fait le forcing dans les 22 mètres toulousains et obtient une pénalité à 4 minutes de la fin. Comptant 6 points de retard, les Varois vont chercher la touche. Impossible pour Novès de laisser un joueur diminué sur une phase aussi critique. Le remplacement de Steenkamp s'impose et il demande à son fidèle Lieutenant Daan d'aller au feu. Sur une touche adverse à 5 mètres de son en-but, pas le plus doux des cadeaux mais beau signe de confiance quand même.

Au plus près du brasier, le gaucher sud-africain n'a qu'une option, mettre dès les premières secondes la tête là où le commun des mortels n'y approcherait pas l'orteil. Sans sourciller, il stoppe le troisième ligne anglais Steffon Armitage à un mètre de sa ligne, obligeant les Toulonnais à repartir grand côté. La bascule se solde par un en-avant de l'autre côté du terrain. La délivrance ? Pas encore !

Sous pression en sortie de mêlée, le numéro 9 toulousain Luke Burgess envoie une passe hasardeuse à son ouvreur Lionel Beauxis… qui commet un en-avant ! La mêlée, à 5 mètres de la ligne toulousaine, change de mains. Les Rouge et Noir sont sanctionnés d'un bras cassé, les Toulonnais jouent vite et impulsent un nouveau bras de fer aux champions de France. Centimètre par centimètre, ils gagnent du terrain. Plus que 4 mètres, puis 3, puis 2. Les Toulousains savent bien qu'il sera dur de contenir encore longtemps ces chars d'assaut qui les pilonnent sans relâche.

Toujours au plus près du combat, Human voit le jeune trois-quarts centre Mathieu Bastareaud venir se proposer tel un avant pour imposer son physique. Il tire alors son compère Census Johnston par le bras et lui fait signe de se tenir prêt à concentrer leur charge sur l'ancien Parisien. Sitôt celui-ci hérite du ballon qu'il voit fondre sur lui deux pitbulls la bave aux lèvres. L'énorme choc lui fait perdre le contrôle de la balle. L'arbitre de la rencontre Romain Poite signale l'en-avant et siffle la fin du match.

La bataille est enfin terminée pour le champion de France qui conserve sa couronne. Les cris de joie, les embrassades, Human connaît tout ça par cœur, après avoir déjà remporté deux Coupes d'Europe et deux titres de champion de France. Mais ce troisième Bouclier de Brennus a évidemment une couleur particulière. Celle d'un adieu au rugby professionnel et au Stade toulousain par la grande porte, en champion.

« J'ai marché en direction du centre du terrain et j'ai remercié Dieu de m'avoir donné tout ça. Je me sentais chanceux d'avoir pu connaître toutes ces choses magnifiques. Puis je me suis dirigé vers la tribune pour voir ma femme, je l'ai embrassée longuement et je l'ai également remerciée pour son soutien toutes ces années. Sans elle, cela n'aurait pas été possible. Je dois reconnaître qu'il y avait des larmes dans mes yeux. Je ne voulais pas terminer autrement et surtout pas avec une autre équipe car c'était ma famille, de Lulu le chauffeur du bus à mes coéquipiers et mes entraîneurs. »

Une famille qui avait aussi à cœur de l'honorer en ce jour où on parlait bien plus dans les journaux et les troquets de la der de Servat que de la sienne. Il s'en accommodait fort bien et ne cherchait pas plus les feux des projecteurs à l'heure de la mythique levée du Bouclier. Mais alors que tous les joueurs sont debout dans la tribune d'honneur, prêts à brandir le saint Graal, le talonneur néo-retraité et son capitaine Thierry Dusautoir temporisent. Ils demandent à leur vétéran sud-africain de quitter sa position très excentrée pour les rejoindre, tout au centre, afin de lui offrir un dernier moment de lumière que toutes ses années de bons et loyaux services lui offraient le droit de vivre.

Malgré son grade, Dusautoir s'efface alors pour laisser Human soulever le Bouclier avec son copain talonneur. Un cadeau digne d'une famille que Human se plaît encore à retrouver chaque fois qu'il revient en France, tout comme sa maison à Seilh dans la banlieue toulousaine, qu'il a souhaité conserver. Preuve de la force d'un lien jamais rompu entre le Sud-Africain et la ville de son cœur.

10

Jonny Wilkinson : The Only One

Vendredi 30 mai 2014, le Stade de France n'est peuplé que d'une petite armée de techniciens et d'ouvriers qui s'activent pour préparer l'écrin au grand show du lendemain. Dans 24 heures, ce sera le dernier match en carrière de Sir Jonny Wilkinson et accessoirement la finale du Top 14 entre Toulon et Castres. Accessoirement, car les médias spécialisés et tout le monde du rugby en général ne parlent que de la dernière représentation de la plus grande star de l'histoire du rugby anglais. Même les médias généralistes, qui ont d'habitude autant d'intérêt pour le rugby que pour le bal des pompiers, ont envoyé des équipes pour suivre l'événement.

Durant ce dernier jour de calme avant le brasier, chacun des deux finalistes se présente dans l'enceinte dionysienne pour une dernière séance d'entraînement, à l'issue de laquelle entraîneurs et capitaines sont invités à livrer quelques banalités à la presse, histoire de faire monter un peu la sauce. Et comme le capitaine toulonnais n'est autre que Wilkinson, la trentaine de journalistes français et internationaux patiente frénétiquement dans l'auditorium du Stade de France en attendant que le génie anglais se jette dans la fosse aux lions.

Les scribouillards ne sont pas les seuls à être excités. Drapé de son fidèle tee-shirt noir frappé d'une étoile blanche en son centre, le président varois Mourad Boudjellal vient se mêler à eux, l'œil vif de celui qui a un message fort à délivrer. Et pas besoin d'être devin pour savoir quel en sera le fil rouge. La success-story de Jonny Wilkinson à Toulon, c'est d'abord la sienne, lui qui décida en 2009, contre les réticences de son propre staff et des observateurs, de le faire émigrer sur la Rade. Il le fit en se disant que l'Anglais lui permettrait de faire revenir le Bouclier de Brennus dans sa ville et il y voyait là l'ultime occasion d'accomplir sa prophétie.

Il lâche alors une phrase à la fois puissante et révélatrice de l'admiration qu'il voue à son futur ex-joueur : « Si l'Histoire a un sens, Jonny doit quitter le rugby par la très grande porte demain soir. » Cette même porte qu'il avait fracassée à grands coups de pied dès la sortie de l'adolescence, chargé sur son dos des espoirs de tout un pays d'avoir déniché la prochaine gloire du rugby mondial.

Lui qui s'était fixé dès la plus tendre enfance l'objectif de devenir le meilleur joueur du monde, qui s'est donné les moyens comme personne avant lui d'y parvenir et qui a concrétisé son rêve à seulement vingt-quatre ans, après avoir enchaîné un Grand Chelem et un titre de champion du monde avec le XV de la Rose. Le seul remporté à ce jour par une nation de l'hémisphère nord. Dans un sport peu habitué à faire la part belle aux individualités, « Wilko » restera à jamais une exception, même dans le club très fermé des icônes dont la notoriété a dépassé le cadre du rugby. Aujourd'hui encore, et certainement pour de nombreuses années à venir, il demeure plus qu'un souvenir, *a fortiori* dans sa mère patrie.

« Il y a tout juste quelques mois, je me suis rendu à Londres et j'ai subi un contrôle d'identité », raconte aujourd'hui Mourad Boudjellal. « Le policier m'a demandé d'où je venais et quand je lui ai répondu "de Toulon en France", sa réaction instinctive fut : "Oh, Toulon, Wilkinson !" Et mon contrôle était terminé. » Cette aura quasi divine, il ne l'a pourtant jamais vraiment cherchée. Antistar par excellence, il s'accomplissait dans la discrétion et fuyait dès qu'il le pouvait les lumières résultantes de son statut. Sa côte d'amour et de respect, il ne l'a pas gagnée à coups de frasques, de liaisons sulfureuses ou d'apparitions remarquées à la fashion week.

Son talent précoce l'a bien sûr propulsé sur le devant de l'affiche, sa belle gueule ne l'a pas desservi, pas plus que son côté gendre idéal, à la fois timide, poli et accessible, mais sa quête presque maladive de la perfection et tout ce qu'il s'imposait pour s'en rapprocher ont fait de lui un mythe. Parce que ses échecs, ses déboires et sa façon de les surmonter l'ont aussi rendu humain auprès d'une communauté rugby attachée aux valeurs de travail et d'humilité.

Son chemin de croix pour arriver tout en haut débute dès l'enfance où il mesure très rapidement l'importance du jeu au pied et plus spécifiquement des tirs au but. Que ce soit sur le terrain de son club de Farnham, dans le Surrey, à environ 70 km à l'ouest de Londres, dans le jardin familial ou même dans la maison, avec des rouleaux de papier toilette pleins en guise de ballon et des rouleaux vides scotchés les uns aux autres pour former des poteaux, il tape, tape et tape encore, du gauche (son « bon » pied) comme du droit, à en perdre haleine. Son père Phil et son frère aîné Mark, dont il est très proche, l'assistent avec bienveillance et supportent ses colères lorsqu'il rate. Son modèle se nomme Gavin Hastings, arrière-buteur de l'Écosse durant les années 80 et 90.

Doué mais pas encore surdoué au point d'écraser tout sur son passage, le jeune Jonathan fait ses classes au Lord Wandsworth College, non loin de son domicile, et se voit recalé de la sélection régionale du Surrey. Celle du Hampshire, limitrophe, lui offre une seconde chance et lui permet même de franchir un cap. À seize ans, le voilà retenu avec l'équipe nationale de sa catégorie d'âge pour une tournée au Portugal et deux matchs contre le Pays de Galles. Remplaçant d'un certain James Lofthouse, considéré comme le futur de l'Angleterre au poste d'ouvreur, il ne rentre pas mais prend date : « Après cela, je suis tout à fait convaincu que je peux jouer à ce niveau », raconte-t-il dans son autobiographie *Mémoires d'un perfectionniste*, parue en 2012.

Dans le même temps, le futur Toulonnais se trouve un mentor dans le jeu au pied en la personne de Dave Alred, basé à Bristol et dont la compétence dans le domaine est reconnue au point d'être sollicité par la fédé anglaise pour entraîner ses buteurs. Après un an à évoluer avec l'Angleterre B des moins de 18 ans, son tour arrive enfin lors du Tournoi des Cinq Nations. Son concurrent et capitaine James Lofthouse se blesse avant la compétition et le voilà propulsé titulaire à l'ouverture pour le premier match contre la France à Twickenham.

Les jeunes pousses anglaises, parmi lesquelles le trois-quarts centre Mike Tindall ou l'arrière Ian Balshaw, remportent le match. Wilkinson passe tous ses coups de pied et se voit accorder le droit de revenir au match suivant contre l'Irlande du crack Brian O'Driscoll. L'affaire est rondement menée, comme la suivante contre l'Écosse et voici l'Angleterre en passe de réussir un Grand Chelem. Le dernier adversaire, le Pays de Galles, se montre coriace. L'ouvreur du Surrey est particulièrement visé et molesté et les Anglais sont menés 17-15 à l'approche du coup de sifflet final.

« Il nous faut un drop, mais les drops ne font pas encore vraiment partie, en match, de ma panoplie de coups décisifs. Je n'ai tiré que deux drops en tout et pour tout dans ma vie. Le premier, six ans auparavant, à Senlis *(lors d'un échange annuel entre son club et celui de l'Oise)*. L'autre, il y a quelques semaines, juste à la fin de mon dernier match pour Lord Wandsworth, en finale de la coupe du Hampshire. » Malgré sa relative inexpérience dans l'exercice, il prend son courage à deux mains à 40 mètres des poteaux et atteint sa cible. Les moins de 18 ans anglais arrachent le Grand Chelem grâce à un drop à la dernière minute de Jonny Wilkinson. La légende du gamin de Farnham vient de naître.

Sa place dans l'équipe est faite, quand bien même Lofthouse y effectue son retour, ce qui décale « Wilko » au centre pour la tournée de cinq semaines qui suit en Australie. Son nom arrive sur la table des recruteurs du pays, mais il préfère suivre Steve Bates, son entraîneur à Lord Wandsworth College, ancien demi de mêlée des Wasps débauché par son ex-coéquipier et ouvreur du XV de la Rose Rob Andrew, pour coacher les Newcastle Falcons. À dix-huit ans tout juste, Wilkinson signe ainsi son premier contrat professionnel, d'une saison, un an seulement après le passage au professionnalisme du rugby anglais. Son salaire est de 14 500 euros… annuels. À peu de chose près ce qu'il gagnera en une semaine lors de sa dernière année de carrière à Toulon.

Tout va alors très vite pour lui. Recruté pour remplacer à terme la légende Rob Andrew, qui, à trente-quatre ans, ajoute la casquette de coentraîneur à celle de joueur des Falcons, « Wilko » est rapidement intégré au groupe de l'équipe fanion. Sur le banc lors d'un match de Challenge européen à Édimbourg le 21 septembre 1997, il entre en jeu à un quart d'heure de la fin et, pour sa première chez les pros, inscrit un essai sur le premier ballon qu'il touche ! Impossible de faire plus beau départ.

Le gamin enchaîne alors, en tant que buteur et premier centre puisque la place de dix revient toujours à Andrew et le staff de Newcastle s'attache alors à épaissir son joyau, encore frêle pour le rugby pro avec ses 76 kilos tout mouillés. Retenu par la sélection nationale des moins de 21 ans pour le Tournoi des Cinq Nations, où il est cette fois titulaire à l'ouverture pour le premier match contre la France, malgré la présence du fameux James Lofthouse, le petit prodige s'illustre et reçoit dans la foulée une grande nouvelle. De retour à Newcastle, il regarde chez son coéquipier international Tom Stimpson la liste de Clive Woodward (le sélectionneur anglais) pour le prochain match du XV de la Rose, contre le Pays de Galles, *via* un télétexte. Stimpson n'y figure pas, Wilkinson si, à sa grande surprise.

Pour Woodward, l'objectif est une intronisation en trois étapes. D'abord une première prise de contact avec son groupe, ce qui explique qu'il ne le couche pas sur la feuille de match contre les Gallois, puis une montée en puissance au rendez-vous suivant, contre l'Écosse, où il intègre le banc mais ne rentre pas. Enfin le troisième étage de la fusée dès le dernier match du Tournoi contre l'Irlande. L'expérimenté Mike Catt, qui évolue ce jour-là à l'aile, se blesse au mollet et Wilkinson est, avec le demi de mêlée Scott

Benton, le seul non-avant disponible sur la touche. Ce 4 avril 1998, Jonny Wilkinson dispute ainsi, à l'aile, les cinq dernières minutes de cet Angleterre-Irlande à Twickenham et devient par-là même un international anglais à part entière.

Et il n'a guère le temps de redescendre de son nuage puisqu'il est sacré quelques semaines plus tard champion d'Angleterre, pour sa première saison professionnelle. Pour la première et dernière fois de sa carrière. Toujours est-il qu'à l'été 1998, l'avenir semble cousu d'or pour le golden boy, véritable Midas du rugby d'outre-Manche. Clive Woodward l'embarque pour la tournée dans l'hémisphère sud et annonce en grande pompe qu'il sera son titulaire à l'ouverture. Il faut aussi dire que bon nombre de ses cadres manquent à l'appel. Mais l'envol du poussin prend un sacré coup de chevrotine. Lors du premier test contre les Wallabies à Brisbane, les Anglais se font massacrer. Sans surprise, Wilkinson, comme embourbé dans le marasme ambiant, rate ses tentatives au but. Au final, le XV de la Rose s'incline 76-0, soit la plus lourde défaite de son histoire.

Abattu et à deux doigts de tout lâcher, « Wilko » appelle son père en larmes et ce dernier parvient à le garder à flot en secouant son orgueil de champion. Le jeune homme est reconduit pour le test suivant contre les All Blacks à Dunedin et… nouvelle déroute pour l'Angleterre (64-22) ! Pour couronner le tout, il ne termine pas le match, la faute à une cheville prise en porte-à-faux sur un regroupement qui marque pour lui la fin de la tournée. Presque un mal pour un bien vu le niveau de jeu abyssal proposé par sa sélection.

Sans lui, l'agonie se poursuit avec deux nouvelles défaites retentissantes, une seconde fois contre la Nouvelle-Zélande à Auckland (40-10) puis au Cap face aux Springboks (18-0). Impossible pour les Anglais de ressortir indemnes d'un tel cauchemar, que leur presse s'empresse de nommer « Tour of Hell » (la Tournée de l'Enfer). Le premier gros couac de la toute jeune carrière de « Wilko ».

Même s'il n'est pas le seul responsable, Clive Woodward veut laisser à son prodige le temps de digérer tout cela et ne le retient pas pour les tests d'automne. Il le reprend en revanche pour le Tournoi où il l'installe cette fois premier centre. L'Angleterre rate le Grand Chelem lors de son dernier match. La Coupe du monde approche, l'attente est forte autour des partenaires de Martin Johnson et pour les derniers galops d'essai en juin… en Australie, Woodward veut confronter Wilkinson à ses démons en le titularisant à l'ouverture pour le seul match prévu face aux Wallabies, un an à peine après la débâcle de Brisbane.

Un peu à l'image d'un Aimé Jacquet lançant à Robert Pirès en plein vestiaire des Bleus lors de la Coupe du monde de football 1998 « Muscle ton jeu, Robert ! », il pousse aussi son jeune talent à prendre plus d'épaisseur dans la vie hors groupe et les débats internes sur la stratégie de l'équipe. Ceci afin de gagner le respect des grognards du groupe. Même si elle ne crée pas l'exploit, l'Angleterre fait bonne figure (15-22) et peut se projeter sans torpeur sur la Coupe du monde, tout comme son prodige qui a répondu aux attentes.

Malgré un stage avec les commandos de marine britannique, le XV de la Rose ne fait pas de merveilles durant cette compétition qu'il dispute en partie à domicile. Battu logiquement en poule par les All Blacks (30-16), il se sort aisément d'un barrage contre les Fidji à Twickenham (45-24) mais doit se fader le champion du monde sud-africain en quart au Stade de France et ne fait pas le poids (44-21). Un match que Wilkinson, jusqu'ici titulaire et qui avait inscrit son premier essai en sélection d'entrée contre l'Italie (67-7), démarre en tant que remplaçant, Woodward lui préférant pour ce match couperet le plus expérimenté Paul Grayson.

Bilan mi-figue mi-raisin donc pour l'ouvreur des Falcons, même si l'expérience lui permet de franchir une nouvelle étape dans sa quête de soi. Au dernier jour, il y découvre ainsi ce qui lui permettra de définir pour la suite les contours de sa relation avec l'alcool. Ce qu'il raconte non sans humour dans son autobiographie : « Ma décision de me saouler avant de rentrer en Angleterre n'a rien donné de bon. Je me suis mis à boire avec Dave Reddin, notre préparateur physique en chef, et je ne pouvais pas le suivre. Je n'ai même pas pu suivre le rythme d'une ou deux joueuses de l'équipe d'Angleterre féminine. Dave m'a donc ramené et mis au lit. Quand je me suis réveillé (...) je n'allais pas bien du tout. En posant mes pieds sur le tapis, je marchais sur des restes de poulet et de riz qui passaient entre mes orteils (...). C'est ainsi que ma Coupe du monde s'achevait. Sur l'autoroute qui mène à l'aéroport, assis dans le bus de l'équipe, je vomis dans un gobelet en percevant clairement les fous rires de mes équipiers. » Depuis lors, les cuites, ce sera (presque) toujours pour les autres !

Tout ce qui peut l'éloigner de son objectif initial de devenir le meilleur joueur du monde est méthodiquement écarté. Le jeune homme gagne en maturité, aiguise un esprit de compétition féroce au point de vouloir être toujours premier dans les tests physiques – il noue d'ailleurs une relation très forte avec le préparateur physique de Newcastle Steve Black –, continue de performer avec sa sélection comme en club où il remporte une coupe d'Angleterre en 2001 et touche la même année un premier rêve en intégrant les très prestigieux Lions britanniques – sélection rassemblant tous les 4 ans les meilleurs éléments issus d'Angleterre, d'Écosse, du Pays de Galles et d'Irlande – pour une tournée en Australie. À vingt-deux ans, il en est même le titulaire à l'ouverture, devant l'Irlandais Ronan O'Gara et la légende galloise Neil Jenkins.

Son statut de numéro 10 star n'est plus à démontrer et il peut se projeter sereinement vers la Coupe du monde 2003. Son ambition de gagner la plus prestigieuse des compétitions converge avec celle de son sélectionneur. Après l'échec de 1999, Clive Woodward tient une approche plus pragmatique du jeu et insiste sur la nécessité de prendre tous les points qui se présentent et ne jamais repartir bredouille du camp adverse. Son nouveau credo : si ni l'ouverture ni la faute ne viennent, alors le drop doit être la solution privilégiée. Un message qu'il commence à marteler à « Wilko » à partir de 2001 en lui exigeant d'user plus de cette arme du drop pour laquelle il n'a que peu d'appétit. Une sacrée belle idée, avec le recul !

Et puis il y a le facteur X. Celui auquel personne ne pense mais qui va contribuer à propulser pour de bon Wilkinson sur le toit du monde. À l'orée de la saison 2002-2003, Newcastle accueille un renfort dans sa ligne de trois-quarts. Il s'agit de Mark Wilkinson, le frère aîné de Jonny, avec qui il vivait en colocation. Celui-là même qui, totalement dévoué à la cause de son cadet au point de s'en oublier, l'accompagnait pour taper les ballons par tous les temps depuis l'enfance, pansait les plaies de ses crises d'angoisse répétées et lui offrait ses quelques fenêtres d'évasion dans sa vie drastiquement axée sur le rugby. Joueur d'une équipe amateur du coin, il avait d'abord intégré peu à peu l'encadrement technique des Falcons, fait une fois le nombre à l'entraînement lorsqu'il manquait du monde, puis deux, puis trois, puis un dépannage avec l'équipe réserve pour finalement convaincre le manager Rob Andrew de lui offrir un contrat professionnel. Une reconnaissance pour lui et une fabuleuse nouvelle pour Jonny, qui assurera plus tard que jouer avec son frère fut, avec le fait de porter les couleurs de l'Angleterre et des Lions britanniques, sa plus belle expérience dans le rugby.

Cet apport familial est la dernière pièce d'un puzzle très complet et solidement assemblé. Avec un grand Wilkinson, le XV de la Rose enchaîne les victoires. Pour la première fois depuis 1996, il réussit en cette année 2003 un précieux Grand Chelem puis va chercher à Wellington un premier succès en terre néo-zélandaise depuis 30 ans (15-13, avec quatre pénalités et un drop de Wilkinson) et termine sa tournée d'été en apothéose en dominant l'Australie championne du monde à Melbourne (25-14).

Trois mois plus tard, c'est donc bien en favorite du Mondial que se pose sur cette même terre australienne l'Angleterre. Avec sa super star d'ouvreur, qui est la cible de toutes les attentions. Tout ce qu'il déteste en somme et qui le rend nerveux, ce qui se traduit sur le terrain en phase de poules, notamment contre les Samoa où les Anglais se font peur pendant une mi-temps. Malgré les critiques, le sélectionneur Clive Woodward affiche une confiance qui frise l'insolence. Même après un quart difficilement gagné contre les Gallois (28-17) et conclu par un drop de 40 mètres de son maestro. En demie se dresse le meilleur ennemi, la France, finaliste de la dernière édition.

Sous un temps pluvieux et un terrain gras qui leur rappellent leur mère patrie, les Anglais se retrouvent enfin. « Wilko » lance les hostilités en claquant un drop du droit et même si le flanker biarrot Serge Betsen répond rapidement par un essai, le XV de la Rose demeure imperturbable grâce à la puissance de son pack et la maestria de son ouvreur. Ce dernier imprime le tempo et joue une mélodie quasi parfaite. Une pénalité, qu'il a lui-même provoquée grâce à une chandelle bien ajustée, puis un nouveau drop du droit et une deuxième pénalité, à 40 mètres des poteaux, font virer les siens à 12-7 à la pause.

Lassés de voir un gamin leur jouer cette musique infernale, les Bleus se rebiffent et jurent de lui faire payer ces affronts. Mais alors que les débats se stabilisent, Wilkinson est victime d'un plaquage à retardement de Betsen qui vaut à ce dernier un carton jaune. La star anglaise porte dans la foulée l'écart à 8 points et, comme si cela ne suffisait pas, plante quelques minutes plus tard un drop, du gauche cette fois. Un coup fatal aux ambitions tricolores. Le score final ? Wilkinson 27 (6 pénalités et 3 drops) – France 7.

Plus qu'une marche avant le Graal et celle-ci est gigantesque. L'Australie d'Eddie Jones, à domicile donc portée par tout un peuple. Durant la semaine, les supporters des Wallabies arborent fièrement un tee-shirt où figure une photo de Wilkinson contenue dans un cercle rouge barré. L'ennemi public numéro 1 est identifié. À raison.

Pour remettre la tête de son équipe à l'endroit après un essai rapide de Lote Tuqiri, « Wilko » adresse d'abord un tampon dévastateur au tout jeune Matt Giteau, passe trois pénalités et suit bien une percée du vétéran Lawrence Dallaglio pour ensuite mettre sur orbite la fusée Jason Robinson pour le premier essai anglais. Son influence est donc majeure sur le score à la mi-temps de 14-5, très prometteur pour le XV de la Rose.

Mais les Wallabies n'abdiquent pas si aisément, renversent la pression en seconde période et font déjouer leurs adversaires au point de revenir dans partie à la dernière minute. 14-14, prolongation ! La tension est à son paroxysme. Comme durant le temps réglementaire, le buteur australien Elton Flatley répond à Wilkinson et égalise à 17-17 : il reste moins de deux minutes aux acteurs pour décider d'un vainqueur avant une séance suffocante de tirs au but. Le nom du juge de paix semble toutefois écrit à l'avance. Mis sur un fauteuil par son demi de mêlée Matt Dawson, il claque un drop du droit pour l'éternité à 28 secondes de la fin et devient une légende vivante. Pour la première et – pour l'instant – seule fois de son histoire, la Coupe du monde est remportée par un pays de l'hémisphère nord.

En un coup un seul, Jonny Wilkinson atteint son but ultime, être champion du monde et, parce qu'il a plus que largement contribué à l'obtention de ce trophée, être tout simplement le meilleur joueur du monde, ce qu'il sera de manière officielle lorsque l'International Rugby Board le désignera la même année comme tel.

Mais comme il l'a souvent exprimé des années plus tard, lorsqu'on vient de gravir la plus haute montagne qui soit, l'unique suite envisageable est de redescendre. Après avoir poussé son corps au-delà de ce qui était humainement possible pour atteindre l'Everest, celui-ci lui a chèrement rendu la monnaie de sa pièce durant les cinq années qui suivirent.

Entre Noël et jour de l'An de cette glorieuse année 2003, soit 5 semaines après le sacre de Sydney, Wilkinson retrouve les terrains avec son club de Newcastle pour un match contre Northampton. Percuté par le trois-quarts centre Jon Clarke, il ne se relève pas.

La zone du cou, fragilisée par des années à plaquer sans retenue des armoires à glace, est sévèrement touchée, avec un nerf comprimé qui lui anesthésie complètement le bras droit. Sa saison est déjà terminée. La première grosse blessure d'une série de quatorze pépins entre 2003 et 2008.

Au biceps du même bras tout d'abord, dès son retour à la compétition. Nommé capitaine du XV de la Rose par le nouveau sélectionneur Andy Robinson, il tente de serrer les dents mais ne peut arriver jusqu'aux tests d'automne et doit encore renoncer. Nouveau retour en décembre, qui se passe bien, mais l'espoir retombe peu après dans un match de coupe d'Europe contre Perpignan où il évite de peu la rupture d'un des ligaments de son genou droit mais en est quitte pour 2 à 3 mois de plus à l'infirmerie. En clair, pas de Tournoi des Six Nations.

Malgré un nouveau pépin au genou à son retour, il accroche in extremis un billet pour la tournée des Lions britanniques, entraînés par Clive Woodward en personne. Mais le technicien champion du monde ne trouve pas la clé face aux All Blacks et perd « Wilko » dès le deuxième test, la faute à une douleur venue du cou et irradiant cette fois dans le bras gauche.

Au cœur d'une poisse sans nom qui le poursuit depuis un an et demi maintenant, le joueur de Newcastle part à l'été 2005 se ressourcer comme à son habitude du côté de Majorque et y rentre en couple avec une compatriote prénommée Shelley. Le point de départ d'un nouveau cycle ? Non ! Dès le début de saison, la poisse revient. C'est d'abord une crise d'appendicite qui l'écarte des terrains un mois. Puis une déchirure à l'aine qui l'oblige, une fois encore, à déclarer forfait pour les tests d'automne. Un retour un peu trop prématuré en janvier et paf, tout repète en pire et c'est le Tournoi 2006 qui s'envole.

La dépression s'installe, une quête de spiritualité démarre, tournée vers le bouddhisme. Mais les semaines se suivent et se ressemblent. Lors de la deuxième journée de la saison suivante, c'est le genou gauche qui morfle. La même blessure qu'au genou droit un an et demi auparavant. Huit semaines de plus ! Un gros plaquage sur son match de reprise lui endommage… un rein ! Et encore trois semaines dans la musette ! À ce moment-là, Jonny Wilkinson n'est plus que le souvenir déjà lointain d'un prodige aux pieds d'or.

Mais un souvenir encore suffisamment puissant, même dans le milieu du rugby, pour ne pas l'enterrer malgré la fatalité. C'est ainsi que le sélectionneur anglais Brian Ashton le retient dans sa liste pour le Tournoi des Six Nations, malgré trois ans d'absence avec le maillot blanc frappé de la rose et trois petits matchs au compteur en saison régulière. Miracle, son corps lui laisse un peu de répit avant le début de la compétition, qu'il démarre même comme titulaire contre l'Écosse, tandis que son jeune partenaire à Newcastle Toby Flood, qui a assuré son intérim à l'ouverture, est sur le banc. Le come-back est couronné de succès (42-20), avec un essai à la clé.

Bien sûr, une déchirure au mollet lors du troisième match en Irlande met fin prématurément à son Tournoi mais pas de quoi remettre en question son retour au premier plan en sélection. Pour la tournée d'été en Afrique du Sud, il est donc réinvité malgré de nouveaux pépins. Les deux tests face aux Springboks sont des désastres comptablement parlant (58-10 et 55-22), mais Wilkinson tient sa place et est même capitaine lors du second. Si son corps le laisse tranquille jusque-là, son billet pour la Coupe du monde en France est composté.

C'est le cas et l'Angleterre se dit qu'avec son virtuose dans l'équipe, elle pourra défendre honorablement son titre. Tout aurait pourtant pu s'arrêter très vite pour le natif du Surrey, touché à une cheville peu avant la compétition lors d'une séance d'entraînement au camp de base de Versailles. Une course contre la montre est lancée pour lui faire rater le moins de matchs possible. Mais il n'est pas là pour le choc de la poule A contre l'Afrique du Sud, où les Anglais se font ratatiner (36-0). Il est ainsi attendu comme le messie lors du troisième match contre les Samoa.

Une belle sautée décisive dès la première minute pour se chauffer, un drop dans la foulée, un deuxième drop à dix minutes de la fin qui porte son total à 24 points sur les 44 inscrit par l'Angleterre ce jour-là et revoilà « Wilko » *back in the business*. De quoi rassurer une équipe qui avait bien besoin de confiance. Deuxième de poule, elle croise la route des Australiens, soucieux de se venger de la finale de 2003. Les deux camps ayant basé leur stratégie sur du frontal, le match n'est pas une publicité pour le rugby spectaculaire malgré le beau soleil de Marseille et à ce petit jeu, ce sont les Anglais qui remportent le bras de fer grâce à 4 pénalités de leur ouvreur (12-10). Celui-ci devient, à cette occasion, le meilleur buteur de l'histoire de la Coupe du monde.

Mais l'objectif n'est pas là. Comme en 2003, la France, qui a éliminé les All Blacks, est au programme en demie et l'Angleterre compte entièrement sur son meneur de jeu pour vaincre son meilleur ennemi. Et l'histoire se répète, avec un Wilkinson en mode tueur. Au sens presque littéral, d'abord, lorsque celui-ci s'arme de courage pour renvoyer le deuxième ligne Fabien Pelous et ses quelques centimètres et kilos en plus dans les cordes, l'obligeant à une sortie définitive. Puis grâce à son arme létale à lui : après une première tentative de drop de 40 mètres en première période, qui passe juste à côté, puis le poteau sur une seconde tentative, du droit, après la pause, la troisième sera la bonne. Tandis qu'il vient juste de permettre à l'Angleterre de passer devant sur pénalité, il met les Bleus hors de portée d'une pénalité grâce à un drop parfait des 40 mètres. Malgré un beau baroud d'honneur, les hommes de Bernard Laporte n'arrivent pas à marquer l'essai salvateur et perdent 14-9.

Le rêve de conserver sa couronne, du jamais-vu depuis que la compétition existe, est à portée de main pour le XV de la Rose. Même avec un Jonny Wilkinson qui doit strapper de plus en plus fort la cheville pour tenir sa place. L'ultime adversaire, l'Afrique du Sud est quand même une sacrée montagne à franchir. Au propre comme au figuré vu les gabarits des Springboks.

Le combat est terrible, « Wilko » manque un drop et son pays est mené 9-3 à la mi-temps. Le tournant de la finale intervient deux minutes après le retour des vestiaires. Le centre anglais Matthew Tait déchire de manière incroyable le rideau sud-africain et est arrêté à quelques encablures de la ligne d'essai. Le ballon sort sur l'extérieur sur Wilkinson, qui claque magnifiquement le ballon pour son ailier Mark Cueto qui marque en coin. Mais l'essai est refusé par l'arbitre Alain Rolland après visionnage de plusieurs ralentis et de longues minutes d'incertitude, la faute à un bout de crampon en touche. La chance anglaise est passée, les Springboks s'imposent 15-6 et privent les Anglais d'un inédit deuxième sacre consécutif.

Finaliste, le statut n'est tout de même pas si déshonorant pour une équipe qui a dû travailler pratiquement tout un cycle de quatre ans sans le meilleur ouvreur du monde. Son retour au plus haut niveau est d'ailleurs une excellente nouvelle pour le rugby dans son ensemble, mais il était dit que plus rien ne serait linéaire pour lui après le sommet de 2003. Lors du Tournoi des Six Nations 2008, il alterne le bon et le moins bon et subit une campagne à charge des médias anglais. Influencé ou non, le sélectionneur Brian Ashton prend tout de même la décision lourde de le sortir de son XV de départ pour le quatrième match contre l'Irlande. Sans que celui-ci ne soit blessé, une première depuis le Mondial 1999 neuf ans plus tôt.

Pour ne rien arranger, son épaule la plus sollicitée par des années de plaquage devient de plus en plus douloureuse et la seule solution qui s'impose est l'opération. Résultat : pas de tournée d'été avec l'Angleterre et cinq mois hors des terrains. La fin des espoirs ? Le retour de la grande poisse ? Tout à fait ! Après une si longue attente, il ne lui faut même pas quatre matchs pour rechuter lourdement. À Gloucester, son genou gauche est massacré sur un regroupement. Les examens révèlent un arrachement de la rotule. Non seulement il devra patienter six mois de plus après avoir été opéré mais il n'est même pas sûr de pouvoir poursuivre sa carrière à l'issue de ce nouvel exil, tant la blessure est sérieuse.

Même s'il est rassuré sur ce point en fin de convalescence, il comprend que la tournée des Lions britanniques se fera sans lui et prend un premier coup sur la tête. Il réalise aussi que son statut d'éternel blessé et son gros salaire commencent à poser sérieusement problème à son club de Newcastle. En fin de contrat, il sait que son président ne serait pas contre son départ. Malgré les fortes attaches sentimentales qui le lient aux Falcons, il se résout donc à partir et envisage une expérience à l'étranger. En France ? L'idée ne lui déplaît pas !

Le bruit d'un Wilkinson disponible commence alors à circuler dans les bureaux des présidents du Top 14. Lorsqu'il arrive aux oreilles de Mourad Boudjellal, le patron du Rugby Club Toulonnais qui est remonté au sein de l'élite quelques mois auparavant, celui-ci voit l'opportunité de réaliser un énorme coup, se met immédiatement sur l'affaire et en avise Philippe Saint-André, l'entraîneur qu'il a recruté pour la saison à venir, et son futur adjoint Aubin Hueber, déjà au club. Et leur réaction n'est pas l'effusion de joie escomptée.

« Avec Philippe, on avait déjà bossé sur le recrutement pour la saison prochaine », raconte Hueber. « On avait profité d'un match du Tournoi pour rencontrer Felipe Contepomi, un international argentin confirmé, titulaire avec le Leinster *(qui remportera la H-Cup cette saison 2008-2009)*. Du très lourd donc. Mais ensuite Mourad nous a fait part de son envie de recruter Jonny et on a accueilli la nouvelle disons… fraîchement. D'abord parce qu'on avait obtenu la venue de Felipe, et aussi parce que Jonny était régulièrement blessé depuis deux ans et qu'on pouvait difficilement se permettre de monter notre équipe autour d'un joueur si souvent absent. Mourad nous a dit : "Si je le fais, c'est aussi pour l'image que Jonny va apporter à Toulon." Quand il nous a annoncé que c'était signé, on s'est dit avec Philippe qu'on n'était pas dans la merde ! On lui a dit : "Si on retrouve le grand Jonny Wilkinson, en pleine possession de ses moyens, c'est tout bon pour nous, mais on a un doute." »

Une signature qui était pourtant loin d'être acquise d'avance. Plus de dix ans après, le président Boudjellal n'a rien oublié de la bataille qu'il a livrée : « J'arrive en dernier car la concurrence, Bayonne et le Racing de mémoire, avait déjà formulé des offres. Quand je sais qu'il n'est plus sous contrat avec Newcastle, je me dis que je dois tenter ma chance. En me disant que ça avait tout d'un coup extraordinaire car soit ça marchait sportivement et j'avais le meilleur joueur du monde chez moi, soit ça ne marchait pas à cause des blessures mais ça ne me coûterait rien. »

L'homme fort du RCT obtient une première entrevue avec le joueur, qu'il décide d'emmener déjeuner à l'Endroit, un restaurant huppé de bord de mer situé à Hyères. « Quand je rencontre Jonny pour la première fois avec son père, je me rends compte qu'ils sont venus par courtoisie mais mon sentiment est qu'il ne va pas signer chez moi. Je vends en tout cas au mieux mon club, l'ambiance, la région et je pense que j'arrive à les séduire. Du moins, ils acceptent de revenir pour voir l'ambiance d'un match. » Comprenant que l'Anglais n'était pas insensible au cadre proposé par la côte varoise, Boudjellal joue la carte à fond à la seconde entrevue, où Wilkinson est assisté de son agent français Laurent Quaglia. Par une journée magnifique, le président toulonnais tient ensuite sa promesse en emmenant son hôte au stade Mayol pour assister à un match des Rouge et Noir contre Perpignan, en n'omettant pas de prendre le chemin le plus long pour lui faire apprécier la vue de la corniche et des plages.

Arrivé à Mayol, « Wilko » insiste sur un point, la discrétion, souhaitant à tout prix rester incognito. Raté, les caméras le repèrent rapidement et une clameur s'élève des tribunes. Gêné, presque vexé, l'ouvreur s'éclipse avant la fin de la partie et a l'idée saugrenue de se réfugier dans un bar du port de Toulon pour retrouver l'anonymat. Pas vraiment l'inspiration du siècle, quand on connaît la ferveur de la ville pour son club de rugby. En le voyant reprendre l'avion pour l'Angleterre, Boudjellal n'est sûr de rien, d'autant que le joueur lui fait comprendre qu'il a besoin d'un temps incompressible pour se décider. Il s'arme alors de patience, jusqu'au dénouement heureux.

« La fin de saison approche et arrive un match à Dax, à deux journées de la fin. Trente minutes avant le coup d'envoi, je reçois par mail le contrat que j'avais transmis à Jonny, signé. Quand la partie démarre, je suis le seul avec mon épouse à être dans la confidence et je me dis que je viens de signer celui qui sera sûrement le plus grand joueur de l'histoire du Top 14. On gagne ce match *(22-12)* et je savais, en plus du fait qu'on jouerait la saison suivante en Top 14, que le destin du club allait changer. » Avec un nouveau statut presque inéluctable, le RCT s'apprêtant à passer à l'ouverture de Sébastien Fauqué, joueur honnête de Top 14, à deux pointures internationales, Felipe Contepomi et Jonny Wilkinson.

L'Argentin, qui s'attendait à ce qu'on lui confie les clés du camion toulonnais, reçoit un seau d'eau glacée sur la tête avant même d'avoir posé ses valises sur la Rade. « Philippe *(Saint-André)* a dû avertir Felipe et arrondir les angles en lui disant que c'était la décision du président mais que Jonny était régulièrement blessé et qu'il aurait du temps de jeu en 10. À la sortie, le soleil varois a fait que Jonny ne se blessait pas, qu'il était même énorme et on s'est retrouvés à devoir mettre Felipe soit sur le banc soit à un poste de centre ou d'arrière. Forcément, il l'a mal pris et s'en est souvenu deux ans plus tard en ne levant pas l'année optionnelle prévue dans son contrat. »

Car oui, Wilkinson, dont l'agent a bien négocié son bail de deux ans, fait taire les doutes de son staff dès le début de cette saison 2009-2010. Même s'il rate trois coups de pied au but, il claque aussi un drop pour son premier match, sur la pelouse du Stade français, ce qui suffit à raviver la mythologie Wilkinson auprès du public. Son corps ne le trahit pas et il peut enchaîner. Après 9 journées de championnat, dont 7 en tant que titulaire et une comme remplaçant, il n'est toujours pas blessé, soit sa plus longue série depuis 2003. Son intégration, facilitée par les nombreux anglophones de l'équipe, dont son ancien coéquipier à Newcastle Tom May, est une réussite.

À Toulon, Wilkinson fait tout de suite l'unanimité et impressionne par son professionnalisme : « C'était un mec réservé mais quelle machine de guerre ! » se souvient Aubin Hueber. « Il arrivait une heure avant le début de l'entraînement et partait deux heures après tout le monde. Lors des matchs de Challenge européen, on choisissait de l'emmener en tant que remplaçant en sachant qu'il ne jouerait pas ou très peu, car on savait très bien que sinon, il passerait son week-end à buter. »

Une seule anecdote témoigne d'ailleurs à la fois de ce besoin obsessionnel de taper jour et nuit, de son souci extrême du détail mais aussi d'une personnalité à part dans le milieu du rugby : « Mon fils Enzo venait aux matchs et c'est lui qui pilotait la voiture télécommandée qui amenait à Jonny le tee pour buter », raconte encore l'ancien demi de mêlée international français. « Du coup, Jonny demandait régulièrement à mon fils de venir s'entraîner avec lui et d'apporter la voiture télécommandée pour reproduire les conditions de match à Mayol. Là où Jonny avait aussi ce côté simple et humain, c'est que pour les dix-huit ans d'Enzo, il lui a fait la surprise de venir au restaurant et manger avec nous. »

Sans surprise, son début de saison sans accroc lui rouvre les portes de la sélection, désormais menée par Martin Johnson, avec qui il a remporté le Mondial 2003. Il joue la tournée d'été puis revient pour le Tournoi des Six Nations, mais quelque chose cloche. « Wilko » s'adapte mal au nouveau système de jeu prôné par l'ancien deuxième ligne et manque de repères avec la nouvelle génération d'internationaux anglais qu'il connaît peu. Démarré en tant que titulaire, il termine la compétition sur le banc, poussé sur la touche par son ancien coéquipier à Newcastle Toby Flood.

Des déboires qui l'affectent mais qu'il oublie aussi en rentrant dans le Var, son nouveau havre de paix. Avec l'envie décuplée de prouver encore et toujours : « Au-delà de ses capacités de buteur, ce qui nous a le plus surpris chez lui est son implication sur l'aspect défensif », relate Aubin Hueber. « Je n'avais jamais vu un joueur de son gabarit mettre les tampons qu'il mettait. Sur un match où il y avait du gabarit en face, on voulait faire passer Sonny Bill Williams en 10 sur les phases défensives afin de le protéger un peu. Refus catégorique ! Il voulait montrer l'exemple à ses coéquipiers et ne voulait pas entendre parler d'être protégé. »

Avec son courageux Anglais, le RCT survole le championnat. Ses 18 victoires en 26 matchs le qualifient directement pour les demi-finales. L'adversaire est Clermont, troisième de la saison régulière. Les deux opposants se livrent un duel extraordinaire dans l'enceinte bouillonnante de Geoffroy-Guichard, à Saint-Étienne. Alors qu'ils sont au coude à coude, l'ASM prend un avantage qu'on croit décisif à moins de 12 minutes de la sirène grâce à un essai non valable du pilier géorgien Davit Zirakashvili. Mais Toulon réagit par l'intermédiaire de son centre néo-zélandais Sonny Bill Williams et les deux équipes ne sont plus séparées que de 3 points quand Jonny Wilkinson a la balle de l'égalisation au bout du pied à 5 minutes du terme, sur une pénalité de près de 50 mètres. Sans trembler, il envoie Clermontois et Toulonnais en prolongation.

Mais alors que tout le monde attend un drop de Sir Jonny dans le temps additionnel, c'est son homologue australien Brock James qui lui dame le pion en réussissant un chef-d'œuvre de 55 mètres. Un coup fatal aux Varois qui s'inclinent 35-29.

Déception immense pour tout un club qui a toutefois l'occasion de se consoler le week-end d'après pour la finale du Challenge européen. D'autant plus qu'elle se joue à « domicile » puisqu'au stade Vélodrome de Marseille, face à une équipe de Cardiff plus faible sur le papier. Ceux qui doutaient encore de l'influence majeure de Wilkinson sur le jeu du RCT allaient obtenir une réponse cinglante.

Les hommes de Philippe Saint-André débutent bien la rencontre et se montrent supérieurs à leurs adversaires. Le magicien néo-zélandais Sonny Bill Williams ouvre une première brèche qui permet aux siens de mener de 7 points après transformation (13-6). Et puis en début de seconde mi-temps… patatras ! Les avants toulonnais obtiennent une pénalité facile pour Wilkinson en face des poteaux mais l'Argentin Juan Martin Fernandez Lobbe décide, contre le jeu, de la jouer rapidement. Dans la continuité de l'action, « Wilko » hérite du ballon mais n'a pas le temps de dropper et se fait retourner par le flanker Martyn Williams. Une douleur le saisit dans le dos mais il se refuse à sortir du terrain.

Quelques secondes plus tard, le RCT récupère une pénalité en coin mais subit la double peine. Non seulement son buteur anglais la rate de peu, mais il achève son dos, reste au sol et doit renoncer à continuer. Une terrible perte pour le duo Saint-André – Hueber qui n'a pas inscrit son remplaçant naturel Felipe Contepomi sur la feuille de match. C'est le tournant de la partie car sans véritable 10 de métier, Toulon se met à balbutier, Cardiff reprend confiance, renverse son adversaire et remporte la finale 28-21. Ou comment tout perdre en une semaine.

Un échec tout de même à relativiser pour un club qui, l'année précédente, était promu et s'était avant tout concentré sur le maintien. Avec sa pléiade de stars et malgré les départs des deux Néo-Zélandais Tana Umaga et Sonny Bill Williams, on se dit que le RCT ne peut que gravir les échelons la saison suivante, ce qui n'est pas le cas. En H-Cup, il termine certes premier d'une poule composée du Munster, des Ospreys et des London Irish, mais bute sur l'obstacle catalan de l'Usap (29-25) au stade olympique de Montjuïc en quart à l'issue d'un match longtemps très serré malgré deux pénalités de 50 mètres de Wilkinson.

Le même Wilkinson qui a tant manqué à son club durant le Tournoi des Six Nations, pendant lequel il demeure le remplaçant de Toby Flood. Avec l'Anglais, qui prolonge son contrat de deux ans – on parle d'un salaire annuel de 800 000 euros qui en fait de loin le joueur le mieux payé du Top 14 –, le RCT joue son va-tout pour arracher une qualification en phase finale qui se dispute cette saison-là dans un mouchoir de poche. Malheureusement pour lui, les Varois passent à côté de leur « huitième de finale » lors de la dernière journée à Montpellier (27-3). En gagnant dans l'Hérault, un barrage à domicile les attendait mais leur défaite à 0 point les condamne à une huitième place très décevante.

À la déception s'ajoute aussi une double inconnue durant l'été : une complémentarité à reconstruire à la charnière avec la retraite de Pierre Mignoni et l'arrivée au club du Castrais Sébastien Tillous-Borde, mais surtout l'officialisation du départ de Philippe Saint-André, appelé par la FFR à devenir le successeur de Marc Lièvremont à la tête des Bleus après la Coupe du monde. Mourad Boudjellal s'active alors à lui trouver un successeur et sait qu'il doit frapper un grand coup, d'autant plus que le début de saison 2011-2012 n'est pas bon. Et là encore, le président varois va avoir du nez en jetant son dévolu sur Bernard Laporte, qui n'avait pourtant plus dirigé une équipe depuis 2007 et la fin de son mandat avec le XV de France.

Jonny Wilkinson suit de son côté toutes les transactions depuis la Nouvelle-Zélande, où il s'apprête à disputer sa dernière compétition majeure avec l'Angleterre : la Coupe du monde. Bonne nouvelle pour lui, son sélectionneur Martin Johnson a revu ses plans et décide qu'il sera son titulaire à l'ouverture. Mais la compétition prend des tournures inattendues pour le XV de la Rose. Après un premier match moyen contre l'Argentine gagné (13-9), mais marqué aussi par des échecs au pied du Toulonnais, certains joueurs se lâchent. On évoque pêle-mêle un lancer de nains, une femme de chambre harcelée sexuellement et surtout, un écart du centre et homme marié Mike Tindall, avec une ex-petite amie. Son épouse étant la petite-fille de la reine Elizabeth II, les tabloïds anglais se font les choux gras des quelques clichés volés et montent l'affaire en épingle. En pleine Coupe du monde, Martin Johnson doit dépenser une énergie folle à gérer ce « scandale » en conférence de presse, ce qui rejaillit sur la sérénité de son équipe.

Se sortant difficilement de son groupe, à l'image d'un Jonny Wilkinson toujours laborieux sur ses tirs au but, le XV de la Rose se réconforte en se disant que la France, qui se dresse sur sa route, est un adversaire qu'il a su éliminer lors des deux Coupes du monde précédentes. Mais le proverbe « jamais deux sans trois » ne va, cette fois, pas se confirmer. En alignant à la fois « Wilko » en 10 et Flood en 12, Martin Johnson espérait un jeu plus aéré mais ses soldats vont se prendre les pieds dans le tapis. Menés 16-0 à l'issue d'une première période désastreuse, ils ne peuvent que limiter la casse ensuite (19-12). Il n'y aura pas de 20e match en Coupe du monde (en 4 participations) pour Jonny Wilkinson. Il n'y aura pas non plus d'autre match avec l'Angleterre. Cette 91e sélection, loin d'être celle qu'il espérait, est aussi la dernière. Après avoir discuté du sujet avec son président Mourad Boudjellal, il l'annonce officiellement au mois de décembre. Pour le plus grand plaisir du RCT, à qui il peut désormais se consacrer exclusivement, et pour son nouveau coach Bernard Laporte, le premier et à jamais le seul technicien à avoir eu le privilège de disposer à 100 % du maestro.

Une bonne nouvelle de plus pour l'ancien sélectionneur des Bleus, qui se voit confier une véritable Ferrari. Aux stars déjà présentes s'ajoutent en effet Mathieu Bastareaud, Bakkies Botha, Matt Giteau, Steffon Armitage ou encore Rudi Wulf. Mais Sir Jonny obtient très vite une place à part dans le cœur de Laporte, et pas simplement du fait de leurs confrontations passées.

« C'était pour moi que des mauvais souvenirs, Jonny Wilkinson ! » se rappelle-t-il. « L'Angleterre nous avait battus deux fois en demi-finale de Coupe du monde et il avait beaucoup contribué à nos défaites. Ça a été un hasard mais surtout un privilège de le recroiser. Le côté bizarre est que je gagne ensuite avec celui qui m'a fait perdre tant de fois par le passé. Je ne connaissais pas l'homme, juste le joueur et rien ne m'a surpris à son contact. Il se disait dans le milieu que c'était un mec qui bossait beaucoup, avec énormément de sérieux et c'était exactement ça. J'ai découvert un homme extraordinaire, sympathique, généreux, d'une humilité incroyable. Vraiment un grand mec. »

Soulagé de la pression du XV de la Rose, l'Anglais peut entamer sa reconstruction après l'épisode Coupe du monde : « Je suis revenu marqué du Mondial, c'est vrai, car je n'accepte pas les échecs », avoue-t-il au *Figaro* un peu plus tard. « Je garde des regrets à propos des résultats et de la fin de l'aventure de ce groupe, cela a marqué ma carrière. Jusque-là, j'avais toujours essayé de garder les choses positives. Là, j'ai cherché, mais c'était compliqué. Tout était difficile, les matchs comme les entraînements… Revenir à Toulon m'a sauvé la vie ! »

Reconnaissant, il redouble ainsi d'efforts pour son club, et les effets bénéfiques ne se font pas attendre. Le RCT termine premier avec de la marge de sa poule de Challenge européen, où figure notamment… Newcastle. Sur le banc pour son retour à Kingston Park, il ne rentre d'ailleurs pas mais a l'occasion de se rattraper au retour à Mayol avec une victoire retentissante contre la lanterne rouge de la Premiership (36-10). Sur sa lancée, le RCT ne fait qu'une bouchée des Harlequins en quarts (37-8) mais la demie face au Stade français est bien plus indécise.

Pour sortir les Parisiens, Jonny Wilkinson doit enfiler ses habits de lumière. Alors qu'il a déjà brillé au pied avec pas moins de sept pénalités marquées et un drop, ses partenaires s'en remettent à lui pour éviter la prolongation. Message reçu par l'Anglais qui claque un drop à moins de deux minutes du terme et envoie Toulon en finale. Deux ans après la désillusion du Vélodrome contre Cardiff, l'occasion est trop belle pour encore la laisser filer. Même face à un Biarritz olympique qui compte lui aussi quelques grands noms du rugby mondial (Harinordoquy, Yachvili, Marconnet, Ngwenya, Traille, Thion) mais qui était en détresse jusqu'à la mi-saison en Top 14 avant de remonter la pente.

Au Stoop de Twickenham, il n'y a ni favori ni outsider sur le terrain. Du jeu d'avants, pas beaucoup de spectacle, et un duel de buteurs au programme. Celui du BO, le demi de mêlée Dimitri Yachvili, est en grande forme. Wilkinson suit le rythme malgré un raté et réussit même un drop qui remet les deux clubs à égalité

(18-18) tandis que le sien venait d'essuyer deux périodes d'infériorité numérique. Cette fois, c'est sûr, le costume du héros va revenir au champion du monde 2003 ! C'est du moins ce qu'espèrent les supporters de la Rade. Mais une erreur d'arbitrage va couronner un autre héros. Au sol dans son camp, Yachvili se rend coupable d'un geste d'antijeu sur son homologue Sébastien Tillous-Borde qui doit être sanctionné d'une pénalité et offrir la balle de match à Wilkinson. Sauf que l'officiel anglais Wayne Barnes ne la voit pas, laisse le jeu se poursuivre et accorde, quelques secondes plus tard, une pénalité à Biarritz dans le camp varois. Et c'est le même Yachvili, heureux d'être passé entre les gouttes, qui, auteur de tous les points de Biarritz, parachève son 100 % au pied et scelle le sacre des Basques (21-18).

Un nouveau coup dur mais pas le temps de pleurnicher que se profilent déjà les phases finales du Top 14 où Toulon, 3e de la phase régulière, reçoit le Racing-Métro en barrage. Le RCT se remobilise, élimine dans la difficulté les Franciliens à Mayol (17-13), puis prend sa revanche de la saison 2009-2010 contre Clermont en demie (15-12) grâce à 15 points de Sir Jonny et une pénalité de 50 mètres un peu trop courte de Morgan Parra après la sirène. Un dénouement qui met d'ailleurs dans un état second le président Boudjellal, ivre du bonheur d'avoir ramené son club en finale du Championnat de France, 20 ans après le titre de 1992. Les larmes seront d'un autre acabit une semaine plus tard au Stade de France contre Toulouse.

Avec une génération dorée au sommet de son art, les Haut-Garonnais sont encore un peu trop forts pour le RCT et ses stars. Malgré une fin de match très chaude, le champion reste champion (18-12) et les Varois inconsolables d'avoir perdu deux finales en trois semaines. Wilkinson est un des plus abattus dans le vestiaire, selon les dires de son président, et ne peut contenir ses larmes. Même si Toulon a « changé *(sa)* vie », il lui a aussi coûté cher en chagrin en l'espace de trois ans.

En sport, on dit souvent qu'il faut payer pour apprendre et le RCT a désormais suffisamment appris. Place à la conquête avec encore plus de stars pour aller enfin chercher un titre. Les Anglais Delon Armitage et Andrew Sheridan, les Français Frédéric Michalak et Maxime Mermoz ou encore le Sud-Africain champion du monde en 2007 Danie Rossouw viennent compléter le prestigieux tableau. Quant à « Wilko », il revient plus motivé que jamais mais se pose aussi, à trente-trois ans, la question de la retraite. Toujours soucieux du regard des autres sur ses propres performances et sensible au petit bruit qui circule autour de Mayol selon lequel le RCT jouerait mieux avec le virevoltant Matt Giteau à la baguette, l'Anglais s'interroge. Sa hantise : être choisi sur la feuille de match pour ce qu'il a pu être autrefois et non pour ce qu'il peut apporter à l'équipe dans l'instant présent.

Il fait part de ses questionnements à Bernard Laporte et Mourad Boudjellal, qui s'empressent aussitôt de le convaincre de continuer. Il faut dire que ses prestations ne plaident pas pour un arrêt à la fin de la saison. Meilleure réalisateur de l'exercice 2011-2012, il poursuit sur son rythme d'enfer, lui le bras armé du saint triptyque de Laporte : grosse défense, gros pack, gros buteur. Au-delà de ça, l'entraîneur du RCT souhaite élargir le champ d'influence de sa star. Il voit en lui celui qui fera le lien avec l'actuel capitaine et insiste auprès de son joueur, plutôt réticent au départ, à endosser cette responsabilité au fil des semaines.

Sur le plan des résultats, Toulon fait un tabac. Six victoires d'affilée pour démarrer le Top 14, une seule défaite sur les 10 premières journées, 5 succès sur les 5 premières rencontres de la phase de poules de la H-Cup, dont un retentissant 62-0 contre Sale à Mayol, qui lui assure la première place… le rouleau compresseur rouge et noir écrase tout sur son passage.

Rassuré sur son physique et son niveau de jeu, Wilkinson prolonge officiellement son contrat d'une saison à la fin du mois de mars. Question timing, c'est juste avant un quart de finale de coupe d'Europe qui s'annonce rude à Mayol contre le Leicester de Toby Flood, celui qui a souvent poussé Sir Jonny sur le banc de l'équipe d'Angleterre à partir de 2010. Un joueur revanchard qui pensait avoir le champ libre en sélection après le départ de son mentor mais qui a vu le jeune prodige des Saracens Owen Farrell lui être préféré par le nouveau sélectionneur Stuart Lancaster.

Toulon est secoué d'entré et se voit mené 9-0 à la suite de trois pénalités de Flood avant de retrouver ses esprits, bien aidé par un carton jaune pour en-avant volontaire infligé au même Flood. Toujours en retard à la pause (6-9), le RCT se décrispe en seconde période et reprend l'avantage grâce au travail de ses avants et à la précision de son buteur anglais.

« Dès qu'ils auront le dessus, il prendra trois pas de recul, et claquera un drop avec son pied gauche ou droit en plein milieu des perches », professait Flood quelques jours avant le match et il ne s'est pas trompé. Durant la dernière minute du temps réglementaire, tandis que Leicester est à seulement 3 points de son adversaire mais doit défendre dans ses 22 mètres, l'ancien de Newcastle se place pour exécuter son geste phare et décoche un éclair du pied droit qui scelle la marque : Wilkinson 21, Leicester 15. Pour la première fois de son histoire, le RCT se hisse dans le dernier carré de la plus prestigieuse des Coupes d'Europe.

Pas une fin en soi pour un club qui prétend désormais tout gagner. Mais l'étape suivante est de taille : les Saracens, équipe montante de Premiership, à Twickenham. Très vite, les médias se focalisent sur le match dans le match entre Jonny Wilkinson et Owen Farrell. La légende du XV de la Rose des années 2000 face à celui dont on prédit un avenir similaire. Et une image forte va symboliser ce duel des générations. Alors qu'il ne reste que 7 minutes à jouer et que Toulon, plus fort en mêlée, a pris 6 points d'avance grâce à une pénalité de plus de 50 mètres de son buteur, ce dernier, sur un nuage, claque un drop très difficile qu'il n'a que très peu de temps pour armer. Celui qui le chasse n'est autre que son héritier Owen Farrell.

Depuis le sol, les deux hommes regardent la trajectoire parfaite du ballon. Le gamin de vingt et un ans comprend que le match est perdu et pose sa tête sur la poitrine du maître qui lui donne à son tour une accolade pour le consoler, comme pour lui dire : « Ne t'inquiète pas petit, ton heure viendra. » Le score final est 24-12 en faveur du RCT qui, comme en quart, a vu tous ses points inscrits par le même homme. À Twickenham, l'antre du rugby anglais, l'assassin est, comme le veut l'adage, revenu sur le lieu du crime !

À bientôt trente-quatre ans, le voilà redevenu aux yeux de tous ce qui se fait de mieux en Europe à l'ouverture. Même pour Warren Gatland, le sélectionneur du Pays de Galles désigné pour mener les Lions britanniques durant leur tournée quadriennale. Il l'appelle alors pour lui exprimer sa volonté de l'emmener avec lui en Australie mais ce dernier, pourtant très attaché aux Lions, décline poliment. La raison : sa présence était conditionnée au fait qu'il soit disponible dès le premier match de la tournée, le 1er juin à Hong Kong, face aux Barbarians. Soit le même jour que la finale du Top 14, qu'il compte bien atteindre avec son club. Question d'emploi du temps, donc.

Avant d'envisager l'apothéose au Stade de France, « Wilko » a une première finale à disputer. Pour soulever la H-Cup, celui qui est depuis quelques semaines déjà le capitaine régulier du RCT doit battre Clermont lors d'une confrontation franco-française qui a lieu du côté de l'Aviva Stadium à Dublin. D'un côté, le club varois et ses trois finales perdues depuis 2010, de l'autre l'ASM qui a vaincu le signe indien en 2010, année où elle a été championne de France, après avoir perdu toutes les finales qu'elle avait eu à négocier jusque-là.

Après une première période cadenassée (3-3), la balance semble pencher en faveur des Jaunards qui marquent un premier essai par le serial marqueur fidjien Napolioni Nalaga. Clermont s'échappe ensuite grâce à un second essai qui fait polémique. Au milieu du terrain, l'ouvreur australien Brock James tape un petit coup de pied à suivre par-dessus la défense toulonnaise. Wilkinson est en couverture mais est écarté du bras par le centre Aurélien Rougerie, tombe et ne peut donc plus l'empêcher de récupérer le ballon et le redonner à James pour l'essai. À 15-6, l'issue de la finale paraît évidente.

Mais Clermont voit ressurgir quelques vieux démons. Alors que « Wilko » remet son équipe à portée de fusil, l'ASM se crispe et va se faire poignarder. Le centre Wesley Fofana a un superbe ballon d'attaque à négocier. Sur sa droite, Sitiveni Sivivatu, un ailier fidjien véloce qui n'attend plus qu'une passe pour croquer Jonny Wilkinson, seul défenseur à proximité, en vitesse pure. Mais la balle n'arrive pas, Fofana est repris, les Toulonnais mettent la pression pour la récupérer, y parviennent et envoient sur l'extérieur à Delon Armitage, dont le chambrage sur son poursuivant direct Brock James avant de marquer restera une des images insolites de la décennie.

Son compatriote buteur, auteur d'un nouveau 100 %, passe la transformation difficile qui fait basculer Toulon en tête à un quart d'heure de la fin et le score se fige à 16-15. Quatre ans après sa remontée en Top 14, le RCT glane enfin son premier titre sous l'ère Boudjellal. Wilkinson, capitaine de cette constellation de stars, y est pour beaucoup, lui qui a marqué 56 des 61 points de son club lors des trois matchs couperets et termine aisément meilleur réalisateur de la compétition (108 points). Au lendemain du sacre, il est ainsi logiquement désigné par l'ERC (European Rugby Championship), l'instance dirigeante des Coupes d'Europe, meilleur joueur de l'année.

La récompense d'un travail toujours plus acharné chaque semaine à l'entraînement à parfaire par tous les temps sa technique de frappe : « C'était un mec à part et il était badé non seulement par le public mais aussi par tous les autres joueurs car il était le seul à travailler comme ça », assure Bernard Laporte. « Sa vie, c'était entraînement – maison – entraînement – maison. Quand on partait en bus à l'extérieur, c'était la folie. On se réunissait pour déjeuner, lui était sur le terrain en train de taper. On devait klaxonner pour qu'il arrête et il montait avec son sandwich et sa banane et il mangeait dans le bus. Je me rappelle Bakkies Botha qui prenait des photos pour immortaliser ces moments, tellement cela lui paraissait incroyable. »

Surfant sur la vague de son couronnement européen et porté par un capitaine aux pieds d'or, Toulon réussit la semaine suivante l'exploit de terrasser le champion de France en titre à Nantes (24-9). Malgré deux échecs en première période, l'Anglais ressort de sa boîte peu après l'heure de jeu pour passer un drop puis deux pénalités qui assomment les Toulousains avant que Delon Armitage, encore lui, ne fasse gonfler définitivement l'écart.

Avec cette deuxième finale en trois semaines qui se profile, le club de Mourad Boudjellal a l'occasion de donner une tournure encore plus historique à sa saison. Contrairement à la précédente, il est cette fois clairement désigné comme le favori face à l'outsider castrais. Les paillettes qui prennent le pas sur le rugby du terroir, un premier Bouclier de Brennus pour Toulon depuis 21 ans, peut-être grâce à un ou deux drops de son stratège, l'histoire est presque cousue de fil blanc.

Mais elle va prendre une tournure bien différente. Déjouant les pronostics, le CO parvient à enrayer la mécanique varoise et mène d'un point à l'entrée dans les dix dernières minutes de la partie. Et c'est bien son capitaine et ouvreur à lui et non celui d'en face qui va attirer le feu des projecteurs. Coup sur coup, Rémi Tales claque deux drops qui sonnent comme des coups de tonnerre pour les partenaires de « Wilko ». Au coup de sifflet final de Jérôme Garcès, c'est bien Castres qui succède à Toulouse et prive Toulon d'un glorieux doublé. Encore sous le coup de l'émotion, Sir Jonny livre au micro de France 2 une réaction qui a valeur de promesse : « La déception est immense, une finale de championnat de France est quelque chose de très spécial que tout le monde rêve de gagner et ce n'était malheureusement pas notre moment. On va juste se remettre à travailler très dur tous ensemble pour pouvoir la gagner l'an prochain. »

Sa toute dernière chance, donc, même s'il ne l'a pas encore annoncé. La seule annonce faite à son sujet à l'orée de cette saison 2013-2014, par Bernard Laporte lui-même, est qu'il le nomme comme son capitaine à temps plein. Il devient ainsi un peu plus le patron d'une équipe qui ne cesse de s'étoffer avec des grands noms. Les Sud-Africains champions du monde 2007 Bryan Habana et Juan Smith, le champion du monde en titre néo-zélandais Ali Williams, l'Australien Drew Mitchell, l'Italien Martin Castrogiovanni ou encore la pépite du circuit à 7 Josua Tuisova rejoignent le navire rouge et noir.

Sir Jonny obtient un autre statut à la fin du mois d'octobre, celui d'homme marié. Après huit ans de vie commune, il épouse en effet Shelley un lundi après-midi à Bandol dans la plus grande discrétion.

C'est au tout début de l'année 2014, après avoir entretenu un semblant de suspense, que « Wilko » se décide à clore le chapitre du rugby et en avertit son président. Un moment particulièrement fort pour ce dernier : « Quand il m'a annoncé qu'il arrêtait sa carrière, on était en janvier, c'était un lundi et je m'en souviens comme si c'était hier. Le soir, j'ai fait quelque chose que je ne fais jamais habituellement en semaine. En rentrant chez moi, j'ai ouvert une bouteille de bon vin, j'ai mis de la musique… j'avais le blues, je me disais que c'était la fin d'une belle histoire. » Qui ne peut toutefois se terminer que bien, selon lui.

En attendant le retour des belles températures, Toulon doit faire face à ce moment de la saison à un gros coup de chaud. Lors du premier match de l'année civile, les Varois avaient été cueillis à froid à Mayol par Grenoble (21-22), à la suite d'un essai assassin à deux minutes du terme du Fidjien Alipate Ratini consécutif à une interception sur… Jonny Wilkinson tandis que l'arbitre Laurent Cardona venait simultanément de mettre fin à un avantage pour le RCT. Fou de rage, Bernard Laporte avait déversé sa colère quelques jours plus tard sur RMC : « Il nous vole à chaque fois qu'il nous arbitre, il est nul tout le match et il est nul tout le temps ! » Pas calmé, il en avait rajouté une couche deux jours plus tard après un match de H-Cup gagné contre Cardiff (43-20), le traitant de « pipe » et d'« incompétent ».

Un mois plus tard, le couperet de la commission de discipline de la LNR tombe : 13 semaines d'interdiction de terrain et de vestiaire pour l'ancien sélectionneur des Bleus. Celui-ci a alors dû passer le relais les jours de match à son capitaine, qui ne l'a pas déçu : « Il a été au-delà de mes attentes, en termes de leadership et par sa capacité à fédérer. Il était déjà un leader de terrain, car quand tu t'entraînes beaucoup et que tu es bon, tout le monde te suit et a envie de te ressembler. Mais il est devenu un véritable leader de vestiaire, déjà quand il a accepté le rôle de capitaine en début de saison, puis encore plus quand j'ai été suspendu 13 semaines, que je ne pouvais plus aller dans le vestiaire et que c'est lui qui a pris les choses en main. Il a été extraordinaire. »

Septième d'un championnat de France ultraserré et homogène fin janvier après une défaite à Brive (23-10), Toulon prend les commandes du Top 14 le 1er mars après une victoire-fleuve contre Oyonnax (64-10) au cours de laquelle Jonny Wilkinson marque le dernier essai de sa carrière, après avoir contré une tentative de drop et aplati au bout d'une course de 70 mètres.

En H-Cup, le champion d'Europe fait honneur à son rang et se balade. Facile premier de sa poule, il s'assure un quart de finale à Mayol contre le Leinster. Là encore, il est question de match dans le match entre l'ouvreur anglais et le centre irlandais Brian O'Driscoll, qui va lui aussi raccrocher les crampons en fin de saison. Une de ces deux légendes fera donc ses adieux à la coupe d'Europe à l'issue de cette rencontre.

Mais le duel tourne court. Avant même la demi-heure de jeu, l'Anglais se blesse à la cuisse sur un dégagement en touche anodin. Stupeur dans les travées de Mayol, qui s'en remet au ciel pour que cette sortie de son chouchou ne soit pas la toute dernière. Au score, rien n'est fait (6-3) et le RCT va devoir jouer les deux tiers du match sans son stratège, qui espérait une autre dernière au stade Mayol. L'option naturelle est le replacement de Matt Giteau, premier centre, en numéro 10. Un avant-goût de ce qui attendra l'Australien dès la saison suivante. Et celui-ci se montre à la hauteur, rassurant ceux qui en doutaient encore de sa capacité à prendre la suite du mythe. Toulon fait la différence en seconde période et l'emporte 29-14.

Une bonne nouvelle qui est suivie d'une autre sur la Rade : rien de trop méchant pour Wilkinson, qui sera bien là pour la demi-finale de H-Cup contre le Munster. Au stade Vélodrome de Marseille, là où les Varois avaient impulsé un mois plus tôt une série victorieuse contre le Stade toulousain (32-28) qui se poursuivra jusqu'à la fin de la saison.

À Marseille, « Wilko » signe son retour avec classe. Ses avants obtiennent des pénalités, lui s'occupe du score. Au moment où ses partenaires, réduits à 14, peuvent douter, lui efface les craintes en claquant un drop. Auteur de 15 points en première période, il laisse un instant la vedette à son compatriote Delon Armitage, dont le coup de pied de titan de près de 60 mètres aggrave l'écart (18-9) et fait rugir le Vél' de plaisir. À la fin d'une deuxième période étouffante, l'ancien de Newcastle veut dropper de nouveau mais il est contré. Qu'à cela ne tienne, ses « gros » lui servent sur un plateau une nouvelle chance de tuer le match sur pénalité à deux minutes de la fin, et il ne se fait pas prier. Soit 21 des 24 points inscrits par le RCT qui s'impose 24-16 et s'accorde le droit de défendre son titre face à des Saracens qui ont étrillé Clermont dans l'autre demie (46-6).

Grâce à une dernière victoire aux forceps contre le Stade français, les Toulonnais terminent premiers de la phase régulière de Top 14 et peuvent recharger les batteries durant les barrages dont ils sont dispensés. Tout sauf du luxe avec le programme qui les attend. La première étape est donc la demi-finale de championnat contre le Racing-Métro au stade Pierre-Mauroy de Lille. Un déplacement à l'autre bout de la France pour les supporters varois, qui se donnent du courage en se disant que leurs protégés n'ont jamais été éliminés par les Franciliens en trois matchs de phase finale.

Tout démarre d'ailleurs bien pour les Rouge et Noir qui prennent les devants grâce à un essai casquette dans le premier quart d'heure marqué par l'opportuniste Matt Giteau. Mais les Ciel et Blanc se rebellent et bousculent un RCT qui est bien content de conserver un tout petit point d'écart à la pause. Dans le vestiaire, le capitaine Wilkinson réunit ses troupes pour les réveiller avec un discours en anglais et en français : « Les gars, on va tout changer ! Il faut qu'on garde en tête qu'on mène d'un point dans une demi-finale de Top 14 mais on va changer d'attitude. Je ne veux plus voir des têtes baissées ni des gars qui reculent en défense ou font ça *(il mime d'attraper un adversaire du bout des doigts)*. Non, on va monter vite en défense sur ces mecs comme on a toujours fait ici à Toulon ! On monte, plaquage, bang ! On fait tomber le mec, bang ! On va au ballon et c'est terminé pour lui ! Un peu de respect, les gars, je veux ça pendant 40 minutes ! Changez d'état d'esprit, il nous reste 40 minutes pour le faire ! »

Message visiblement entendu puisque les Racingmen ne marquent plus un point en seconde période. Au contraire de Jonny Wilkinson qui ajoute deux pénalités et crucifie le Racing à dix minutes du terme avec un drop du pied droit parfait. Score final : 16-6. Les deux derniers matchs en carrière de l'Anglais seront donc des finales.

Deux jours après cette demie, il choisit étonnamment de rendre publique l'information de sa fin de carrière imminente, *via* un communiqué court publié sur le site internet du club. « Je souhaite annoncer officiellement ma retraite de joueur de rugby aujourd'hui. Cela va sans dire que j'ai énormément de personnes à remercier pour leur soutien partout dans le monde mais surtout ici en France et en Angleterre. Par contre, ce n'est pas du tout le moment de se concentrer sur ma retraite car je voudrais focaliser toute mon attention et mon énergie sur l'équipe et ces deux derniers matchs de la saison. Je veux sincèrement tous vous remercier pour tout ce que vous m'avez donné et pour avoir fait de ces dix-sept dernières années quelque chose que je n'oublierai jamais. » Du Jonny Wilkinson dans le texte.

Sa tournée d'adieux démarre donc au Millenium Stadium de Cardiff avec une finale de H-Cup alléchante face à des Saracens qu'on présente volontiers comme un monstre. Un monstre qui se fait pourtant mater, si près et pourtant si loin du rayonnant RCT. Méthodique, il construit à sa main une victoire implacable. D'abord grâce à un essai génial de Matt Giteau à 14 contre 15, puis, une fois n'est pas coutume, par un drop de son futur retraité du pied droit, que plus personne n'ose qualifier de mauvais pied. Enfin, quand les organismes adverses sont usés de leur combat face aux tanks varois, des pénalités tombent et font le bonheur de Sir Jonny. 24-6, Toulon conserve son titre avec brio et son capitaine a au moins la certitude de ne pas terminer sa carrière bredouille.

Mais il ne pouvait s'en contenter. Au championnat et à la Coupe d'Angleterre, au Tournoi des Six Nations et à la Coupe du monde ne manquait plus que ce Bouclier de Brennus qui lui avait filé par deux fois entre les doigts. Le brandir pour son dernier match devenait alors son dernier objectif de rugbyman, lui qui s'en était fixé tant depuis presque trente ans. Ce Toulon-Castres, revanche de la saison précédente, s'imposait d'ailleurs aux yeux du monde du rugby et plus encore comme la dernière de Jonny Wilkinson.

Un élément potentiellement déstabilisant pour préparer un match de cette importance, pour le staff comme pour le groupe qui était soudain plus que jamais réduit à un seul élément. Une donnée prépondérante et un défi à la mesure de Bernard Laporte : « J'ai demandé au président qu'on parte de Toulon deux jours avant la finale car je tenais à lui rendre un hommage le jeudi soir. Je lui ai parlé du match incroyable qu'il me fait sur la demi-finale, du bon mec qu'il était et trois ou quatre joueurs ont pris la parole pour dire qu'ils étaient fiers d'avoir pu côtoyer le plus grand joueur du monde. C'était émouvant pour tout le monde, en premier lieu pour Jonny qui avait la larmette à l'œil. »

Pour cet événement à la dimension planétaire, la Ligue met d'ailleurs les petits plats dans les grands avec une arrivée du Bouclier de Brennus au Stade de France dans un hélicoptère de l'Armée de l'air. De quoi lancer un match forcément à part. Mais pourtant assez conforme aux attentes. Du genre diesel, Toulon est cueilli en première période par un essai de l'ailier écossais Max Evans mais réagit en champion grâce, eh oui, à un drop du pied droit de Wilkinson. Son tout dernier. Celui qui donne l'avantage à son équipe (12-10) pour ne plus jamais le perdre. En seigneur, il laisse à dix minutes de la fin la balle de match à Delon Armitage pour une pénalité lointaine qui clôt la marque à 18-10. Un score à la toulonnaise.

Au coup de sifflet final de l'arbitre Christophe Berdos, tous les joueurs du RCT convergent vers leur héros devenu légende. Les enceintes du Stade de France crachent le *God Save the Queen*, et personne ne s'en plaint ! L'Histoire a bien eu un sens, pour reprendre la formule de Mourad Boudjellal, avec une sortie triomphale pour le plus grand joueur de l'histoire du club. Au micro du journaliste de France 2 Philippe Lafon, Mathieu Bastareaud en pleurs, lâche cette phrase qui en dit long : « Cela fait partie des choses que je pourrai dire plus tard à mes enfants : que j'ai joué avec un grand homme. Lui offrir cette sortie-là c'est tout simplement magnifique. »

Salué longuement à la tribune d'honneur, il lève ensuite ce Bouclier avec Matt Giteau, son fidèle lieutenant sur qui il pouvait se reposer sans inquiétude pour mener à sa place le jeu toulonnais et qui a lui aussi tant contribué à installer Toulon dans les étoiles.

De retour sur la Rade le lendemain pour présenter le trophée aux supporters, Wilkinson, qui en avait donc terminé de son incroyable carrière sur ce doublé non moins incroyable, est resté fidèle à lui-même : « Chez Jonny, il n'y a aucun défaut, sauf peut-être que tu ne fais jamais l'apéro avec lui », sourit Bernard Laporte. « Jonny, il ne reste pas ! Quand on a fait le doublé, il y avait 50 000 personnes qui nous attendaient place de la République. Le maire lui a remis la médaille de la ville. Après, on est allés récupérer nos voitures au centre d'entraînement et on s'est donné rendez-vous en ville avec les joueurs. On était dans le même taxi. Je pensais qu'il allait au moins ce jour-là venir fêter avec nous. Et là il me dit : “Eh bien, coach, merci pour tout ce que vous avez fait pour moi, passez une bonne soirée…” Je lui dis : “Comment ça tu ne viens pas avec nous en ville ?” Il me répond : “Non, non je vais rentrer me reposer.” Tu ne le crois pas quand il te dit ça, tu te dis que ce n'est pas possible, qu'il te charrie mais non, il est bien rentré chez lui ! » Une façon bien à lui de refermer un destin tout aussi unique.

II

Martín Bustos Moyano : À la gloire du héros

Martín Bustos Moyano n'a jamais remporté le Top 14. Il n'en fut pas si loin, une fois, en 2011, lorsque lui et son club de Montpellier se sont hissés jusqu'en finale du championnat, mourant à 3 petits points seulement du grand Stade toulousain (15-12). Pourtant, son histoire épique valait bien un léger contournement de la règle qui n'en est d'ailleurs pas un puisqu'il a bien terminé sa carrière professionnelle sur un titre de champion de France, le premier de la Pro D2 décerné à l'issue d'une finale d'accession (le premier de la saison régulière montait jusqu'alors automatiquement).

Elle est une ode à la résilience autant qu'à la fidélité et redonnera de l'espoir à tous ces joueurs de France, de Navarre et d'ailleurs qui connaissent à un moment de leur carrière la mise au placard. Durant sa dernière année de rugbyman, Bustos Moyano a été un de ceux-là. De ces gars qui portent toujours la chasuble des futurs hors groupe à la mise en place et sont privés des odeurs singulières du vestiaire avant les matchs. Ce confinement à l'ombre peu enviable dont il est finalement sorti, au meilleur des moments, pour inscrire un peu plus son nom dans la légende de son club et dans le cœur de ses supporters.

Grâce à ce pied droit magique qu'il a façonné en Argentine, plus précisément à Cordoba, ville d'un autre virtuose du jeu au pied, Diego Dominguez. Mais de l'ancien Parisien il n'en connaissait à vrai dire pas grand-chose. Son truc à lui, à l'instar de bon nombre de ses compatriotes, c'était le foot. Sport qu'il a d'ailleurs pratiqué jusqu'à ses quatorze ans en tant qu'attaquant et pour lequel il n'a jamais perdu la passion. C'est un déménagement de ses parents dans un quartier où ses voisins vibraient plus pour le rugby qui l'a motivé à s'y intéresser et démarrer sa pratique jusqu'à en faire son métier quelques années plus tard. Tout en continuant à suivre assidument les résultats de son club fétiche de Belgrano, il commence ainsi à s'ouvrir à ce sport dont il ignore tout.

Après des débuts classiques à l'aile, ses bonnes aptitudes lui permettent de se rapprocher du poste stratégique d'ouvreur. Sa palette technique s'élargit, il devient vite un joueur important de son club et ses entraîneurs le surclassent en équipe première à seulement dix-sept ans. Par le jeu des sélections régionales, il s'illustre et tape à la porte des sélections nationales de jeunes, à 15 comme à 7. Les défraiements et autres petites primes lui servent ainsi d'argent de poche.

En 2005, il est retenu pour la Coupe du monde des moins de 21 ans qui se déroule « à domicile », dans la cité argentine de Mendoza. Ses coéquipiers s'appellent alors Manuel Carizza, Marcelo Bosch, Horacio Agulla, Agustin Creevy ou encore Santiago Fernandez. Une bien belle génération qui termine sur la troisième marche du podium. Avec quelques cadres précédemment cités en moins, les Pumitas obtiennent un classement moins honorable l'année suivante à Clermont… la première expérience en France du jeune Bustos Moyano.

Ces déplacements répétés un peu partout dans le monde freinent ses études d'avocat, qu'il ne finira d'ailleurs jamais. À défaut de pouvoir briller dans les tribunaux, le natif de Cordoba fait son bonhomme de chemin dans le rugby. Il est ainsi appelé à l'été 2008 par le sélectionneur des Pumas Santiago Phelan pour un match en Afrique du Sud contre les Springboks, à l'occasion des quatre-vingt-dix ans de Nelson Mandela. Il ne joue pas mais côtoie pour la première fois les internationaux « offshore » évoluant pour nombre d'entre eux en France. Quelques semaines plus tard, il est retenu pour participer au Championnat d'Amérique du Sud avec l'Argentine A et dispute un match contre le Chili. À l'aile, avec un certain Benjamin Urdapilleta à l'ouverture et Lucas Amorosino, qui sera un peu plus tard son coéquipier à Montpellier, à l'arrière, pour une victoire écrasante (71-3).

Les bonnes nouvelles s'enchaînent puisqu'il est sélectionné par la fédération argentine pour faire partie du projet Pampas XV, sorte de franchise expérimentale regroupant les meilleurs joueurs évoluant au pays et amenée à s'exporter chez les géants de l'hémisphère sud. Le but ultime, atteint 7 ans plus tard sous le nom des Jaguares, étant évidemment d'intégrer le Super Rugby. Avant cela, la première étape est la Vodacom Cup, compétition sud-africaine disputée par les joueurs non retenus par leur franchise pour la Currie Cup, le plus haut échelon national.

Pour s'y préparer, une tournée en Europe est programmée en novembre 2009, encore sous la bannière Argentine A, en même temps que l'équipe fanion. Durant cette période, une blessure côté Pumas permet à Bustos Moyano, initialement avec l'Argentine A, de faire la navette. C'est à cette occasion qu'il rencontre Fabien Galthié, l'assistant coach français de Santiago Phelan depuis 2008. Séduit par les aptitudes physiques et de buteur de l'aspirant avocat, il le prend en tête à tête pour lui parler d'avenir.

« Il me dit qu'il va prendre en main le club de Montpellier en Top 14 la saison prochaine et que son ambition est de l'amener le plus haut possible. Il me parle aussi de Juan Figallo et Federico Todeschini, déjà au club, et de Santiago Fernandez, qui va le rejoindre la saison prochaine. Il me demande alors si ça peut m'intéresser de le suivre et m'assure qu'il me contactera plus tard. »

L'ailier rentre en Argentine une nouvelle fois sans temps de jeu avec les Pumas mais avec cette piste française en tête. Dans la foulée, il reprend l'avion au début de l'année 2010 direction l'Afrique du Sud pour trois mois et demi de compétition sous la direction de Daniel Hourcade, futur sélectionneur des Pumas entre 2013 et 2018, et Mauricio Reggiardo, ancien pilier bien connu du côté de Castres. Un excellent souvenir partagé avec des « potes » qu'il côtoyait à 7 ou à 15 depuis des années et avec qui il ira jusqu'en demi-finale de cette Vodacom Cup.

Le retour dans son club de Cordoba, dans un championnat toujours amateur, est d'ailleurs un peu rude. Mais il n'en a plus pour très longtemps avec l'amateurisme. Il reçoit en effet par mail une proposition de contrat d'un an plus une année optionnelle avec Montpellier, signée Fabien Galthié. La méthode le surprend mais il accepte sans broncher cette nouvelle vie qui l'attend, en rassurant sa copine de l'époque et future femme qu'il serait de retour au bout d'une saison seulement.

À vingt-cinq ans, le voilà ce qu'il n'avait jamais rêvé d'être gamin : joueur de rugby professionnel en Europe. « C'était un changement énorme pour moi et j'ai même pleuré dans l'avion pour la France. Je ne connaissais presque rien du pays, je ne parlais pas la langue… et puis j'avais toujours vécu au domicile familial. Même si je partais souvent en voyage, je savais que cela ne durait qu'un petit moment. Là, je partais à 11 000 km de ma famille pour un an minimum. »

Hébergé par son compatriote Juan Figallo pendant deux mois, il se dégote ensuite un appartement et découvre la vie en solitaire : « J'avais envie de pleurer presque tous les soirs pendant près de deux mois ! À la maison, j'avais l'habitude que ma mère fasse tout pour moi. La première fois où j'ai dû aller faire les courses, il manquait la moitié des choses. J'ai dû retourner au supermarché une quinzaine de fois durant la semaine ! »

Dans son nouveau club aussi, c'est une plongée dans un bain glacé. « Lors de la première réunion à laquelle j'ai assisté, Fabien Galthié a mis les choses au clair. Il a dit aux joueurs qu'il ne s'exprimerait qu'en français et qu'il leur revenait d'apprendre et de comprendre la langue. À chaque exercice à l'entraînement, je me mettais tout derrière et j'essayais de copier les autres. Mais pour les lancements de jeu, c'était très compliqué et il m'arrivait souvent de ne pas comprendre ce qu'annonçait François *(Trinh-Duc, le demi d'ouverture titulaire)*. J'ai aussi découvert un rythme de travail que je ne connaissais pas. On s'entraînait dur tous les jours, je suis passé de 88 à 83 kilos et au début, je faisais même des siestes de 3 heures en rentrant à la maison tellement j'étais mort. »

Malgré ces quelques difficultés, Bustos Moyano s'accroche. Galthié, qui l'a fait venir, lui laisse le temps de prendre ses marques mais ne tarde pas à l'intégrer dans ses compositions d'équipe, d'autant plus qu'il compte sur lui pour buter. Une fois l'épreuve du premier match passée, contre Perpignan, il ne sort plus du XV de départ et obtient pour cette première saison 21 feuilles de match en Top 14. Un total impressionnant qui plaide à lui tout seul pour la levée de son année optionnelle, à laquelle se rajoute même une saison en supplément.

Son temps de jeu qui tranche de celui avec les Pumas. Appelé pour les tests de novembre en 2010, dont un face à la France à… Montpellier, il doit encore ronger son frein et ravaler sa frustration. Le MHR est pour cela un bon digestif. Ce club qui, les années précédentes, bataillait pour ne pas descendre, vient se mêler cette saison au combat des chefs pour les phases finales.

La raison d'une si rapide métamorphose ? « On avait un super groupe », répond Bustos Moyano. « On était l'équipe professionnelle la plus proche des valeurs du rugby amateur. On aimait passer du temps ensemble et on organisait des soirées tous les week-ends. Cette belle ambiance faisait que des joueurs moyens à la base se sublimaient et réussissaient d'énormes performances, qu'ils n'ont pas pu reproduire ensuite dans d'autres clubs. »

Tirer la quintessence d'un groupe sur le terrain, c'est aussi la récompense d'un staff qui trouve ses marques et impose sa patte. Galthié le technicien est assisté d'Éric Béchu, en charge des avants mais surtout de la gestion humaine de l'effectif. Le bon papa qui, au-delà de ses prérogatives sur les phases statiques et le jeu des « gros », sert aussi de pansement aux entailles plus ou moins profondes laissées par les colères froides et les attaques virulentes de son binôme.

Excellent lors de la phase aller, Montpellier connaît un creux en deuxième partie de saison mais accroche tout de même la sixième place synonyme de barrage grâce à une victoire bonifiée sur Toulon, un concurrent direct, lors de la dernière journée. Un match décisif bien lancé par un essai de l'ailier de Cordoba.

Le MHR savoure sa qualification historique pour les phases finales mais ne compte pas y faire de la figuration. Son adversaire en barrage, Castres, est crédité d'une très belle saison et part largement favori. Pourtant, à l'image de la phase régulière, Montpellier fait déjouer les pronostics grâce, en partie, à la précision de son buteur argentin : « Personne ne croyait en nous et nous sommes même parvenus à nous surprendre nous-mêmes. Durant ce match, je passe une pénalité de 50 mètres et Mamuka Gorgodze *(troisième ligne géorgien, joueur majeur de l'équipe)* était tellement heureux que, dans son euphorie, il s'est rapproché de moi et m'a mis un coup de boule. J'avais la tête qui tournait pendant un moment après ça ! » Une secousse qui ne l'empêche pas d'inscrire tous les points de son équipe au pied dont la pénalité de la gagne à 9 minutes de la fin (18-17).

En demi-finale, les Héraultais héritent du Racing-Métro 92. Dans un stade Vélodrome de Marseille chauffé par le soleil et l'ambiance forcément hostile aux Franciliens, les partenaires de François Trinh-Duc réalisent une première mi-temps parfaite, mènent 23-6 à la surprise générale mais connaissent ensuite un gros trou d'air. De quoi relancer des Ciel et Blanc jusqu'ici aux fraises mais qui refont leur retard et basculent même en tête 25-23 à 5 minutes de la fin. Les Montpelliérains, qu'on croyait bouillis, mettent un ultime coup de collier et obtiennent une pénalité à l'entrée des 22 mètres adverses, côté gauche.

Comme la semaine précédente, leurs espoirs se tournent alors vers leur ailier argentin. La France du rugby va ainsi découvrir la capacité de ce dernier à évacuer la pression. Son coup de pied entre les perches envoie Montpellier au Stade de France. Un moment solennel pour un club qui, il y a encore un an, luttait pour sa survie en première division.

Assis sur le terrain après le coup de sifflet final avec son copain Santiago Fernandez pendant une demi-heure, Bustos Moyano profite du premier très grand moment de sa carrière en France. Venus dans l'Hérault onze mois plus tôt pour grandir en même temps que leur nouveau club, les deux amis vont défier la semaine suivante le grand Stade toulousain pour le gain du prestigieux Bouclier de Brennus.

À leur façon, Galthié et Béchu préparent leurs hommes pour l'événement. Le premier avec des vidéos détaillées sur chacun de leurs adversaires directs, le second avec la puissance de discours poignants. Le jour du match, les Montpellierains croient en leurs chances et les faits vont leur donner raison, eux qui vont mener 7-3 à la mi-temps. Un premier acte durant lequel Bustos Moyano se déchire le mollet mais reste courageusement sur le terrain sur incitation appuyée de son staff, l'adrénaline masquant en partie la douleur. Coïncidence ou pas, il n'est pas du tout en réussite au pied, pas plus que le buteur d'en face David Skrela. Comme en demie, les Héraultais, épuisés par leur saison, ne peuvent maintenir leur niveau en seconde période et se font renverser (15-12), n'inscrivant pas le moindre point lors des 39 dernières minutes de la partie. Si près, si loin…

Comme les Pumas pour Bustos Moyano finalement. Sa déchirure au mollet contractée contre Toulouse l'empêche en effet de se rendre avec sa sélection pour les matchs de juin, au moment où il était sûrement le plus susceptible d'obtenir sa première cape. Une fois encore, ce moment tant attendu est repoussé.

Frustré mais rétabli, il attaque la préparation de sa deuxième saison avec envie. Mais l'état d'esprit du groupe montpelliérain se perd entre fierté d'avoir déjoué tous les pronostics et tristesse d'être passé proche de quelque chose de phénoménal. Il lui faut six matchs la saison suivante avant de retrouver le goût de la victoire. Des débuts chaotiques pour le nouveau président Mohed Altrad. Pour cet opus 2011-2012, Bustos Moyano est, lui, en quête de confirmation et l'arrivée de trois compatriotes dans l'effectif n'est pas pour lui déplaire : son ami de presque 10 ans Lucas Amorosino, ainsi que le pilier Maximiliano Bustos et le talonneur Agustin Creevy, tous internationaux. C'est l'heure aussi de découvrir la prestigieuse H-Cup, dont on dit qu'elle est proche du niveau international.

La bonne ambiance revient en même temps que les bons résultats mais elle va prendre un coup terrible avec l'annonce brutale de la maladie d'Éric Béchu. Atteint d'un cancer du pancréas, le papa du groupe est hospitalisé. Sa santé se dégrade rapidement et l'oblige à prendre du recul : « C'était vraiment dur à vivre pour tout le monde. Il ne pouvait plus venir aux entraînements. Il essayait parfois de revenir mais il était tellement fatigué qu'il devait se mettre sur le côté. C'était très difficile pour nous et encore plus pour Fabien *(Galthié)*, qui le connaissait depuis très longtemps et qui l'avait même entraîné. »

Luttant de façon effrénée contre la maladie, Béchu insiste pour revenir auprès de son groupe au mois d'avril. Le grand public le découvrir alors méconnaissable, avec 40 kilos de moins mais déterminé à reprendre du service. Ses hommes, qui ont certainement puisé dans sa force de caractère pour retrouver le top 6, grâce notamment à une série de 5 victoires consécutives, lui offrent la joie d'une nouvelle qualification pour les playoffs. Avec une cinquième place synonyme de nouveau barrage contre Castres.

La veille du match, Martín Bustos Moyano a la malchance de se tordre la cheville, qui gonfle immédiatement et ressemble à une balle de tennis. À l'image de Béchu, l'Argentin ne veut pas laisser les douleurs le priver d'un tel moment et reçoit des infiltrations pour pouvoir tenir sa place. Amoindri, il ne peut éviter la défaite des siens (31-15). À titre individuel, sa saison, qu'il termine à la quatrième place des meilleurs réalisateurs du Top 14, n'en demeure pas moins une réussite.

Un statut qui légitime une place dans le groupe des Pumas qui va vivre au cœur de l'été une première historique avec l'entrée dans la compétition la plus prestigieuse de l'hémisphère sud : le Tri Nations, qui devient pour le coup le Four Nations. Mais comme lors de chacun de ses appels en sélection, l'ailier montpelliérain n'a pas sa chance.

« C'était d'autant plus frustrant que les résultats de l'équipe n'étaient pas extraordinaires et que ceux qui jouaient à mon poste ne réussissaient pas non plus des gros matchs. J'étais plutôt bon avec mon club en France et je me disais que je méritais au moins une opportunité de montrer ce que je pouvais faire avec l'Argentine. Vingt, quinze, même dix minutes ! J'ai fait tous les déplacements pendant deux mois et je n'ai même pas eu le droit à une petite minute pour m'exprimer. »

Une pilule indigeste à la fois pour le joueur et pour son entraîneur à Montpellier Fabien Galthié, amer d'avoir dû se priver de son ailier buteur pour rien. Un sujet de tension dont l'ancien demi de mêlée des Bleus fait évidemment part à son joueur dès son retour, avec toutes les conséquences que cela pourrait entraîner sur sa place dans l'équipe si cela venait à perdurer.

Pour autant, Galthié n'entend pas se séparer de son ailier, en fin de contrat, et espère le prolonger. Il lui fait parvenir une proposition sans se douter que, dans le même temps, un autre club de Top 14, l'Aviron bayonnais, s'est également positionné *via* son agent, avec un salaire plus important à la clé. « J'en ai fait part à mon président Mohed Altrạd et ce dernier, avec qui j'avais une bonne relation, m'a dit qu'il ferait un effort supplémentaire pour me garder. Je ne sais pas ce qu'il s'est passé ensuite ni les échanges qu'il a eus avec Fabien, mais je n'ai finalement pas eu de contre-proposition. »

L'Aviron emporte donc la mise, ce que le joueur annonce un peu plus tard dans la saison en toute franchise à un média argentin, évoquant un « effort supérieur » des dirigeants basques. L'argent, nerf de la guerre ? En partie, mais pas que : « Fabien est très exigeant, il demande énormément à ses joueurs. Trois saisons avec lui, c'est beaucoup et ça use. Et puis il y avait aussi un challenge sportif intéressant avec une équipe qui comptait déjà de grands joueurs comme Joe Rokocoko ou Mike Phillips. »

Pour ce qui est donc sa dernière saison au MHR, où son compatriote Mario Ledesma remplace Éric Béchu dans ses fonctions d'entraîneur des avants, Bustos Moyano est entravé par une fracture au niveau de la cheville contractée en milieu de saison et qui le laisse sur le flanc de longues semaines. Il n'est pas là notamment pour un match décisif en vue d'une qualification historique pour les quarts de finale de la H-Cup. Une rencontre dans un contexte très lourd puisqu'elle a lieu quatre jours seulement après le décès de Béchu, dans une chambre d'hôpital à Toulouse. Une annonce qui, bien qu'envisagée depuis quelque temps vu l'évolution de la maladie, laisse un groupe sous le choc, comme orphelin de ce papa qu'il avait tant aimé.

Le natif de Cordoba n'est pas plus rétabli en avril pour ce fameux quart de finale, perdu à Clermont (36-14). Il est en revanche de retour pour terminer un championnat dans lequel Montpellier est encore placé dans la course à la qualification. Pour sa dernière à domicile, contre Perpignan, pour le compte de la dernière journée de la phase régulière de Top 14, il laisse d'ailleurs au public héraultais un ultime souvenir de qualité en inscrivant 25 des 50 points de son équipe, dont deux essais. Le tout sous les yeux de son papa. Le dernier match tout court, une semaine plus tard, est lui moins heureux avec une défaite en barrage… à Castres (12-25).

Une belle page se tourne, une autre s'ouvre, et tout est différent. « Je passe d'une grande ville où le sport principal est le foot à une ville plus petite où le rugby fait partie du quotidien des habitants et où il est mal vu, pour les commerçants, de ne pas être partenaire de l'Aviron bayonnais. Cela change pas mal de choses. Et puis il y a ce derby contre Biarritz. Dès qu'on arrive au club, on nous en parle. Ceux qu'on appelle les "pieds mouillés", c'est-à-dire les supporters qui viennent nous voir à tous les entraînements même quand il pleut, disent aux nouveaux dès notre première semaine qu'il faut gagner ce match. C'est un autre monde ! »

Une mise en garde toutefois insuffisante pour le dissuader de louer l'ancienne maison de son compatriote Marcelo Bosch, joueur du BO parti à l'été pour le club anglais des Saracens. Une villa située à Anglet mais à la frontière avec Biarritz, à quelques encablures seulement du stade Aguiléra. Proximité avec l'ennemi qui lui vaudra quelques courriers vindicatifs dans sa boîte aux lettres et même quelques jets d'œufs sur sa voiture.

Le décor planté, l'Argentin découvre aussi un discours ambitieux. Avec ses quelques joueurs de dimension internationale, le club basque, huitième lors de la saison 2012-2013, veut franchir un palier et rêve tout haut de qualification. Mais au rugby peut-être un peu plus encore que dans les autres sports collectifs, une belle équipe sur le papier n'est finalement pas grand-chose sans âme ni cohésion. Et il manquait sûrement un peu des deux à Bayonne pour que les promesses dépassent le stade de promesses.

« Au bout de trois matchs, on a compris que le discours des entraîneurs *(Christian Lanta et Christophe Deylaud)* ne passait pas et que la saison serait longue. L'ambiance dans le groupe n'était pas bonne non plus, avec d'un côté les étrangers et de l'autre les Français. Le fait d'avoir désigné un capitaine étranger *(l'Australien Mark Chisholm, 58 sélections)* n'aidait pas non plus selon moi. »

Des divisions devenues fracture à la suite d'une affaire extrasportive qui fait grand bruit. Début octobre, soit même pas deux mois après le début du championnat, trois joueurs majeurs se présentent alcoolisés à une séance vidéo le lendemain d'un match de Challenge européen. Il s'agit de Dwayne Haare, Stephen Brett et Mike Phillips. Si les deux premiers n'écopent que de « simples » amendes, le Gallois, déjà dans l'œil du cyclone pour des problèmes similaires, se voit infliger la sanction suprême : le licenciement. Une décision forte, logiquement très commentée par la France du rugby vu la notoriété du demi-finaliste de la dernière Coupe du monde et qui déchire en interne.

Parallèlement à cela, Bustos Moyano apprend la démission du sélectionneur argentin Santiago Phelan dont le successeur n'est autre que Daniel Hourcade, son ancien entraîneur du temps des Pampas. Plutôt une bonne nouvelle donc *a priori*, d'autant plus que ce dernier assure ne pas vouloir toucher au groupe retenu par son prédécesseur pour les tests de novembre, dans lequel se trouve le néo-Bayonnais. Et pourtant, il y est purement et simplement retiré, sans coup de fil, lettre, ni aucune forme d'explication. Le glas brutal d'une carrière internationale qui n'a jamais démarré. Le regret d'une vie.

Côté club, pour ne rien arranger au climat ambiant, le président et actionnaire majoritaire Alain Afflelou jette l'éponge au mois de février. Son successeur, Philippe Neys, promet du changement mais ne reste en poste qu'une quinzaine de jours avant de prendre lui aussi la poudre d'escampette et de laisser à son vice-président, Emmanuel Mérin, la tâche de remettre de l'ordre dans ce chantier sans nom.

Sans liant, l'Aviron doit se résoudre au fil des semaines à abandonner ses rêves de grandeur pour livrer une autre bataille, moins glorieuse, dont il se croyait épargné. Si le voisin biarrot, en grande difficulté cette année-là, est rapidement décroché et condamné à descendre, la guerre fait rage entre Oyonnax, Grenoble, Perpignan et Bayonne pour éviter le deuxième wagon pour la Pro D2. À 3 journées de la fin, les Basques, treizièmes, sont au pied du mur. Un match capital les attend contre le Stade français, encore candidat au top 6. Pour l'occasion, la rencontre est délocalisée au stade Anoeta de San Sebastian, en Espagne. C'est ce jour-là que Martín Bustos Moyano va entrer pour de bon dans le cœur des supporters bayonnais.

Sur le banc au coup d'envoi, l'Argentin doit remplacer au pied levé le Fidjien Saïmoni Vaka après même pas 10 minutes de jeu. Malgré un passage à vide dans l'exercice du but les semaines précédentes, il va alors prendre ses responsabilités et retrouver la superbe qu'on lui connaît. En face, en coin, de près, de loin... toutes ses tentatives sont couronnées de succès. Quatre pénalités en première période, quatre en seconde qui font un total de 24 points à lui tout seul. L'Aviron l'emporte 24-19 et revient à hauteur d'Oyonnax, qu'il devance à la faveur de la différence particulière. De quoi respirer un peu avant un déplacement au couteau à Grenoble, un concurrent direct.

Remonté sur son piédestal, l'Argentin va conserver ses habits de matador. Son équipe, larguée en début de match et menée 13-0, revient dans la partie grâce à deux essais de son ailier Marvin O'Connor mais le FCG reprend 6 points d'avance à moins d'un quart d'heure de la fin. Les Bayonnais s'en remettent alors à leur matador pour les sortir de la mélasse. Ce genre de pression qui écrase certains mais le sublime à lui. Une première pénalité en face des poteaux puis une seconde, après la sirène, sur la ligne des 40 mètres côté gauche, donnent un nul presque inespéré. Deux points de plus au classement, qui donnent 50 au total comme Oyonnax et Perpignan pour une triangulaire de folie lors de la dernière journée.

Clin d'œil du destin, ce dernier match de la saison est contre... Castres, comme un goût de déjà-vu pour le buteur argentin. Un défi, aussi, face au champion de France en titre qui peut, en cas de victoire à Jean-Dauger, s'offrir un barrage à domicile. Mais l'Aviron, poussé par son public, réussit le match parfait (23-13) et s'évite de trembler au coup de sifflet final en attendant les résultats d'Oyonnax et Perpignan. Deux concurrents qui s'inclinent tous deux avec le bonus défensif, scénario fatal aux Catalans qui descendent après 103 ans de présence ininterrompue en première division.

Pour les Bayonnais, c'est le dénouement heureux d'une saison interminable et usante psychologiquement. Ayant respecté leur part du deal, ils obtiennent le départ de Christian Lanta, remplacé par l'Argentin Patricio Noriega, dont le parcours, entre l'Argentine, l'Australie et la France, est jugé idoine pour manager le groupe cosmopolite de l'Aviron.

Ce changement laisse à Bustos Moyano et ses partenaires l'espoir d'un renouveau qui les rapprochera de leurs ambitions d'origine. Raté. Dans un Top 14 toujours plus concurrentiel et homogène, l'Aviron n'arrive jamais à accrocher le bon wagon. L'histoire bégaye et annonce un épisode 2 à la guerre sans merci pour le maintien. Comme la saison précédente, il y a un décroché, Lyon et plusieurs clubs à la lutte dans un mouchoir de poche pour éviter la treizième place. Bayonne est de ceux-là.

La fin de saison est suffocante, d'autant plus qu'Afflelou, encore actionnaire du club, annonce son désengagement total, entraînant par la même occasion une baisse significative du budget. Comme un an auparavant, le club basque est lancé dans une course contre la montre pour sortir de cette avant-dernière position dans laquelle il s'est fourré. Mais même en bas de tableau, le rythme est diabolique. Tout va donc se jouer lors de la dernière journée avec, comme un an auparavant, trois clubs menacés : l'Aviron, Grenoble et Brive.

Durant la semaine de préparation à ce dernier match pour la survie à domicile contre La Rochelle, Martín Bustos Moyano doit composer avec une douleur personnelle. Sa femme, enceinte, subit une fausse couche. Contrairement à ce qu'avait pu connaître le Canadien Mike James dix ans plus tôt avec le Stade français, comme raconté plus tôt dans ce livre, l'Argentin ne va subir aucune pression pour tenir sa place. Au contraire, son manager

Patricio Noriega lui propose de rester auprès de son épouse. C'est l'ancien Montpelliérain qui fait le choix d'aller aider son équipe dans cette épreuve, malgré sa peine.

Avec lui, Bayonne remplit sa part du contrat en s'imposant avec le bonus offensif (42-12). Sauf que cette fois, les résultats lui sont contraires. Sûr de décrocher un barrage à domicile et dans l'impossibilité de terminer dans les deux premiers, le Stade français laisse filer son match à Brive, qui gagne aussi avec le bonus offensif. Le CAB conserve ainsi son point d'avance sur le club basque et se sauve. Dans le même temps, Grenoble, pour qui une égalité de points avec Bayonne aurait été synonyme de Pro D2, s'incline chez la lanterne rouge, Lyon, mais accroche un point de bonus défensif (29-24) qui lui permet d'être au final un petit point devant l'Aviron. Enfin, Castres perd largement sur la pelouse du Racing-Métro (53-10) et termine avec le même nombre de points que Bayonne, mais se savait sauvé avant le match grâce à ses 5 points d'avance et, là encore, à une différence particulière favorable.

Les hommes de Patricio Noriega n'évitent ainsi pas la relégation malgré un total record de 52 points, soit à peine 3 de moins que Montpellier, huitième. Mais les malheurs ne s'arrêtent pas là sur la côte basque. Dans la foulée, des informations fuitent dans la presse sur un projet de fusion entre Bayonne et Biarritz, mené en secret depuis déjà quelques semaines par les dirigeants des deux clubs. La descente ne fait que précipiter les choses.

Malgré les démentis fermes pour calmer les supporters furieux des deux camps, tout est déjà ficelé. Bustos Moyano, à qui il reste encore un an de contrat, rencontre même le président et l'entraîneur désignés pour diriger cette nouvelle équipe… Emmanuel Mérin et Patricio Noriega. Les deux hommes lui présentent les contours du projet et le convainquent de signer un contrat de deux ans avec la nouvelle entité basque avant de partir en vacances. « Les pires de ma vie », avoue l'Argentin, encore peiné par la fausse couche de son épouse et obligé de passer plus de temps au téléphone avec son agent et sur Internet pour suivre les évolutions du dossier qu'à la plage. Et pour cause. Les protestations véhémentes des fans de la première heure du BO et de l'Aviron font capoter le projet.

En ouvrant son journal, Bustos Moyano apprend la démission du président Mérin et appelle Noriega sur-le-champ. Ce dernier lui assure qu'il est lui aussi dans le flou et qu'il ne devrait pas continuer l'aventure bayonnaise. Un coup de massue pour le buteur argentin : « J'avais eu des propositions de Castres et Toulouse pour rester en Top 14 mais je ne me voyais pas partir de l'Aviron sur une descente, en laissant le club en Pro D2. Au final, le contrat que j'ai signé avec l'équipe de la fusion n'était plus valide et je me suis retrouvé comme d'autres dans l'inconnu. Lors de la semaine de reprise, nous n'étions que 7 joueurs professionnels à l'entraînement et des Espoirs. Patricio est parti au bout d'une semaine et chaque jour, on voyait des joueurs défiler, venir faire un essai, repartir… »

En un mot, un sacré bazar ! Le nouveau président Francis Salagoïty doit rebâtir sur des cendres. Sa première décision forte est de nommer à la tête du sportif un ancien de la maison, Vincent Etcheto, petit-fils de l'icône locale Jean Dauger. « L'arrivée de Vincent nous a fait beaucoup de bien. Avec le peu de joueurs qui étaient restés, nous formions une équipe de "tricards". Mais la baisse du niveau global a été compensée par l'enthousiasme de Vincent. Il a vraiment changé l'humeur du vestiaire en insufflant de la convivialité et l'envie de faire la fête et partager des moments ensemble. Cela n'avait plus rien à voir. »

À l'inverse des deux saisons précédentes, où les résultats n'étaient pas en accord avec la qualité de l'effectif, l'Aviron parvient à performer avec une équipe composée à la hâte, entre jeunes du cru, rares anciens fidèles au club et les quelques joueurs amateurs ou sans contrat qui étaient les seuls autorisés à venir après la période des mutations. Derrière Lyon seul sur sa planète, Bayonne mène le bal du championnat hors première place.

Deuxième de la phase régulière, l'Aviron se passe de la case barrage et doit négocier une demi-finale à la maison contre Colomiers. Comme d'habitude, l'odeur des matchs de fin de saison donne un supplément d'âme à Bustos Moyano. Alors que les Haut-Garonnais donnent plus de fil à retordre que prévu, le diable argentin, plus utilisé à son poste préféré d'arrière depuis le départ de Scott Spedding à l'intersaison, sort de sa boîte au bon moment. Une prise d'intervalle bien sentie suivie d'une passe décisive dans le bon tempo pour le Néo-Zélandais Kade Poki permet à son équipe de reprendre l'avantage en deuxième mi-temps. Pour ne plus le lâcher grâce en grande partie à un 100 % au pied de son buteur et homme du match.

Pour valider sa remontée, Bayonne doit se défaire en finale d'accession d'Aurillac, équipe surprise de cette Pro D2. Avec un Bustos Moyano diminué car touché aux ligaments du poignet lors de la demi-finale. Mais comme il l'a déjà prouvé par le passé, l'homme n'est pas du genre à renoncer pour des douleurs. Un heureux événement, le matin du match, va de toute façon l'empêcher d'y penser.

« Nous avions rendez-vous au club à 10 heures du matin pour prendre le bus direction Toulouse où se jouait la finale. À 7 heures, ma femme, en fin de grossesse, me dit qu'elle ressent des contractions. Bon… On file donc à la clinique et je préviens le club. Sur place, je vois débarquer le président Salagoïty. Il va parler au chirurgien qui était un grand fan du club, je ne sais pas ce qu'il lui dit mais quand ils ont fini, le chirurgien vient me voir pour me dire qu'il va retarder l'accouchement au lendemain et que celui-ci se fera par césarienne. Et je suis parti à Toulouse avec le président pour jouer la finale. »

Même une telle aventure ne l'ébranle pas au moment de jouer la finale et de taper ses pénalités. Encore moins son poignet solidement bandé. L'Argentin concrétise en points les sept munitions que lui offrent ses partenaires. Un nouveau 100 % au pied, tous les points de son équipe, une remontée en Top 14… mais pas le temps d'en profiter. « C'est comme si j'étais en pilote automatique. Dès la fin du match, je suis reparti sur Bayonne pour rejoindre ma femme. Je n'ai assisté ni à la fête de la remontée ni aux célébrations au balcon de la mairie. » Pendant que ses partenaires noyaient leur joie dans la bière et les chants avec les supporters, lui accueillait dans ce monde la petite Martina avec le sentiment du travail bien fait.

Non content d'avoir grandement contribué au retour de son club en Top 14, Bustos Moyano lui donne même une bille supplémentaire pour exister dans ce championnat. En échangeant avec son ancien coéquipier à Montpellier Jonnie Beattie, il comprend qu'il n'est pas en excellents termes avec Christophe Urios, le manager de son club actuel, Castres, et arrange sa venue à Bayonne auprès de Vincent Etcheto, plutôt satisfait de pouvoir compter sur un joueur expérimenté de Top 14.

Mais le manque de moyens financiers ne permet pas aux dirigeants basques de réussir d'autres coups de ce genre. Avec un recrutement bien trop léger, l'Aviron n'est pas suffisamment armé pour défendre ses chances de maintien. Pire, il perd au bout de trois matchs son buteur argentin pour de longues semaines. Son poignet, déjà entamé à la fin de la saison précédente, se brise. Et l'avis du premier spécialiste fait froid dans le dos. Ce dernier émet des doutes sur la capacité de l'Argentin à pouvoir rejouer au rugby au niveau professionnel.

Heureusement pour lui, l'ancien Montpelliérain ne s'arrête pas à cette première expertise. Au cours d'un échange informel avec l'ailier du Stade français Julien Arias, celui-ci lui révèle qu'il a connu le même problème et lui glisse le nom du chirurgien qui l'a « réparé ». Le rendez-vous est pris dans cette clinique du sport parisienne et le spécialiste en question lui assure qu'il pourra être de nouveau apte à jouer dans 4 mois. Une vision un brin plus optimiste que la précédente !

Durant son indisponibilité, Bustos Moyano assiste à la lente agonie de son équipe. Notamment une série interminable de

9 matchs sans victoire qui ne laisse que peu d'espoir sur ses chances de maintien. À son retour à la compétition, le natif de Cordoba sait déjà que la messe est dite. Comme souvent dans ces cas-là, certains joueurs oublient un peu le collectif pour jouer à fond leur carte personnelle et trouver un contrat ailleurs, ce qui implique d'éviter les grosses blessures à l'approche de la fin de la saison. Le 11 mars 2017, Bayonne se rend à Toulon. Sans pression, puisque le maintien est déjà hors de portée, mais surtout sans l'envie de se faire mal pour une partie des joueurs. Le résultat est sans appel : 12 essais encaissés et un score final indigent de 82-14.

« J'ai commencé à l'arrière et j'ai dû jouer numéro 10 en cours de match pour dépanner. Je me souviens juste d'avoir eu à plaquer encore plus que d'habitude et d'avoir pris deux "culs" par Mathieu Bastareaud. Le pire a finalement été le retour à Bayonne, en bus comme à l'aller pour économiser des frais. Il fallait imaginer l'ambiance durant les 10 heures de trajet… » Une ambiance qui ne s'est pas réchauffée d'un degré à l'arrivée dans la sous-préfecture des Pyrénées-Atlantiques avec la prise de parole du président Salagoïty, qui annonce le départ de Dewald Senekal, joueur de Bayonne de 2012 à 2015 puis entraîneur des avants depuis 2015, à la fin de saison.

Pas de quoi réveiller un groupe qui voyage désormais à vide et rentre les valises pleines. Les trois derniers déplacements sont autant de dérouillées : 52-7 à Lyon, 61-22 à Montpellier et 40-12 à Toulouse pour finir. « Dans le bus pour ce dernier match à Toulouse, certains des titulaires ne voulaient même pas jouer. La peur de se blesser, sûrement. Je n'avais jamais vu ça de ma vie. C'était vraiment très compliqué pour nous qui étions attachés au club. »

Deux ans après, revoilà l'Aviron dans le même bateau. Et ce qui était valable à ce moment-là l'est encore pour Martín Bustos Moyano, en fin de contrat et qui prévient son agent qu'il privilégiera une prolongation à Bayonne en Pro D2 plutôt qu'une nouvelle aventure en Top 14 si un club venait à se présenter. Cela n'arrive de toute façon pas. Sa longue blessure au poignet, son âge, trente-deux ans, et le fait qu'il ne soit pas JIFF (Joueur Issu de la Formation Française) le pénalisent alors que la Ligue nationale de Rugby contraint de plus en plus les clubs à diminuer le nombre d'étrangers dans les effectifs et sur les feuilles de match.

Malgré les résultats, l'entraîneur en chef Vincent Etcheto reste aussi, mais le président Salagoïty lui impose un autre technicien d'expérience réputé pour sa fermeté et censé apporter de la rigueur au groupe : Pierre Berbizier. Etcheto et Berbizier, c'est un peu le feu et la glace. Des personnalités antinomiques dont beaucoup doutent qu'elles pourront s'accorder. Toujours est-il qu'en arrivant, Berbizier doit gérer le cas Bustos Moyano. L'Argentin n'a toujours pas resigné et le rival biarrot, par l'intermédiaire de son entraîneur Gonzalo Quesada, vient de lui faire part de son intérêt. Il le reçoit alors et lui parle non seulement de sa volonté de le garder mais aussi de lui donner plus de responsabilités au sein de l'effectif, dont il souhaite le nommer vice-capitaine. Une nouvelle expérience pour lui. Fidèle à ses engagements, le buteur bayonnais appose enfin sa signature sur un contrat de deux saisons, plus une optionnelle qui sera automatiquement levée s'il participe à au moins 15 matchs durant la deuxième saison. Une clause qui sera un peu plus tard source de discorde.

La saison bayonnaise démarre à Perpignan. En l'absence de Jonnie Beattie, blessé, c'est logiquement Martín Bustos Moyano qui est le capitaine d'une équipe qui doit d'entrée de jeu montrer son caractère et sa ferme intention de remonter en Top 14. Le résultat n'est pas vraiment celui attendu. Les Basques sont laminés à Aimé-Giral (66-6), un score historique pour un premier match d'un club venant de l'étage supérieur. Pour la rigueur que devait insuffler Berbizier, on repassera. Le début de championnat est tout aussi décevant, avec 6 défaites lors des 9 premières journées, dont une à domicile dans le derby basque, et une terrible quatorzième place.

« On avait de grosses ambitions et même pour nous c'était une surprise de nous voir si bas. On faisait réunion sur réunion avec le président et les entraîneurs. Après un match à Vannes, où on avait perdu lourdement (38-22), on est évidemment rentrés en bus, à 3 heures du matin, et on a dû assister à une réunion même pas 6 heures plus tard… » Les résultats finissent par revenir mais l'Aviron, parti de trop loin, ne peut raccrocher le wagon des phases finales. À la mi-avril, le président Salagoïty jette l'éponge. Une AG est convoquée. À l'issue de celle-ci, un notable du coin, Philippe Tayeb, est nommé pour prendre les rênes du club. Son projet est associé à Yannick Bru, libre depuis l'éviction un an auparavant du trio qu'il formait avec Guy Novès et Jean-Frédéric Dubois à la tête des Bleus.

Une arrivée qui acte le départ de Pierre Berbizier. Vincent Etcheto a, lui, le choix de rester et de se mettre au service de Bru et de son staff, ce qu'il accepte. Dès son arrivée au club, l'ancien talonneur rencontre les joueurs dont Bustos Moyano, qui vient d'accueillir son deuxième enfant, Mateo, et assure vouloir s'appuyer sur lui comme un cadre de son effectif pour la saison à venir et celle d'après. Les premières semaines vont d'ailleurs dans ce sens. L'Argentin participe activement aux bons résultats retrouvés de l'Aviron. Mais les choses changent à partir de la phase retour.

« Au cours d'une discussion avec le président, Vincent lui lâche que j'ai une clause de reconduction automatique de 15 matchs et qu'elle est bientôt atteinte. Il n'était pas du tout au courant. À partir de là, M. Tayeb me convoque et me dit que je ne jouerai plus si je ne renonce pas à cette clause. Yannick Bru m'a ensuite dit qu'il était embêté mais qu'il ne pouvait plus me faire jouer tant que je ne renonçais pas à ma clause, sur ordre du président. J'ai répondu que j'étais d'accord, à la condition que je signe un autre contrat. J'étais même OK pour baisser mon salaire. Le président m'a dit qu'il y réfléchirait mais je n'ai pas eu de nouvelles et j'ai passé presque deux mois sans jouer. J'ai fini par recevoir une proposition, qui était basée sur le salaire minimum en Pro D2. J'ai pris ça pour un gros manque de respect. Finalement, pour ne pas avoir à terminer mon aventure avec Bayonne comme ça, j'ai averti le club que je renonçais à ma clause sans contrepartie. »

L'Argentin peut alors retrouver les terrains mais pas pour très longtemps : « Le discours de Yannick a rapidement changé. Il me dit qu'il n'est plus sûr de vouloir compter sur moi pour la saison prochaine. Il était proche du président donc il est allé dans son sens et il a fait jouer ceux sur qui il comptait pour la saison d'après. J'étais forcément très déçu vu ce que j'avais pu faire au club mais après tout, le président ne connaissait rien à l'histoire de Bayonne et son entraîneur, qui n'avait rien fait avec l'équipe de France, ne la connaissait pas non plus. Je n'apprécie pas quand quelqu'un peut te regarder dans les yeux, te dire quelque chose et faire tout le contraire. C'était bien la première fois de ma carrière que je ne m'entendais pas avec mon président et mon entraîneur. »

Dans le sprint final, l'Aviron aspire à terminer dans les deux premiers pour s'éviter un barrage mais marque le pas. Il perd 4 de ses 5 derniers matchs et, ironie du sort, sa seule victoire dans cette période est également la seule fois où Bustos Moyano prend part à une rencontre. Une réception de la lanterne rouge Massy (45-15) dont il se doute qu'elle sera sûrement sa dernière représentation avec Bayonne. Des craintes qui se confirment lorsque Yannick Bru annonce le groupe pour les phases finales.

Faute d'avoir pu terminer dans les deux premiers, le club basque doit passer par un barrage contre Nevers. Plombés par un essai casquette et un carton rouge dans les dix premières minutes, les Nivernais sont distancés et s'inclinent malgré une belle réaction en fin de partie (32-26). Une satisfaction en demi-teinte pour les Bayonnais qui perdent au combat leur vice-capitaine Peyo Muscarditz, victime d'une déchirure aux ischio-jambiers.

Durant la semaine de préparation de la demi-finale contre Oyonnax, Vincent Etcheto joue alors un rôle déterminant pour Martín Bustos Moyano. Souvent isolé au sein du staff sportif, le bouillonnant coach barbu va alors peser de tout son poids pour convaincre Bru de réintégrer l'Argentin dans le groupe. Son expérience des phases finales et la qualité de son jeu au pied sont mises en avant et il obtient gain de cause. L'ancien Montpelliérain est bien couché sur la feuille de match, en tant que remplaçant.

Un gros défi attend les Basques dans l'Ain. Insurmontable, même, pense-t-on à la fin d'une première période où ils se font broyer. Le score à la pause, lourd en faveur des locaux (27-9), laisse à penser que le match est déjà plié. Les supporters de Charles-Mathon en premier : « On les entendait nous chambrer. Ils nous disaient qu'on pouvait déjà sortir le jambon de Bayonne car le match était fini. » Les Oyomen le pensaient sûrement eux-mêmes. Mais la suffisance est l'ennemi du rugbyman. En desserrant l'étau trop tôt, ils ouvrent ainsi la voie à un improbable retour. Deux essais en moins de 20 minutes remettent les Bleu et Blanc à portée de fusil. Le moment choisi par le staff bayonnais pour faire entrer Bustos Moyano.

Le buteur bayonnais qui a démarré la rencontre, en l'occurrence le jeune Manuel Ordas, s'efface pour laisser sa prérogative à la gâchette de Cordoba. Trois minutes après son entrée, elle ne manque pas l'occasion de réduire un peu plus l'écart, sur une pénalité facile qui coûte également un carton jaune aux joueurs de l'Ain. Ragaillardis, les Bayonnais comprennent que le moment est venu d'enfoncer le clou. À 12 minutes de la fin, une longue sautée de l'ouvreur remplaçant Tristan Tedder offre à son troisième ligne Filimo Taofifénua un deux contre un d'école à négocier. Il le fait parfaitement en servant à son intérieur… Martín Bustos Moyano qui s'en va inscrire l'essai qui fait basculer l'Aviron en tête, pour ne plus jamais la perdre. Bayonne l'emporte au final 38-34 en étant revenu d'au moins aussi loin que son Argentin, de nouveau en grâce après des semaines au placard.

Tellement au placard qu'il ne voit d'ailleurs pas pourquoi il y aurait de suite pour lui à cette demi-finale de folie. Le retour du demi de mêlée Emmanuel Saubusse, remis d'une commotion cérébrale, doit logiquement le renvoyer en tribune pour la grande finale contre Brive. Mais Yannick Bru ne l'entend pas de cette oreille. Conscient qu'avoir un buteur d'expérience à sang-froid sera pour lui et sa jeune équipe une arme de choix, l'ancien talonneur va changer son fusil d'épaule et le choisir aux dépens du jeune ailier Aymeric Luc. Écoutant peut-être aussi la voix de Vincent Etcheto qui sait très bien que lorsque le matador enfile son costume de sauveur, il le garde jusqu'au bout.

Il sait aussi gérer ses émotions. Une qualité indéniable pour tempérer la fougue des jeunes et l'excitation d'une finale qui, changement de formule de la Pro D2 oblige, offrira à la fois la montée et le titre de champion au vainqueur. Le tout dans un stade du Hameau de Pau newlook et plein à craquer. Pour l'Argentin, pas question donc de se détourner de ce qu'il s'était promis en début de saison, à savoir de tout faire pour terminer le mieux possible.

Il a d'ailleurs à peine le temps d'écouter la *Peña Baiona* et de s'asseoir sur le banc avec les autres remplaçants qu'on lui fait déjà signe pour entrer dans l'arène. En effet, après seulement 3 minutes de jeu, son jeune coéquipier Romain Barthélémy prend un bon tampon et, secoué, doit sortir pour subir un protocole commotion cérébrale. Brive ouvre le bal sur pénalité mais Bayonne obtient à son tour une opportunité de scorer. « Je ne m'approche pas pour prendre le ballon car je me dis que c'est Manuel *(Ordas)* le buteur désigné, que moi je suis juste là pour quelques minutes et que cela peut le déconcentrer pour après. J'étais assez loin et j'entends Yannick Bru crier : “C'est Martin qui la prend ! C'est Martin qui la prend !” Le temps que j'arrive, il ne me restait plus beaucoup de secondes pour taper et j'ai dû le faire un peu à l'arrache. » À la hâte mais dans le mille, de quoi rassurer son staff et ses partenaires sur sa faculté à répondre présent.

Bustos Moyano repart sur le banc peu après, Barthélémy ayant passé avec succès son protocole, et assiste sans surprise à un combat de boxe entre deux équipes proches qui se rendent coup pour coup. Ordas déjoue quant à lui les craintes de son aîné en convertissant les pénalités qui s'offrent à lui, 3 en tout. Il ne peut en revanche rien pour empêcher le beau mouvement briviste conclu par le Fidjien Sevanaia Galala 10 minutes après le retour des vestiaires. Le CAB repasse en tête après la transformation (13-12) et Yannick Bru choisit cet instant pour utiliser sa carte Bustos Moyano.

Une fois encore, pas de mauvaise surprise. Brive est pénalisé sur le renvoi et l'Argentin, à peine revenu sur le terrain, se charge de la pénalité lointaine. Le chassé-croisé se poursuit donc et le bras de fer tourne légèrement en faveur des Corréziens, qui font un mini break grâce à deux pénalités de Thomas Laranjeira. 19-15, les minutes s'égrènent, la victoire s'éloigne pour les Basques. L'espoir renaît pourtant sur une pénalité glanée en mêlée sur introduction briviste à 6 minutes de la fin. Le temps presse et les Bayonnais sont soumis à un choix crucial : la touche pour tenter d'aller marquer l'essai ou les points sachant qu'ils seront toujours derrière après la pénalité. Le conciliabule accouche sur la deuxième solution, Bustos Moyano s'exécute et rapproche son équipe à un petit point.

Le temps avance encore, plus que 2 minutes à jouer. Bayonne s'évertue à relancer à la main depuis son camp et entrevoit une lueur d'espoir lorsque son centre Romain Barthélémy obtient une pénalité à la suite d'un plaquage haut. Dans la partie de terrain briviste mais tout juste et près de la touche. C'est loin, trop loin pour la tenter, à ce moment du match avec toute la pression que peut engendrer ce coup de pied. Même pour Bustos Moyano qui préfère sagement trouver la touche. Ce sera donc aux avants de faire leur part du boulot pour aller chercher cette montée.

L'alignement briviste se met directement à la faute sur la touche, offrant à Martín Bustos Moyano son ultime rendez-vous avec l'Histoire. Taquin, il se permet même de demander à son demi de mêlée Emmanuel Saubusse s'il souhaite prendre le tir, ce à quoi ce dernier répond logiquement par la négative. Il s'y était préparé au moment même où M. Descottes, l'arbitre de la finale, avait signalé la pénalité précédente. Le public bayonnais aussi, faisant gronder depuis les tribunes des « Argentina, Argentina ! » qu'il avait déjà initiés durant la partie mais qui là se font assourdissants.

Pression vous dites ? Le matador n'a, lui, qu'une idée en tête : attendre la sirène pour ne pas être dérangé au moment de son coup de pied. Une fois le coup de klaxon passé, plus rien ne peut l'écarter de son glorieux destin. Tandis qu'il ne reste plus un ongle à ronger aux jeunes sur le terrain et sur le banc, le troisième ligne Antoine Battut, ami de Bustos Moyano dont il est de la même génération, enlève sa chasuble et dit à ses coéquipiers : « C'est bon les gars, c'est Martín , il va la mettre, on est champions ! » Une prédiction osée mais réaliste.

« Quand je tape le ballon, j'entends au bruit que j'ai réussi ma frappe et je me retourne presque tout de suite vers le banc car je sais qu'elle va passer. » La légende dit que Vincent Etcheto, après avoir couru pour se mettre dans l'axe des poteaux, a été à la réception de ce tir parfait. « Il faut se rendre compte de la dose d'émotion qui te parcourt à ce moment-là, quand le stade explose et que tous tes coéquipiers viennent t'embrasser. Ce n'est que 10 minutes après, avec ma femme et mes enfants, que j'ai pu réaliser que je venais de terminer ma carrière sur ce moment incroyable. »

Dans la zone mixte du Hameau, tous ses partenaires n'oublient pas d'avoir un mot pour leur héros. À l'évocation de son nom, son ami Antoine Battut fond même en larmes, se remémorant ses premières joutes face à lui presque 15 ans auparavant lors de la Coupe du monde des moins de 21 ans.

Son entraîneur Vincent Etcheto, un de ses derniers soutiens au cœur de la tempête et également non conservé par le club pour la saison prochaine, y va aussi de sa tirade : « C'est symbolique que ce soit Martin qui nous offre la montée, lui qui était en difficulté cette année par rapport au temps de jeu. Je l'adore ! Il rentre et il est décisif. Comme quoi, il ne faut pas jeter les gens aux orties. » Face à ce tourbillon, même le président Philippe Tayeb s'oblige à un éloge feutré et laisse carrément entrevoir une suite. Dans les jours qui viennent, alors que les journaux continuent de titrer sur ce héros dont il ne voulait plus, il lui propose ainsi un poste de consultant pour le jeu au pied pour la saison à venir.

Offre qui reçoit sans surprise une fin de non-recevoir de la part de l'Argentin : « On ne partageait pas les mêmes valeurs avec certaines personnes au club et j'ai préféré dire non, tout comme je n'ai pas voulu faire un an ailleurs en tant que joueur alors que ma fille allait connaître sa première rentrée scolaire. Avec le recul, je sais que c'était la meilleure décision. » Un au revoir au sommet de la gloire, en héros de tout un peuple, qui lui vaudra pour quelques années encore quelques ristournes dans les bars et restaurants de la ville.

12

Jerome Kaino : Le meilleur pour la fin

Débarquer à l'autre bout du monde avec, dans sa valise, 81 sélections chez les All Blacks, deux Coupes du monde et quatre sacres internationaux dans l'hémisphère sud (2008, 2010, 2014, 2016) n'est pas rien. Bien au contraire. Mais Jerome Kaino a trouvé à Toulouse la cerise sur le gâteau qu'il était venu chercher. L'indescriptible ivresse d'un sacre au plus haut niveau du rugby de club, lui qui avait certes gagné deux fois le championnat des provinces néo-zélandaises (en 2005 et 2007) avec Auckland mais jamais rien avec la franchise des Blues, dont il a défendu le maillot 14 saisons durant, et pas plus lors de sa courte aventure japonaise (de 2012 à 2014).

Mieux, sa dernière saison de rugbyman a été couronnée par un doublé Coupe d'Europe-Top 14, honneur seulement partagé avec Claude Portolan et Jonny Wilkinson.

Ce 25 juin 2021 au soir, dans les entrailles du Stade de France, un immense ambassadeur du rugby tire sa révérence dans un style qui lui est propre. Alors que les caméras sont braquées sur Antoine Dupont, Cheslin Kolbe ou Romain Ntamack, Kaino progresse discrètement dans la zone mixte, casquette vissée sur la tête, presque surpris qu'un petit groupe de journalistes l'arrête pour le faire bavarder sur cette dernière victorieuse. Sans jamais tirer la couverture sur lui, il évoque sa fierté d'avoir pris part à cette aventure, remercie avant tout ses partenaires pour cette sortie rêvée et jure qu'il va désormais savourer sa nouvelle vie d'entraîneur des Espoirs du Stade toulousain avant de s'éclipser vers le bus où l'attendent ses frères d'armes.

Sur ses épaules, un maillot étrangement bleu et blanc. Celui, à l'instar de ses champions de coéquipiers, du club qui l'a formé. Le blason est celui du Saint Kentigern College d'Auckland, où il a étudié à l'adolescence et surtout affiné ses qualités de rugbyman pour prétendre à en faire son métier. D'où une fierté perceptible de rendre un peu de lumière, juste avant de s'en éloigner quelque peu, à une institution qui lui a fait prendre l'ascenseur social, lui le gamin aux origines modestes dont les parents et ses 5 frères et sœurs ont immigré des Samoa américaines lorsqu'il n'avait que quatre ans.

L'occasion aussi de mesurer le chemin parcouru depuis les faubourgs de Papakura, dans le sud de la capitale néo-zélandaise, où le sport l'a très vite accompagné et détourné d'activités moins louables. En touche-à-tout, il s'essaie d'abord au basket, sans grand succès de son propre avis, puis à l'athlétisme qui développe ses qualités de course. Même à la lutte gréco-romaine, là où il s'inscrit à douze ans à un tournoi regroupant les gamins motivés de son école et de celles des alentours et se hisse jusqu'en finale, battu par un certain… Joe Rokocoko (68 sélections et 46 essais avec la Nouvelle-Zélande). Le point de départ d'une amitié forte qui liera les deux hommes à vie et les emmènera, ensemble, vers les sommets.

En attendant, ils s'affrontent aussi, au rugby à XIII et à XV, que le jeune Kaino pratique également avec cette fois beaucoup de qualités. Ils se retrouvent associés au centre avec la sélection régionale des Counties Manukau. Leur talent leur permet de se voir offrir une bourse d'études pour intégrer le Saint Kentigern College, la même année que John Afoa, lui aussi futur All Black (36 sélections) et grand copain de Jerome Kaino depuis qu'ils ont six ans. Ensemble, le trio perd une finale puis en gagne une autre, officialisant un premier trophée pour l'établissement dans cette catégorie d'âge.

Si Rokocoko, devenu voisin dans le quartier de Manurewa, est un phénomène, Kaino doit d'abord passer par la case du repositionnement en troisième ligne mais n'est pas à la traîne. La première sélection tombe dès l'âge de seize ans, contre l'Angleterre. Silhouette élancée, coupe afro, l'ado se rapproche un peu plus chaque jour d'une carrière professionnelle et les choses s'accélèrent en 2003. Après avoir fait ses classes internationales avec les moins de 19 ans, tandis que Rokocoko était lui déjà surclassé dans la catégorie supérieure, il est retenu pour la Coupe du monde des moins de 21 ans en Angleterre tout comme son ami John Afoa. Il s'illustre et remporte le trophée avec une équipe des Baby Blacks pourtant amputée des trois pépites Dan Carter, Ma'a Nonu et… Joe Rokocoko.

Un fait d'armes qui lui permet d'intégrer non seulement le groupe professionnel du club d'Auckland mais aussi la franchise de Super Rugby des Auckland Blues, tout juste sacrée championne de l'hémisphère sud avec son pote Rokocoko.

En 2004, à vingt et un ans, il connaît ainsi ses premières apparitions en Super Rugby et remet ça avec les Baby Blacks, renforcés par des grands talents en devenir (Luke McAlister, Piri Weepu, Jimmy Gopperth, Ben Smith, Rudi Wulf). Alors qu'il est encore dans la découverte du haut niveau, au contact des stars des Blues que sont Mils Muliaina, Doug Howlett, Carlos Spencer, Rupeni Caucaunibuca ou encore Keven Mealamu – ce dernier étant pour lui un mentor, « le plus impressionnant par sa gentillesse et son humilité, le genre de mec que tu ne veux jamais décevoir et qui m'a grandement aidé concernant la façon d'envisager le rugby » – le natif de Faga'alu termine l'année 2004 en beauté avec une convocation signée Graham Henry, le sélectionneur des All Blacks, pour un match de gala contre les Barbarians. Durant la semaine de préparation, son alarme ne sonne pas et il arrive juste à une séance vidéo, ce qui lui vaut une claque derrière la tête de

Jerry Collins, l'impressionnant troisième ligne aile disparu onze plus tard en France à la suite d'un accident de la route.

Une anecdote qui fait encore sourire Kaino bien des années après : « Je ne dirais pas que Jerry était sévère mais il était très attaché au fait de se donner les meilleures chances pour performer et de préparer au mieux les matchs. Ce jour-là, même si je n'étais pas vraiment en retard, j'ai compris qu'il ne fallait pas que je m'amuse à recommencer ! »

Pour cette première sous le maillot noir, aux côtés de Joe Rokococo et face à une équipe des Barbarians composée de vedettes, à l'image de Matt Giteau, Chris Latham ou Schalk Burger, le flanker d'Auckland fait des étincelles. Sa prestation, récompensée par le titre d'homme du match, est d'ailleurs ponctuée par un essai. Même en rêve, il ne s'imaginait pas une telle entrée en matière. Pas plus qu'il ne s'imaginait devoir attendre un an et demi avant de regoûter à la sélection.

Une opération de l'épaule en 2005 l'en tient en effet écarté mais il peut se consoler avec un premier titre chez les professionnels. Le championnat domestique néo-zélandais que lui et son club d'Auckland remportent en écrabouillant Otago en finale (39-11) avec 6 essais marqués dont un du demi de mêlée Taniela Moa, futur joueur de la Section paloise (de 2011 à 2017) et lui aussi décédé, en 2021, à seulement trente-six ans.

Mais le rêve reprend forme à l'été 2006 avec un nouvel appel de Graham Henry pour disputer la tournée d'été. En l'absence de son principal concurrent Jerry Collins, Kaino grappille du temps de jeu lors du premier test, contre l'Irlande, puis est même dans le XV de départ lors du second, toujours contre le XV du Trèfle, chez lui à l'Eden Park d'Auckland. Deux victoires et une bonne dose de confiance accumulée, mais le retour de Collins pour le troisième test l'éjecte de la feuille de match et il n'est ensuite pas repris pour le Tri Nations ni pour les tests de novembre.

« Je n'avais pas d'amertume car revenir en sélection m'a donné beaucoup de confiance sur ma capacité à évoluer à ce niveau », assure pourtant l'intéressé. « Je connaissais la concurrence à mon poste mais je savais aussi qu'en travaillant dur, j'avais une chance d'y revenir et cela me motivait beaucoup. » Avec des concurrents tels que Jerry Collins, Richie McCaw, Chris Masoe ou Rodney So'oialo, tous les détails comptent pour se frayer un chemin. Si le troisième ligne des Blues n'en a pas encore pleinement conscience, l'hygiène de vie en est un de taille. À ce niveau d'exigence, les trois ou quatre petites bières qu'il sirote après les matchs avec les copains du club ou en milieu de semaine lors de ses jours off dans les troquets nocturnes de la capitale néo-zélandaise, et qui seraient largement du domaine de l'acceptable pour un jeune de son âge, sont déjà de trop. Ce qui passe encore en Super Rugby ne passe plus au sein de l'institution frappée de la fougère.

« Je ne me préparais pas à cette époque comme un professionnel le devrait et le rugby de très haut niveau est une succession de détails qu'il ne faut pas négliger », reconnaît-il aujourd'hui. « Il était en mode tranquille durant les premières années », renchérit son ami Joe Rokocoko. « Il a eu le goût de faire partie des All Blacks et quand il a réalisé que son rêve était en train de lui échapper, il a mis plus de sérieux et à partir de là, son nom était parmi les premiers cochés par le sélectionneur. »

Deux ans de plus seront toutefois nécessaires à sa prise de conscience. En 2007, année de Coupe du monde, Kaino et les Blues réalisent une grande saison en Super Rugby où ils atteignent les demi-finales. Dans la foulée, il est appelé pour disputer la Pacific Cup, une compétition laboratoire pour la Nouvelle-Zélande, qui y amène des jeunes joueurs et quelques autres proches de la sélection vitrine sous la bannière des Junior All Blacks, tout comme l'Australie (Australie A) tandis que les Fidji, les Samoa, le Tonga et le Japon présentent, eux, leurs meilleurs joueurs disponibles.

Avec de très bons éléments comme Ma'a Nonu, Wyatt Crockett, Casey Laulala, Stephen Brett et Anthony Tuitavake, la Nouvelle-Zélande écrase les débats. Insuffisant toutefois pour convaincre Graham Henry d'emmener avec lui Jerome Kaino au Mondial en France. De toute façon blessé, il ne se faisait guère d'illusions : « Je savais que la concurrence était telle que même en pleine possession de mes moyens, il y avait peu de chances pour que j'y sois. »

C'est donc à la télévision qu'il suit le parcours des Kiwis de Joe Rokocoko, éliminés prématurément en quart de finale par la France (20-18). Son absence en sélection lui permet de se donner à 100 % en Mitre 10 Cup (le championnat des provinces néo-zélandaises) avec Auckland, qui cartonne cette année-là. Dix matchs, dix victoires et une finale prévue le même jour que la finale de la Coupe du monde où le club de la capitale récupère ses internationaux. Avec Mealamu *and co*, il s'impose 23-14 contre Wellington. « Cela a été une des saisons les plus incroyables de ma carrière. Le fait de terminer invaincu avec un titre au bout était très fort comme expérience. »

En 2008, Kaino bénéficie indirectement d'un phénomène assez nouveau dans le rugby. La montée en puissance économique des clubs français et anglais fait que des stars de l'hémisphère sud choisissent de migrer vers l'Europe à l'issue de la Coupe du monde. C'est notamment le cas de Jerry Collins et Chris Masoe, qui s'engagent respectivement avec Toulon et Castres. Deux portes s'ouvrent en troisième ligne chez les All Blacks et le Samoan de naissance va naturellement s'y engouffrer.

Deux ans après sa première sélection officielle (celle de 2004 contre les Barbarians n'étant pas comptabilisée comme telle), le joueur des Blues revient une nouvelle fois dans la sélection la plus prestigieuse de la planète et enchaîne deux bonnes prestations contre l'Irlande et l'Angleterre. Malheureusement pour lui, un événement hors rugby va compliquer ce retour en grâce. À vingt-cinq ans, son goût pour les sorties nocturnes alcoolisées ne l'a pas encore quitté et une d'entre elles, à peine plus d'une semaine avant le début du Tri Nations, va lui coûter cher. Fin juin, il rentre en voiture au petit matin et emboutit un véhicule stationné. Les dégâts sont légers mais la police arrive sur les lieux et le soumet à un contrôle d'alcoolémie, qui se révèle positif. Le jour même, l'histoire sort dans les journaux locaux et le plonge dans l'embarras.

Au pays du long nuage blanc, on ne plaisante pas du tout avec ce type d'écart, surtout pas chez les All Blacks qui ont valeur d'exemples. Le sélectionneur Graham Henry, reconduit après la Coupe du monde 2007, le convoque avec son staff et un conseil de discipline interne composé de cadres du groupe. Le joueur fautif se confond en excuses, promet qu'on ne l'y reprendra plus et écope d'une sanction étonnante : plus d'alcool jusqu'à la fin de l'année, même pas une bière après les matchs !

Dans le même temps, sa petite amie Diana, enceinte de quelques semaines, revient précipitamment d'un voyage aux Fidji et, furieuse, le met face à ses responsabilités et lui exige des changements. Le déclic dont il avait besoin pour démarrer une nouvelle vie plus en adéquation avec celle d'un joueur de très haut niveau. Quelques jours plus tard, Henry lui tend la main en le titularisant contre l'Afrique du Sud championne du monde, au centre de la troisième ligne. Confiance à laquelle il répond positivement sur le terrain en marquant même un essai. À partir de ce jour, Jerome Kaino, l'intermittent en sélection, devient un international régulier et remporte cette année-là son premier titre avec les All Blacks : le Tri Nations.

Afin de se donner les meilleures chances de perdurer dans le wagon de la sélection, il ne se contente pas de délaisser l'alcool. Il s'entraîne également avec les septistes pour améliorer sa condition physique et être capable de répéter les courses et les efforts à haute intensité tout au long d'un match.

Sur le plan personnel, l'éprouvante année 2008 fait place à un premier trimestre 2009 riche en émotions. Témoin de mariage de Joe Rokocoko, il devient également papa pour la première fois début février d'une petite Milan, la même semaine que son ami ainsi que son coéquipier Taniela Moa. Les trois hommes avaient ainsi de quoi échanger dans l'avion qui les menait en Afrique du Sud quelques jours plus tard pour rejoindre leur équipe des Blues qui y poursuivait sa saison de Super Rugby.

À l'été, un autre rendez-vous attend Kaino et la Nouvelle-Zélande : le XV de France qu'elle accueille lors d'une tournée placée sous le signe de la revanche du quart de finale de Coupe du monde. Le troisième ligne ne dispute pas le premier test à Dunedin. Depuis les tribunes, il assiste à l'exploit des Français (27-22), dont le dernier succès au pays du long nuage blanc remontait à 1994 (2009 est, à ce jour, la dernière victoire française en Nouvelle-Zélande).

« Je me souviens que les Français avaient pratiqué un jeu incroyable, avec de la vitesse, de l'initiative qu'on appelle communément french flair, et nous avions été en difficulté. Après ce match, la presse nationale avait été très sévère contre nous et on savait qu'on n'avait plus le droit à l'erreur pour le test suivant. Cela a été très dur et très serré mais on a heureusement réussi à s'en sortir. » Avec Kaino, les All Blacks lavent l'affront dans la douleur sous la pluie de Wellington (14-10), malgré un essai magique de l'ailier toulousain Cédric Heymans. À défaut de donner de l'assurance aux stars de l'hémisphère sud, ces matchs de juin permettent toutefois à Graham Henry de dégager une troisième ligne type, avec Richie McCaw, Jerome Kaino et le jeune Kieran Read.

Avec ces trois-là titulaires en novembre à Marseille, la Nouvelle-Zélande signe une victoire bien plus convaincante face à la France (39-12), qu'Henry définit même comme l'une des plus brillantes qu'il ait connues avec les All Blacks : « 2009 n'était pas une très bonne année pour nous », se souvient Kaino. « On avait perdu trois matchs, on ne jouait pas très bien et on ne marquait pas autant d'essais que nous l'espérions. On était donc pas mal critiqués et il est évident que cette victoire en France nous a permis de nous reconnecter avec nous-mêmes et ce que nous pouvions montrer par le passé. Je pense que cela a été une des étapes clés dans la construction de notre titre de champions du monde deux ans plus tard. »

Avant l'échéance tant attendue du Mondial à la maison, Jerome Kaino vit deux événements marquants d'un point de vue personnel. Le premier, le 6 novembre 2010, lors d'un test contre l'Angleterre. Il ne le sait pas encore, mais il joue là son dernier match sous le maillot des All Blacks avec Joe Rokocoko. Celui qui a battu tous les records de rendement durant les premières années de sa carrière internationale a en effet perdu peu à peu du crédit après la Coupe du monde 2007. Perturbé par les problèmes de santé de son fils Cypress, il n'a plus pu répondre au terrible niveau d'exigence de son staff et ce dernier test face au XV de la Rose, où il passa complètement à côté au point d'être remplacé avant l'heure de jeu, fut, à vingt-sept ans seulement, son requiem. Le futur Bayonnais et Racingman a certes démarré sa carrière internationale bien plus vite et plus fort que son témoin de mariage, mais il l'a aussi terminée, par la force des choses, bien plus tôt.

Quelques mois plus tard, Jerome Kaino apprend une nouvelle plus réjouissante. Sa compagne Diana attend leur deuxième enfant et ce sera un garçon. Mais il y a un mais. Le terme est prévu pour le 10 septembre… soit le lendemain du match d'ouverture de la Coupe du monde entre la Nouvelle-Zélande et le Tonga. Rater la naissance de son fils ou y assister et renoncer au premier grand rendez-vous de la compétition ? Fragiliser sa place au sein de la sélection la plus concurrentielle du monde ou devoir composer le reste de sa vie avec le regret d'avoir manqué un si beau moment ? Dilemme ! Mais le fait que le Mondial se déroule en Nouvelle-Zélande offre la possibilité d'une troisième solution : avancer la date de l'accouchement. Après concertation, c'est vers ce compromis que se dirige le couple. Le petit Kobe voit ainsi le jour le 1er septembre sous les yeux de son papa, qui peut ensuite se projeter sereinement sur l'incroyable échéance qui l'attend.

Cette naissance semble d'ailleurs le subjuguer. Dans une poule composée de la France, du Japon, du Tonga et du Canada, le flanker d'Auckland, d'habitude peu habitué à marquer des essais, en plante quatre, soit autant que sur l'ensemble de ses sélections précédentes. Les All Blacks finissent logiquement premiers grâce notamment à une victoire aisée contre les Bleus (37-17) mais tout n'est pas tout rose pour autant. La superstar Dan Carter se blesse aux adducteurs à l'entraînement la veille du dernier match du groupe contre le Canada et doit déclarer forfait pour le reste de la compétition. Un immense coup dur, qui s'ajoute au fait que le capitaine Richie McCaw doive jouer sous infiltration pour supporter la douleur aigüe d'un os fracturé au pied et ne s'entraîne pas la semaine.

En quart de finale, les hommes de Graham Henry viennent à bout de l'Argentine (33-10) à l'issue d'une rencontre particulièrement intense. Pour Kaino, ce match comprend un caractère plus personnel puisque c'est le dernier de son ami d'enfance John Afoa avec le maillot noir.

En demi-finale, l'Australie, récent vainqueur du Tri Nations, s'annonce coriace. Alors que le centre Ma'a Nonu met rapidement les locaux sur les bons rails, les Wallabies, par l'intermédiaire de son ailier Digby Ioane, offrent une réponse foudroyante. Sur un ballon de relance, celui-ci casse un premier plaquage, met dans le vent un second défenseur sur un crochet, raffute Keven Mealamu et semble se diriger inexorablement vers la ligne d'essai malgré l'arrière Israel Dagg bien accroché à son dos. C'est alors qu'en sauveur de la patrie, Jerome Kaino fond sur sa proie, plante ses deux pieds dans le sol et soulève le malheureux Wallaby pour l'empêcher de tomber dans la zone de marque. Le véritable tournant d'une partie qui restera ensuite sous le contrôle des Néo-Zélandais (20-6).

Comme prévu par tous les bookmakers, les All Blacks sont donc en finale de leur Coupe du monde et il ne reste plus que la surprenante équipe de France, sauvée des eaux après une phase de poules chaotique et sortie in extremis d'une demi-finale au couteau face à un Pays de Galles vite réduit à 14 (9-8), pour lui barrer la route d'un deuxième sacre mondial. La même France qu'ils avaient rossée en poule. Autant dire que personne ou presque en Nouvelle-Zélande et à peu près partout dans le reste du monde n'envisage un autre scénario qu'un couronnement pépère des Kiwis.

« On lisait partout dans la presse que les Français ne jouaient pas très bien, qu'ils ne s'entendaient pas entre eux, qu'il y avait pas mal de tensions en interne et qu'ils ne pourraient pas rivaliser face à nous. Cette atmosphère de confiance me mettait pour ma part assez mal à l'aise car je me disais que tout ce qu'on disait sur eux ne pouvait que les souder et les rendre d'autant plus dangereux. Nous ne devions surtout pas tomber nous-mêmes dans ce piège de confiance. »

Contrairement aux attentes, les Bleus relèvent pourtant le défi et ce avant même le coup d'envoi, avançant au moment du haka vers leurs adversaires en formant un V, avec leur capitaine Thierry Dusautoir en son centre. Rongés par la pression de cette finale qu'ils ne peuvent pas perdre, les All Blacks, déjouent, tremblent parfois, à l'image d'un Piri Weepu mué en buteur fébrile, sont aussi un peu aidés par l'arbitrage jugé complaisant du Sud-Africain Craig Joubert, mais s'imposent au final d'un tout petit point (8-7). S'ils n'ont pas réussi grand-chose offensivement dans cette guerre de tranchées, les Néo-Zélandais ont toutefois obtenu leur salut grâce à une combinaison brillante en touche dans le premier quart d'heure dont Jerome Kaino était une des clés.

« Le match de poule a été une base de travail importante pour nous durant la semaine. Nous avons étudié leur façon de défendre et de se déplacer en touche et nous sommes arrivés à la conclusion que si notre talonneur envoyait le ballon assez loin sur le deuxième sauteur, moi en l'occurrence, leur deuxième bloc de saut suivrait, créant un espace important avec leur premier bloc de saut qu'il serait intéressant d'attaquer. On l'a tenté et cela a bien fonctionné ! »

Tandis que le talonneur Keven Mealamu lance sur Jerome Kaino, le pilier Tony Woodcock, placé en début d'alignement, converge vers son flanker, qui lui donne instantanément. Comme le staff néo-zélandais l'avait imaginé, le deuxième bloc de saut français est aspiré pour tenter l'interception, le premier bloc, consommé sur le saut, n'a lui pas le temps de réagir et laisse une autoroute vers la ligne d'essai à Woodcock. Du tableau noir et trois coéquipiers chez les Auckland Blues à l'exécution pour un résultat remarquable qui a, au final, décidé du vainqueur.

Son bonheur, le natif des Samoa américaines décide de le prolonger en épousant un mois plus tard la mère de ses deux enfants, sans penser encore au grand changement qui l'attend. Début 2012, l'état de son épaule nécessite une opération qui met fin à sa saison de Super Rugby. Durant sa convalescence, celui qui a alors vingt-neuf ans réfléchit sur la suite à donner à sa carrière et se dit que le moment est venu de découvrir autre chose. Toulon et l'Ulster lui font les yeux doux mais il jette son dévolu sur le Japon, plus proche, et les Toyota Verblitz qui lui offrent un beau contrat d'un an et demi. Un choix important puisqu'il implique une parenthèse avec la sélection, qui ne se refermera pas forcément à son retour.

Il débarque ainsi sur l'archipel nippon avec sa famille et son coéquipier chez les Blues Stephen Brett (futur Bayonnais), venu lui aussi tenter l'aventure avec la franchise basée à Aichi. Une aventure plus culturelle que sportive, même si les deux compères sont proches de connaître une qualification pour les playoffs. Quand il revient au pays en 2014 pour briguer un retour chez les All Blacks, Kaino doit avant tout récupérer les sensations du rugby de haut niveau. « Quand je suis rentré en Nouvelle-Zélande, tout le monde s'attendait à retrouver le Jerome Kaino de la Coupe du monde 2011 mais ce n'était pas aussi simple. Il m'a fallu un peu de temps pour me réadapter à ce niveau de rugby et retrouver les standards qui étaient les miens. Heureusement, plus je jouais, mieux je me sentais. »

Le successeur de Graham Henry, Steve Hansen, n'attend guère pour le sélectionner et en faire un titulaire dès le mois de juin et une tournée de trois matchs contre l'Angleterre, malgré la concurrence de joueurs de haut vol tels Liam Messam, Victor Vito, Steven Luatua ou encore le jeune Sam Cane, qui pointe le bout de son nez. À trente et un ans, son statut de cadre s'impose de lui-même.

Sa présence pour la Coupe du monde 2015 en Angleterre n'est un sujet pour personne. Et comme 4 ans auparavant, son épouse Diana tombe une nouvelle fois enceinte. Sauf que cette fois, le terme est prévu bien après la finale. Pas d'inquiétude donc, si ce n'est celle de laisser sa moitié au pays avec deux enfants en bas âge et le ventre déjà rond.

Ce Mondial 2015 est aussi la dernière danse d'une génération de grands joueurs néo-zélandais. Dan Carter, Ma'a Nonu, Conrad Smith, Keven Mealamu… autant de légendes à part entière du rugby international qui s'apprêtent à boucler la boucle de la meilleure des manières sous le maillot noir. Tous sont plongés d'entrée dans le bain avec un premier match de poule dantesque contre l'Argentine. Incroyables de générosité, les Pumas accrochent les champions du monde pendant près d'une heure dans le mythique stade de Wembley avant de lâcher prise dans le dernier quart d'heure (26-16). La suite du programme, avec la Namibie, la Géorgie et le Tonga ressemble plus à une formalité autorisant une gestion d'effectif.

C'est donc (presque) tout frais que les All Blacks abordent les matchs couperets et un quart de finale face à ce XV de France qui les avait fait frissonner il y a 4 ans de cela. Mais le contexte n'est plus tout à fait le même. Le mandat du sélectionneur Philippe Saint-André est un désastre, mêlant bouillie de rugby, déconfitures et impuissance face aux nations majeures de ce jeu. Surclassés par l'Irlande en poule (24-9), les Bleus arrivent meurtris et conscients de leurs lacunes face à la meilleure équipe du monde. Quand bien même certains ont tenté d'agiter le vieux drapeau du soldat tricolore jamais aussi bon et révolté que lorsqu'il est au pied au mur et a la trouille, la montagne est cette fois bien trop haute.

« Je crois qu'on s'est vraiment bien préparés pour ce match », raconte Kaino. « Sur le plan physique, bien sûr, mais surtout sur le plan mental. Ceux qui y étaient se souvenaient de ce qu'il s'était passé en 2007, au même stade de la compétition et au même endroit *(le Millenium Stadium de Cardiff)* et ont mis en garde sur le fait de ne pas reproduire les mêmes erreurs. La phase de poule, où nous n'avions pas joué aussi bien que nous le voulions, nous a aussi permis de nous dire qu'un déclic était nécessaire lors de ce quart pour nous prouver qu'on pouvait aller au bout. »

Le résultat, à la fois surprenant par son ampleur (62-13) et tellement prévisible pour cette pauvre équipe de France, détone. Le reflet du fossé entre les deux nations, qui poussera les instances dirigeantes du rugby français à mener des réformes de fond pour ne plus vivre pareille humiliation. Les All Blacks abordent leur demi-finale face à l'Afrique du Sud gonflés de confiance mais également conscients que l'adversité serait tout autre.

Face aux Springboks, Kaino montre la voie à Twickenham en inscrivant dès le début du match un essai d'ailier après un raffut monumental sur le jeune mais imposant deuxième ligne Lood de Jager. Mais il se rend dans la même mi-temps coupable d'un geste d'antijeu qui lui vaut un carton jaune et n'arrange pas les affaires de son équipe, menée 12-7 à la pause. Sauf que le meilleur joueur du monde est néo-zélandais et va justifier son statut. Déjà excellent face à la France, Dan Carter, que beaucoup pensaient cramoisi avant le Mondial, enfile sa cape de héros, claque un drop et mène les siens à la victoire. Il en fera de même en finale pour aider sa sélection à battre l'Australie (34-17) et à soulever une nouvelle fois le trophée Webb Ellis.

« Je dois dire que ça a été un privilège pour moi d'accompagner Dan dans les derniers moments de sa carrière internationale. Il n'avait pas pu aller au bout de la compétition en 2011, il avait connu des blessures ensuite mais pour ce dernier rendez-vous, il a tout simplement été incroyable. La façon dont il a joué en quart, en demie puis en finale était tout simplement magique et cela a été un plaisir d'avoir été le témoin de cela. Durant la semaine précédant la finale, le coach avait eu un mot pour Dan mais aussi Ma'a Nonu, Richie McCaw, Conrad Smith et Keven Mealamu qui terminaient également avec les All Blacks. On s'était dit qu'on devait montrer tout notre respect pour ces cinq gentlemen en livrant le meilleur match possible. Dans le vestiaire, après la finale, je les ai regardés et j'ai réalisé que je ne les reverrais plus jamais défendre ce maillot noir, ce qui était assez émouvant pour moi. »

À trente-deux ans, Kaino envisage lui aussi un temps de les imiter. Mais l'envie de jouer d'autres grands matchs internationaux et de pousser le plaisir le plus longtemps possible est trop forte. Il se voit même durer jusqu'à la prochaine Coupe du monde au Japon. Après avoir accueilli la naissance de son deuxième fils, Gray, il repart donc au charbon avec cet objectif en tête.

Le 18 juin 2016 au matin, il reçoit un drôle d'appel visio venu de France. Plus précisément de Rennes. C'est son vieil ami Joe Rokococo, accompagné du vétéran Chris Masoe, qui tient à partager avec lui la joie de leur qualification pour la finale du Top 14 avec le Racing 92, vainqueur de Clermont en demie (34-33 A.P). Ils en profitent pour le motiver à rejoindre les Hauts-de-Seine en lui jurant qu'une place l'y attendait et qu'il n'avait qu'à faire signe pour embarquer dans le bateau ciel et blanc avec eux. La proposition est flatteuse mais incompatible avec son objectif de Mondial 2019. Question de timing.

Pourtant, si le moment n'est pas encore venu de traverser les mers, il est plus proche qu'il ne le pense. Tout va en effet se jouer en 2017. Kaino ne faiblit pas sur le terrain mais va décevoir l'opinion publique néo-zélandaise. Alors qu'il reste sur de belles prestations en juin contre les Lions britanniques et prépare avec sa sélection le premier match du Rugby Championship chez les Wallabies, un journal australien révèle, photo à l'appui, une liaison extra-conjugale qu'il entretient avec un mannequin de l'île. Une affaire privée qui le serait très certainement restée en France mais dont certains médias étrangers se plaisent trop souvent à faire leurs choux gras. Une situation forcément très perturbante pour le joueur, dont les frasques révélées au grand jour mettent en péril son mariage, mais également embarrassante pour la fédération néo-zélandaise, déjà confrontée à une histoire du même acabit avec son demi de mêlée Aaron Smith, pris en flagrant délit de tromperie dans les toilettes d'un aéroport.

Face à la pression médiatique et la nécessité de sauver sa relation, le flanker des Blues est donc prié de rentrer à Auckland en urgence pour « résoudre ses problèmes privés ». Au-delà des dégâts sur sa vie de couple, cette affaire et ce départ précipité de la sélection, qui comptait sur lui, lui causent nécessairement un lourd préjudice sportif. Les remplaçants de qualité ne manquent pas et ceux qui vont prendre sa place, Liam Squire et Vaea Fifita, sauront vite saisir leur chance. À trente-quatre ans, avec ce deuxième dérapage qui fait écho à son contrôle d'alcoolémie positif en 2008, il comprend qu'il sera compliqué pour lui de revenir en odeur de sainteté au sein d'une institution qui se veut exemplaire.

En ramant fort, il parvient à sauver son mariage et même à convaincre Hansen de lui retendre la main au mois de novembre. Il est même titulaire lors du premier test non officiel contre la sélection des Barbarians, au poste de numéro 8. Mais le sort décide de s'acharner sur lui et une blessure sérieuse au genou l'oblige à renoncer au reste de la tournée. La tuile de trop, au plus mauvais moment. Il sent bien que son aventure avec les All Blacks vient de s'achever et une discussion avec Steve Hansen le conforte dans son intuition. Deux choix s'offrent désormais à lui : s'entêter à lutter contre son corps fatigué et la nouvelle génération qui pousse avec peu de chances d'y arriver ou se fixer un nouveau défi. Après réflexion, il opte pour la deuxième solution et privilégie un changement radical avec un départ en Europe.

Son nom circule alors en Top 14 dès le début de l'année 2018 et deux clubs se positionnent pour l'accueillir : le Stade toulousain et le Rugby Club toulonnais. Choix difficile qui requiert de prendre des avis précieux : « Je connaissais le palmarès glorieux de Toulouse, dont on voyait des images de grands matchs européens en Nouvelle-Zélande, et d'anciens coéquipiers chez les Blues ou avec les All Blacks comme Charlie Faumuina, Luke McAlister, Neemia Tialata ou Corey Flynn m'ont dit des choses incroyables sur ce club qui m'ont aidé à faire mon choix. » Le club de Haute-Garonne, qui avait déjà pensé à lui en 2015 pour remplacer son flanker international Yannick Nyanga, rafle donc la mise et l'engage pour deux saisons.

Sa décision est rendue publique au début du mois de mars et il dispute son dernier match à l'Eden Park le 29 juin. Une sortie avec les honneurs puisque les Blues s'imposent 41-17 face aux Queensland Reds devant une foule bien peu nombreuse. Après un dernier essai du tout jeune Caleb Clarke dans les ultimes secondes, les coéquipiers de Kaino l'entourent pour le convaincre de taper la transformation. Le coup de pied, bien qu'à distance courte et presque en face des poteaux, est complètement raté, ni assez haut ni assez droit. Une façon amusante de boucler quatorze années de bons et loyaux services au sein d'une franchise des Blues marquée à jamais par son impact.

À peine le temps de se reposer que le voilà déjà en train de faire ses valises direction le bout du monde. À Toulouse, la barrière de la langue est évidemment un obstacle pour lui et sa famille, surtout au début, mais elle est compensée par un accueil chaleureux et bienveillant, très caractéristique des gens du Sud-Ouest. Une semaine avant la reprise du Top 14, Ugo Mola, l'entraîneur des Stadistes, peut enfin voir à l'œuvre son champion du monde, qu'il souhaite installer au poste de numéro 8, à l'occasion d'un match amical contre la Section paloise au stade Bernard-Laporte de Gaillac. Une mi-temps pour trouver ses marques et justifier les attentes autour de lui. Le deuxième ligne irlandais du club béarnais Dave Foley, séché sur un plaquage destructeur, en fait les frais.

La découverte du Top 14 a donc lieu le week-end suivant à Lyon, l'équipe de son ancien partenaire à Auckland Rudi Wulf, et se solde par un match nul (16-16). La grande première devant son nouveau public à Ernest-Wallon intervient quant à elle lors de la troisième journée et une réception de La Rochelle (33-26). Le troisième ligne néo-zélandais a le bon goût de régaler ses supporters d'une magnifique passe après contact qui impulse le premier essai d'une partie qui en comptera 9 en tout. Très bon durant la première mi-temps, il sort toutefois à la pause et, chose cocasse, son remplaçant, Alban Placines, marque sur son premier ballon. Toujours est-il qu'avec ces quarante minutes pleines de promesses, Ernest-Wallon adopte déjà son All Black.

Mais le Top 14 n'est pas qu'essais et panache. Début octobre, celui qui s'est déjà solidement installé dans le XV de départ d'Ugo Mola expérimente les conditions dantesques *made in France* avec un match terrible contre Agen, sur un terrain balayé par la pluie soutenue et les rafales de vent dont le score final de 10-0 parle de lui-même. Le voilà pleinement baptisé.

Il est toujours plus facile de s'intégrer au cœur d'un groupe qui tourne bien et la première partie de saison est fructueuse en termes de résultats, que ce soit en championnat ou en Champions Cup, que Kaino découvre et où son club prend les commandes de sa poule grâce à des victoires de prestige contre le Leinster, Bath et les Wasps. La province irlandaise a finalement le dernier mot chez elle (29-13), obligeant les Rouge et Noir à disputer leur quart de finale à l'extérieur.

Avant cette échéance, le staff toulousain doit faire face à un problème de taille. Son talonneur et capitaine Julien Marchand se blesse gravement au genou avec l'équipe de France et est *out* jusqu'à la fin de la saison. Il s'agit donc de désigner un nouveau chef de meute et Ugo Mola sonde ses cadres : « Je me souviens qu'il est venu me voir pour me demander qui je voyais le mieux placé pour prendre le capitanat à la place de Julien. Je pensais, à ce moment-là, qu'il voulait simplement avoir mon avis mais deux semaines plus tard, il annonce que je serai le capitaine jusqu'à la fin de la saison. Cela a été un choc pour moi car cela faisait à peine six mois que j'étais à Toulouse. J'avais le sentiment que je devais encore prouver des choses pour prétendre à ce genre de distinction. Mais j'ai aussi pris cela comme un immense honneur. J'étais à la fois excité et conscient de l'énorme responsabilité qui pesait sur moi, d'être le capitaine de ce club mythique, de devoir être à la fois bon sur le terrain et soucieux que l'équipe avance et que les jeunes progressent et tirent l'ensemble vers le haut. J'ai essayé de parler plus en français mais j'ai aussi pu compter sur des relais qui m'ont dit de ne pas m'inquiéter pour cela, qu'ils traduiraient pour moi. Des gars comme Iosefa Tekori, François Cros, Maxime Médard et Yoann Huget m'ont vraiment soutenu dans mon rôle de capitaine. »

Il débute ainsi son mandat d'intérim lors d'un match particulier pour lui. Un déplacement sur la pelouse synthétique du Racing 92, que Toulouse affrontera aussi un mois et demi plus tard en quart de finale de Champions Cup. L'occasion pour les Rouge et Noir de prendre un avantage psychologique sur leurs adversaires et pour Jerome Kaino de croiser la route de son grand ami Joe Rokocoko. Pour sa dernière saison, l'ailier aux 46 essais en 68 sélections avec les All Blacks joue moins avec son club, ce qui explique qu'il n'était pas là lors du match aller à Ernest-Wallon et qu'il ne le sera pas plus quelques semaines plus tard en coupe d'Europe. Pour la première et dernière fois chez les professionnels, les deux enfants du sud d'Auckland se retrouvent donc face à face, à un peu plus de 18 500 kilomètres du terrain sur lequel il formait la paire de centres des Counties Manukau 25 ans plus tôt. Les deux hommes scellent une sorte de pacte de non-agression : pas de plaquage à vous laisser sur le carreau pour l'un et pas de gri-gri mystifiant pour l'autre.

Remplaçant, Rokocoko entre en jeu en début de seconde mi-temps alors que son équipe est mal embarquée. Elle l'est d'autant plus après un nouvel essai toulousain peu avant l'heure de jeu (34-12). Au pied du mur, le Racing a l'occasion de relever la tête sur une touche à 5 mètres de l'en-but. Avec l'aide d'un partenaire, Jerome Kaino stoppe le surpuissant Camille Chat devant sa ligne et a juste le temps de relever les yeux pour voir le prochain Racingman qui va recevoir le ballon à quelques mètres de lui. C'est son pote Joe qui, lancé et tranchant, fonce aplatir le tout dernier essai de sa carrière. Le rugby réserve parfois des drôles de clins d'œil.

À la fin de la partie, remportée par Toulouse (34-29), Kaino et Rokocoko se retrouvent sur la pelouse et immortalisent l'instant. Ils tiennent respectivement dans les bras Milan et Cypress, leurs aînés venus au monde la même semaine, comme ils l'avaient fait 10 ans auparavant avec le maillot des All Blacks alors qu'ils étaient bébés.

Un mois et demi plus tard, c'est un Stade toulousain fort de 14 matchs sans défaite qui retrouve le Racing 92 pour une confrontation explosive. Réduits à 14 pendant près d'une heure à la suite d'un carton rouge contre l'Australien Zack Holmes, les Rouge et Noir de Jerome Kaino réalisent l'exploit (22-21) au terme d'un match fou. L'issue sera moins heureuse en demie face à un Leinster impitoyable (30-12). Une frustration pour des Stadistes qui, dans leur championnat, n'ont pas d'adversaire à leur hauteur. Ils terminent en effet la saison régulière avec un total hallucinant de 21 victoires, seulement 3 défaites et 15 points de plus que le deuxième, Clermont.

En demi-finale, La Rochelle tient tête à l'ogre une heure avant de lâcher prise (20-6). Pour sa première année en France, Kaino va disputer une finale de Top 14 en tant que capitaine. Sur sa route, le Clermont d'Isaia Toeava et George Moala, deux anciens partenaires chez les Blues d'Auckland, tous deux titulaires pour ce choc. Un moment fort mais les épaules du troisième ligne de trente-six ans, déjà vainqueur de deux finales de Coupe du monde, sont suffisamment larges pour gérer l'excitation et le stress. « Je me sentais plutôt calme car je savais de quoi mon équipe était capable et du niveau de rugby qu'elle pouvait atteindre. Nous avions accumulé suffisamment de confiance en notre jeu durant la saison et nous devions juste nous assurer de nous préparer au mieux pour être en mesure de maintenir ces standards qui avaient fait notre force. »

La défense, notamment, impériale à l'image d'un Kaino toujours aussi dur au plaquage. Comme La Rochelle une semaine avant, l'ASM se casse les dents sur ce mur rouge et noir. Le Stade, lui, pique deux fois grâce à son intenable duo Huget-Kolbe, le premier s'offrant un doublé sur deux passes décisives du second. Lorsque Kaino sort du terrain, son équipe mène de 9 points et est sur la voie du Graal. Le Stade toulousain s'impose finalement 24-18 après avoir laissé Clermont sans essai, une première cette saison, et remporte son vingtième Bouclier de Brennus.

Après avoir gravi les marches de la tribune d'honneur, le troisième ligne néo-zélandais a un geste d'une classe peu commune. Alors qu'il doit être le premier à lever le précieux trophée, comme le veut la tradition pour le capitaine de l'équipe vainqueur, lui temporise. La raison ? « Même si j'étais capitaine ce jour-là, j'ai toujours considéré Julien Marchand comme mon capitaine. Quand bien même il s'est blessé durant la saison, il a toujours été là avec nous et c'était mon honneur de le laisser soulever le Bouclier en premier. » Après de longues secondes de négociations, le jeune talonneur ne voulant pas priver son aîné de ce précieux moment, il finit par accepter non sans râler. Sur la fameuse photo pour l'éternité, c'est bien Julien Marchand qui soulève le Bouclier conjointement avec l'ailier Maxime Médard, sous le regard d'un Kaino plus en retrait.

Après 7 ans d'attente, c'est évidemment le feu dans la Ville rose, plus que jamais prête à accueillir en triomphe ses dignes représentants. Le champion du monde 2011 et 2015 découvre avec émerveillement la traversée de la cité sur le bus à impériale, les rues bondées, les klaxons puis la marée humaine place du Capitole, les chants, la bière, la tournée des bars pendant une semaine… Le genre de moments qu'on savoure et garde précieusement au fond de soi pour le restant de sa vie.

Comme la plupart de ses prédécesseurs, le Stade toulousain vit ensuite le syndrome du champion, à savoir une décompression post titre qui se prolonge sur la saison suivante, avec en plus le handicap de devoir faire sans ses nombreux internationaux partis disputer la Coupe du monde au Japon. Sans ses forces vives, il perd 5 fois lors des 8 premières journées. Avec le retour d'Antoine Dupont and co mi-novembre, la donne change forcément. En coupe d'Europe, démarrée en trombe avec un carton plein dans sa poule, et aussi en Top 14 malgré un petit creux durant les fêtes.

Sur le point de retrouver son rythme implacable, la machine toulousaine va être balayée avec toutes les autres écuries de France, d'Europe et du monde par l'ouragan COVID-19. Face à la peur de l'inconnue, toutes les compétitions sportives sont une à une suspendues. Pour ce qui est du rugby, le Tournoi des Six Nations après 4 journées, les Coupes d'Europe au stade des quarts de finale et enfin le Top 14 à l'issue de la 17e journée sont interrompus. Peu à peu, le monde se confine et la France n'échappe pas à cette sinistre réalité. Toutes les vies sont chamboulées et beaucoup d'entreprises se retrouvent en danger de mort. C'est notamment le cas des clubs de rugby professionnels, dont les revenus dépendent en grande partie des recettes de billetterie. Les joueurs sont invités à fournir des efforts salariaux importants pour sauver leur club.

Pour Jerome Kaino comme pour d'autres dans son cas, la situation est même éprouvante : « J'étais en fin de contrat, je ne savais pas si la saison allait reprendre puis, quand elle a été définitivement arrêtée, je me suis évidemment dit que ma carrière se terminait peut-être de cette façon. C'était dur, tout comme le fait d'être confiné mais j'ai aussi pu en tirer du positif. Sur un plan personnel, j'ai pu passer du temps avec mon épouse et mes enfants comme jamais auparavant du fait de mes obligations de joueur professionnel et de tous les déplacements que cela implique. Cette reconnexion à la famille était appréciable. Tout comme il était appréciable de rester en contact avec les joueurs, le staff, le président et les employés du Stade toulousain *via* les écrans.

« Il y avait un suivi important du club qui s'assurait que tout allait bien pour nous à la fois physiquement mais surtout mentalement. Pour ma part, même si j'avais peur de terminer de cette façon, j'ai été rassuré par le coach et le président. J'ai pu les rassurer aussi sur mon état physique et mes intentions et on est tombés d'accord pour prolonger d'un an mon contrat. »

Soulagé, Kaino, du haut de ses trente-sept ans, peut ainsi espérer une sortie sur le terrain, plus en adéquation avec son immense carrière. Pour une dernière saison de l'étrange, conditionnée aux nombres de cas de COVID dans les effectifs, entraînant çà et là des tests quasi quotidiens pour les joueurs et les staffs, des reports à n'en plus finir ou des entraînements annulés ou en petits groupes dès l'apparition de cas dans les effectifs. Surtout, des matchs avec des équipes souvent remaniées au gré des transmissions du virus et qui se déroulent dans le silence assourdissant de stades soumis d'abord à une jauge maximale de 5000 spectateurs puis plus aucun à compter du mois de novembre.

« C'était très bizarre, déjà en arrivant au stade où personne n'était là pour nous accueillir à la sortie du bus et à l'intérieur où le bruit et l'activité des supporters ont toujours été un repère pour nous. Le pire étant de ne pas pouvoir partager nos victoires avec nos supporters. Cela s'ajoutait au fait que nous devions faire le maximum pour être en mesure de jouer, à la fois physiquement mais aussi sur le plan sanitaire en suivant un protocole strict et en prenant toutes les précautions pour ne pas être contaminés. »

Des conditions peu appréciables mais pas au point d'éteindre l'enthousiasme du Samoan de naissance pour ses derniers mois de rugbyman professionnel : « Je soignais les détails pour permettre à mon corps d'être encore apte au haut niveau comme un vieux joueur près de la ligne d'arrivée doit le faire et je m'étais également préparé mentalement à profiter de ces derniers moments, que ce soit à l'entraînement, en match ou en dehors du terrain avec les coéquipiers et le staff. Et puis je ne voyais vraiment pas comment j'aurais pu me plaindre alors que je pouvais continuer à faire mon métier qui était aussi ma passion alors que beaucoup de gens perdaient leur travail à cause du COVID. À côté d'eux, nous étions tous des privilégiés. »

Qualifié pour les phases finales de la Champions Cup 2019-2020, initialement prévue en avril mais repoussée au mois de septembre, le Stade toulousain franchit brillamment le premier obstacle en quart face à l'Ulster (36-8) mais chute au tour suivant chez l'impressionnant Exeter, futur lauréat (28-18). En championnat, le toujours champion de France en titre essaie de faire front malgré l'absence des internationaux, sur le pont pour disputer la Coupe d'automne des Nations, une nouvelle compétition créée par World Rugby pour faire entrer quelques recettes dans les caisses des fédérations sévèrement impactées par la pandémie.

Le 7 novembre, la deuxième période du derby entre Toulouse et Castres vient de débuter et Jerome Kaino tente de percer plein axe. Plaqué par le Tongien Ma'ama Vaipulu, il sent sa cheville craquer lorsque ce dernier s'écrase dessus de tout son poids. Le pire est évité mais il en sera tout de même quitte pour une grosse entorse et quelques semaines à l'infirmerie. De retour fin janvier pour un match à sens unique sur la pelouse de la lanterne rouge Agen (59-0), le vétéran néo-zélandais se blesse à nouveau un mois plus tard, au coude, à La Rochelle. Même en soignant les détails, l'usure de ses 17 dernières années de rugby professionnel se fait sentir et son corps lui rappelle avec de plus en plus d'insistance que la fin de carrière est à la fois proche et nécessaire.

Il revient toutefois à temps pour la phase finale d'une Champions Cup nouvelle formule, rebaptisée par certains coupe COVID tant les défaites sur tapis vert pour causes sanitaires furent légion, occasionnant un classement tronqué. En huitième, Toulouse réalise l'exploit à Thomond Park, dans l'antre vide du Munster (40-33). Un véritable déclic dans la saison des Haut-Garonnais. La semaine suivante, ils enchaînent à Clermont lors d'un quart pluvieux qui fait la part belle aux avants (21-12).

Deux matchs de Top 14 sont placés avant la demie à Ernest-Wallon contre l'Union Bordeaux Bègles. Le deuxième, face au Racing 92, va se révéler particulièrement traumatisant pour les Haut-Garonnais. En cours de partie, leur emblématique ailier Yoann Huget, qui avait annoncé quelques mois plus tôt la fin de sa carrière à l'issue de la saison, reste à terre après un plaquage du jeune Antoine Gibert en bord de touche. Il hurle de douleur. Les acteurs de la pelouse comprennent rapidement la gravité de la chose pour l'ancien Bayonnais. Son tendon d'Achille, dont il se plaignait depuis plusieurs semaines, vient de lâcher. Sa saison s'arrête ainsi, tout comme sa carrière, sur une blessure, sans spectateur. Et c'est toute la France du rugby qui verse sa larme pour ce joueur talentueux, généreux et jovial qu'il était difficile de ne pas aimer.

Dans le vestiaire toulousain, le choc est important. Pour Jerome Kaino, c'est un sentiment mêlé de tristesse, d'injustice et de compréhension toute particulière compte tenu du statut de futur retraité qu'ils partageaient : « Cela m'a beaucoup impacté. Yoann a été un des premiers à m'accueillir au club avec Maxime Médard et Iosefa Tekori. Il était pour moi l'incarnation du club, par son professionnalisme et la passion qu'il mettait dans ce qu'il faisait. C'était trop dur et triste de voir un grand joueur et un bon ami terminer sa carrière de cette terrible manière. »

C'est dans ce contexte pesant que les Stadistes doivent préparer leur demi-finale européenne contre l'Union Bordeaux-Bègles. Des Girondins pénalisés par une préparation tronquée du fait du COVID qui leur a imposé 3 semaines sans jouer. Sous des conditions climatiques similaires au tour précédent, les Rouge et Noir enfilent le bleu de chauffe, sortent les muscles et remportent le bras de fer (21-9). Onze ans après, les revoilà en finale de la coupe d'Europe.

Ugo Mola annonce clairement la couleur lors des deux matchs de Top 14 qui suivent en alignant une équipe très remaniée. Le pari est osé, risqué même car les deux se soldent par des défaites jamais bonnes à prendre pour la confiance, mais qui va s'avérer payant.

L'ultime rempart avant la consécration européenne se nomme La Rochelle. Une équipe forte d'un exploit remarquable en demie : celui de battre l'épouvantail irlandais du Leinster (32-23). Même si elle accuse, en tant que novice à ce stade de la compétition, un sacré déficit d'expérience, les observateurs s'accordent à dire que le rapport de force est équilibré. Côté puissance, il penche même pour les Maritimes et leurs chars d'assaut Levani Botia, Uini Atonio, Will Skelton, Dany Priso ou encore Gregory Alldritt.

« On avait conscience qu'ils avaient plus de densité physique. De notre côté, il était important que chacun élève son niveau d'engagement afin de pouvoir rivaliser avec à cette puissance. » La rencontre se joue à Twickenham, sous une pluie anglaise, ce qui est censé avantager le jeu frontal et donc les Rochelais. Pour pimenter un peu la chose, le retour du public est autorisé à hauteur de 10 000 spectateurs. Pas de quoi remplir l'enceinte londonienne, loin s'en faut, mais assez pour casser complètement le train-train du huis clos.

Comme prévu, La Rochelle appuie avec ses poids lourds mais va perdre l'un deux avant la demi-heure de jeu. Dans un excès d'engagement, le colossal Fidjien Levani Botia charge violemment Maxime Médard, engageant son épaule dans la tête de ce dernier. L'arbitre anglais Luke Pearce n'a d'autre choix que de l'exclure. Pour l'anecdote, Jerome Kaino, pourtant tout près de la collision, ne la voit pas car il est lui-même percuté par-derrière par l'Australien Will Skelton, une demi-seconde avant l'impact.

Malgré son infériorité numérique, le Stade rochelais fait jeu égal avec son adversaire au prix d'efforts héroïques mais est plombé par le manque de réussite de son buteur Ihaia West, ancien coéquipier de Kaino chez les Auckland Blues (de 2014 à 2017), qui touche trois fois le poteau. Lorsque le troisième ligne néo-zélandais de Toulouse est remplacé, peu avant l'heure de jeu, le score est de parité (12-12). C'est à peine assis sur le banc qu'il voit l'Argentin Juan Cruz Mallia débloquer la situation, puis ses partenaires s'employer pour maintenir de l'avance jusqu'au coup de sifflet final (22-17), qui met un terme à ce véritable combat de géants.

Avant même la fin de la saison, Kaino ajoute une des dernières lignes manquantes à son palmarès. Le reste n'est plus que du bonus. Une semaine après le sacre européen, c'est déjà l'heure des adieux à Ernest-Wallon. Sa photo ainsi que celle de Yoann Huget est érigée en géant dans les gradins, sa femme et ses trois enfants sont là pour l'encourager dans ce moment particulier, mais pas les supporters, toujours privés de stade et, ce jour-là, de dernière communion avec leur légende néo-zélandaise.

Un match où il n'est d'ailleurs que remplaçant, choix assumé par l'entraîneur Ugo Mola qui souhaite titulariser Selevasio Tolofua en numéro 8 pour les phases finales. Pour la demi-finale contre l'UBB (encore !), il doit se battre pour, au mieux, une place sur le banc. Mais le staff haut-garonnais doit faire face à une hécatombe en deuxième ligne. Ritchie Arnold, Emmanuel Meafou et, 48 heures avant le match, Iosefa Tekori, déclarent forfait. Le soldat Kaino est donc appelé à réintégrer le XV de départ toulousain pour dépanner dans la cage. En espérant que sa bouteille compensera son inexpérience à ce poste, où il n'a joué qu'une ou deux fois en sélection et très peu aussi avec Auckland.

Dans ce match au parfum de revanche, les deux équipes semblent au coude à coude. Lorsque Kaino est remplacé en début de seconde période, le Stade mène 14-10 mais sent le souffle chaud de la menace. Le couperet tombe juste après la sortie de l'ancien All Black, avec un essai de l'ailier girondin Ben Lam qui permet à sa formation de reprendre la tête. Jerome Kaino ne peut plus désormais compter que sur ses coéquipiers pour lui offrir un dernier round au Stade de France. Heureusement pour lui, l'avantage au score bordelais est très vite remis en question par un plaquage haut de l'international samoan Ulupano Seuteni sur Romain Ntamack, sanctionné d'un carton rouge. Le scénario de la finale de Champions Cup se répète. Les 14 Girondins livrent un combat exemplaire mais c'est le club de la Ville rose qui a le dernier mot dans ce quatrième derby de la Garonne de la saison (24-21).

Toulouse peut donc défendre jusqu'au bout son trophée et Kaino boucler en beauté dix-sept ans de rugby professionnel. Durant la semaine, les messages affluent pour le féliciter pour l'ensemble de sa carrière et lui souhaiter bonne chance. On lui fait parvenir un disque dur externe contenant une vidéo de près de 45 minutes compilant des témoignages de ce type d'anciens partenaires à Auckland ou chez les All Blacks ainsi que des amis et de la famille restés au pays.

Chaque réveil le rapproche désormais un peu plus de ce moment à la fois attendu et redouté : « J'ai essayé de ne pas me laisser submerger par les émotions en me concentrant juste sur le fait de profiter au maximum. La veille du match, on nous a fait la surprise de nous remettre les maillots de notre club formateur et cela a été particulièrement émouvant pour moi de recevoir celui de mon université à Auckland. C'était l'occasion pour nous tous de marquer une nouvelle fois l'histoire du Stade toulousain tout en se souvenant de là où on vient et de ce club qui nous a permis de concrétiser notre rêve. »

Les retours en seconde ligne de Ritchie Arnold et Iosefa Tekori le renvoient sur le banc de touche. Sa dernière finale est aussi la première qu'il ne débute pas. Même adversaire qu'en finale de Champions Cup, mêmes conditions climatiques mais contrairement à la bataille de Twickenham, les débats penchent cette fois ostensiblement d'un côté. Les Rochelais se trompent de stratégie, les Toulousains, eux, sont méthodiques et appliqués dans tout ce qu'ils font. À la fin de la première période, alors que les Rouge et Noir ont déjà pris le dessus (9-0), l'ailier sud-africain champion du monde Cheslin Kolbe gratifie les 14 000 spectateurs présents à Saint-Denis d'un geste d'anthologie. Un drop de 50 mètres tout droit sorti d'une autre planète qui termine d'écraser les têtes rochelaises au fond du seau.

Kaino, lui, patiente sur le banc en attendant de prendre part à la fête. La délivrance intervient à la 53e minute de jeu quand Ugo Mola lui demande de remplacer Selevasio Tolofua. Sa mission : apporter son impact et sa sérénité dans une dernière demi-heure où seule une faillite mentale de son équipe pourrait bousculer le cours des choses. La dernière de sa vie de joueur, qu'il passera en face de Victor Vito, lui aussi entré en jeu et qui fut sa doublure chez les All Blacks pendant des années. Durant cette courte période, le Stade rochelais continue inlassablement d'échouer dans ses offensives. Alors qu'il ne reste plus que cinq minutes à jouer et 15 points d'écart au tableau d'affichage (18-3), le sort du match est déjà scellé (il se terminera à 18-8). Ne reste plus à Kaino qu'à profiter des derniers instants de son long voyage.

Et de rappeler une ultime fois à tous pourquoi on le surnommait « The Enforcer » (« L'Exécuteur » en français) en Nouvelle-Zélande. Sur une sortie de ruck, il fond d'abord sur l'international tricolore Kévin Gourdon et le met à terre en un instant, puis se relève et fait de Thomas Laveau sa victime suivante. Son plaquage destructeur laisse l'avant rochelais sur le carreau. L'arbitrage vidéo prend le temps de visionner l'action mais ne relève aucun jeu déloyal. Une intervention virile mais dans la règle, comme l'ultime témoignage d'une carrière parfaitement résumée. Celle d'un seigneur de ce jeu récompensé pour l'ensemble de son œuvre par un doublé à la hauteur de sa contribution au rugby des deux côtés du monde.

13

Guilhem Guirado : Champion de la résilience

La saison 2021-2022 portait en elle l'espoir d'un renouveau. Celui d'un rugby renaissant, libéré en grande partie des contraintes de ce foutu COVID 19, dont la plus visible, de jouer malgré tout, dans des stades vides, donc sans vie, et disons-le, tristes à mourir. À ce sentiment heureux de voir à nouveau des tribunes pleines s'est rapidement mêlé celui de la nostalgie. Chaque semaine, un grand nom du rugby français et international révélait son intention de quitter la scène. Du Toulousain Maxime Médard (63 sélections) aux Castrais Rory Kockott (11 sélections) et Loïc Jacquet (4 sélections), des Bordelais François Trinh-Duc (66 sélections) et Louis Picamoles (82 sélections) aux Parisiens Yoann Maestri (62 sélections) et Antoine Burban (4 sélections), du Perpignanais Damien Chouly (46 sélections) au Montpelliérain Fulgence Ouedraogo (39 sélections) ou encore au Biterrois Lionel Beauxis (24 sélections), une véritable cascade bleue a déferlé, charriant avec elle son lot de souvenirs.

Parmi ces prestigieux futurs retraités, Guilhem Guirado (74 sélections) ne dépareillait pas, loin s'en faut, mais ne faisait pas vraiment figure de favori pour être l'élu qui, le 24 juin au soir, soulèverait le Bouclier de Brennus après avoir remporté, sur le terrain, la finale du Top 14. Déjà parce que son club de Montpellier, jamais titré, sortait d'une saison infernale où il avait dû lutter pratiquement jusqu'au bout pour acquérir son maintien. Aussi parce que dans une course aussi disputée et un championnat aussi long et éprouvant, une dose de chance était nécessaire pour vivre cette apothéose finale et que la chance n'avait pas vraiment été la meilleure alliée du talonneur catalan durant sa carrière.

Avant d'être sacré une toute dernière fois, Guirado avait certes connu de grands succès en 16 ans chez les professionnels, toujours au plus haut niveau, mais aussi de profondes déceptions. Un titre de champion de France en début de carrière avec Perpignan (2009), mais 3 finales de championnat perdues par la suite avec l'Usap (2010) et Toulon (2016, 2017) dont cette fameuse finale au Camp Nou, le stade mythique de Barcelone, capitale de sa Catalogne natale, que beaucoup disaient imperdable face à un Racing 92 réduit à 14 après même pas 20 minutes de jeu.

L'année où il devient capitaine de Perpignan, son club de cœur, est aussi celle où l'institution catalane descend à l'échelon inférieur pour la première fois de son histoire. Une histoire qui retiendra aussi qu'il fut, entre 2016 et 2019, le capitaine de l'équipe de France ayant connu le moins de victoires (38 %) de l'ère moderne, lui qui était déjà sur le terrain lors de la pire humiliation subie par les Bleus en Coupe du monde, le 17 octobre 2015 contre la Nouvelle-Zélande (62-13). De tous les anciens joueurs dont le parcours est relaté dans ce livre, il est de loin celui qui a payé le plus cher en termes de claques et de frustrations, petites et grandes. Même douloureux, son périple sinusoïdal l'a façonné et fait grandir en tant que joueur, témoin d'une force de caractère impressionnante et d'une capacité à la résilience hors du commun.

Un avis partagé par Jacques Brunel, son entraîneur à Perpignan de 2007 et 2011 puis en équipe de France de 2018 à 2019. « Il avait toutes les qualités dès le départ mais la progression d'un joueur se fait aussi au travers de son parcours, qui n'est jamais linéaire. Il y a des périodes fastes, où tout va bien mais il y a aussi des périodes plus dures qu'il faut savoir appréhender et gérer. Guilhem avait aussi besoin de voir tous ces aspects de la vie d'un joueur pour mieux aborder chaque problématique et devenir encore meilleur. »

Son chemin aurait en effet pu se détourner très tôt et à maintes et maintes reprises de la consécration finale de 2022. Du rugby, déjà, qu'il a essayé une première fois à l'âge de six ans à l'école de rugby de Céret, deuxième club le plus réputé de son département derrière l'Usap et située à une quinzaine de kilomètres de son village. Il aurait pu y rester des années, aux côtés de son nouvel ami Geoffrey Trafi, qui y fera d'ailleurs « carrière » au plus haut niveau fédéral, mais cette première expérience s'arrête au bout d'une saison à peine, le petit touche-à-tout souhaitant déjà partir découvrir de nouveaux horizons. Ce sera le judo et le foot, pour le plus grand plaisir de son papa Jean, au poste de gardien de but. Bien heureusement pour la suite, le rugby, *via* les copains d'Arles-sur-Tech, le rappelle à onze ans, pour un bail cette fois longue durée de 25 ans.

C'est d'ailleurs par le biais d'un copain que Perpignan va se décider à l'attirer dans ses filets. Le papa de Cédric Coll, futur joueur professionnel (Perpignan, Montauban, Aix, Colomiers), est le boucher du village et compte parmi ses clients un dirigeant de l'Usap qui possède une maison dans la commune voisine de Corsavy. Entre les commandes de côtelettes d'agneau et de charcuterie, les deux hommes parlent évidemment rugby et lorsque le dirigeant demande s'il y a dans le coin des jeunes à fort potentiel, son interlocuteur lui conseille vivement de s'intéresser au cas Guirado. Un gamin qui, en plus d'être doué et d'avoir grandi avec son fils, venait aussi durant l'été filer un coup de main à la boutique de vin de sa femme. Après une rapide prise de renseignements, le contact est établi, un petit défraiement est même proposé aux parents pour effectuer régulièrement les 45 kilomètres de trajet jusqu'à Perpignan et l'homme au nez creux rentre chez lui avec un nouveau joueur pour renforcer son équipe cadets.

L'adolescent de quinze ans rejoint ainsi l'institution de son département, dont il était tombé amoureux un 8 mai 1998, dans les tribunes du stade Gilbert-Brutus, théâtre d'une victoire étincelante des Sang et Or en quart de finale retour du Championnat de France contre Castres (42-7). Sans se douter qu'il disputerait

8 ans plus tard au talonneur titulaire Michel Koniek son maillot floqué du numéro 2.

La première année se passe pour le mieux puisqu'il dispute avec les cadets une finale contre le Toulouse de Maxime Médard et Maxime Mermoz, au Stade de France, en lever de rideau de la grande finale de Top 14 entre Biarritz et Agen. La seconde est en revanche d'une autre teneur avec une fracture du péroné qui vient tout remettre en question. Mal soignée, elle tient l'enfant d'Arles-sur-Tech hors des terrains pendant un an, à un moment charnière où le tri s'opère entre ceux qui pourront prétendre au niveau professionnel et les autres.

« C'était dur à vivre mais ça m'a aussi permis de réaliser tout de suite le côté éphémère et fragile que pouvait avoir une carrière dans le rugby, de relativiser, me remettre les pieds sur terre et prendre conscience de l'importance d'assurer ses arrières. » Grâce à un mental déjà solide, Guilhem Guirado retrouve sa place, parvient à s'illustrer malgré la présence de deux talents à son poste chez les jeunes, Brice Mach (3 sélections, champion de France 2013 avec Castres) et Laurent Sempéré (champion de France 2015 avec le Stade français), et se voit convoqué avec le comité du Roussillon.

Son niveau lui permet d'intégrer le pôle espoir de Béziers où il côtoie notamment Alexandre Ruiz, jeune arbitre qui se destine déjà à officier au plus haut niveau. Il est alors retenu avec l'équipe de France B des moins de 18 ans pour un tournoi qui se joue à Trévise en Italie, enfile pour la première fois la tunique bleue lors d'un match contre le Portugal et remporte la compétition en battant largement l'Angleterre B en finale.

Encore marqué par les galères de sa blessure au péroné, il ne perd néanmoins pas de vue l'aspect scolaire, s'accroche malgré un emploi du temps chamboulé et décroche son bac scientifique la même année. Le départ prévu au pôle Espoir de Marcoussis ne l'empêche d'ailleurs pas de poursuivre ses études et de se lancer dans un DUT de logistique et transports, étalé sur 4 ans au lieu de 2. Un choix qu'il ne regrettera pas puisque c'est sur les bancs de la fac de Perpignan qu'il rencontrera Johanna, une Castraise venue étudier le droit dans les Pyrénées-Orientales et qui deviendra plus tard son épouse et la mère de ses deux enfants.

Le rythme rugby, lui, s'accélère encore. Il part en fin de saison à Durban en Afrique du Sud disputer la Coupe du monde des moins de 19 ans et en revient transformé : « Je n'avais pas beaucoup voyagé durant ma jeunesse et j'ai pris une sacrée gifle », se souvient-il. « J'ai pu découvrir ce magnifique pays, sa culture et sa nature grâce à des safaris et c'est aussi pour cela que j'ai toujours entretenu par la suite des liens forts avec les joueurs sud-africains. Il n'y avait rien de plus beau pour continuer à me faire rêver. »

Le rêve professionnel, lui, se rapproche à grands pas. Désormais bien visible sur les radars du giron fédéral, Guirado est sacré champion de France Reichel avec l'Usap en 2005 puis intègre en avance la sélection des moins de 21 ans. De quoi pousser ses dirigeants à miser sur lui et lui faire signer son premier contrat Espoir/professionnel juste avant d'attaquer la Coupe du monde Junior 2006 à Clermont-Ferrand. Les deux entraîneurs Émile Ntamack et Didier Retière le choisissent en effet avec le Bayonnais Arnaud Héguy, d'un an son aîné, pour le poste de talonneur. Mais ce dernier se blesse à la cheville et oblige le duo à appeler un autre joueur. Et c'est le Perpignanais Laurent Sempéré qui est retenu. Un élément qui sortait d'une première saison avec l'équipe première de l'Usap en qualité de troisième talonneur mais qui, barré par Michel Koniek et le Roumain Marius Tincu, venait de s'engager en Pro D2 avec le Racing-Métro. Arrivé en cours de route, Sempéré prend directement la place de titulaire au nez et à la barbe de son futur ex-coéquipier.

Guirado, qui est frappé par le deuil de son grand-père durant les poules, est ainsi remplaçant lors de la finale remportée par les Bleuets aux dépens de l'Afrique du Sud de l'arrière Scott Spedding (24-13). Qu'importe, le voici désormais lauréat d'un trophée international majeur – joie qu'il ne connaîtra jamais avec la grande équipe de France –, récompensant une belle bande de surdoués parmi lesquels les futurs internationaux Maxime Médard, Maxime Mermoz, Lionel Beauxis, Sébastien Tillous-Borde, Damien Chouly, Fulgence Ouedraogo, Loïc Jacquet, Julien Ledevedec, Julien Tomas ou encore Thomas Domingo.

Une sorte de rite d'initiation réussi à la carrière professionnelle qui l'attend. Avec les départs de Perpignan de Laurent Sempéré pour le Racing et Brice Mach pour Béziers, le voilà propulsé troisième talonneur de l'Usap par les coachs Philippe Bauer et Franck Azéma, qui lui offrent sa première feuille de match dès la deuxième journée à Clermont. Dans le même stade où il fut sacré deux mois plus tôt avec les Bleuets. La folie du calendrier fait qu'un nouveau match s'enchaîne trois jours plus tard à Narbonne et qu'il est amené à entrer en jeu au bout d'un quart d'heure à peine à la suite de la blessure de l'ancien Michel Koniek.

Un avant-goût de la suite de la saison où Koniek et Tincu connaîtront des pépins physiques, dont la conséquence directe sera un temps de jeu plus important que prévu pour le rookie Guirado. Durant cette première saison très riche où il prend part à 16 rencontres de Top 14 et 4 de H-Cup, un cadre de l'effectif le prend sous son aile et l'aide à éclore. Il s'agit du pilier Nicolas Mas, de six ans son aîné, avec qui il avait déjà fait connaissance du temps des Reichel par l'intermédiaire de son cousin Jérôme Schuster, lui aussi pensionnaire du centre de formation de l'Usap.

« Déjà, c'était un Catalan, ce qui lui donnait un gros avantage », avance Mas pour expliquer ce qui va le rapprocher du jeune talonneur. « On était beaucoup de joueurs de l'effectif qui venaient du département et on était très attachés à cela. Il m'a rappelé un peu moi à mes débuts quand j'ai démarré aux côtés avec Michel Koniek, Renaud Peillard ou Stéphane de Besombes. J'ai essayé de transmettre à Guilhem ce qu'eux m'avaient transmis. J'ai aussi vu un jeune avec des valeurs, très sain, qui donne tout sur un terrain et c'est aussi pour cela que les deux talonneurs en place ne l'ont pas vu comme quelqu'un de dangereux mais plutôt comme un bon jeune du cru à qui ils pouvaient transmettre le flambeau. Au fil du temps, notre relation est allée bien au-delà du rugby. J'ai un grand frère et je me suis trouvé un petit frère avec Guilhem. »

Avec un tel chaperon, Guirado peut s'épanouir sereinement. Et ce malgré les nombreux changements au club, avec un premier lieu l'arrivée de Jacques Brunel en tant qu'entraîneur principal. Avec la retraite de Michel Koniek, l'Auscitain doit faire un choix parmi les talonneurs du club pour être la doublure de Marius Tincu et il se positionne naturellement sur l'enfant d'Arles-sur-Tech.

« Je découvre un jeune avec beaucoup de caractère et un gros dynamisme », se rappelle le technicien à la moustache. « Guilhem, c'est un taureau ! Il avait une activité et une explosivité rares pour un garçon de son âge. C'est aussi quelqu'un qui veut gagner et qui le démontre à l'image de son jeu qui est un jeu de pénétration, de défi, de duel, avec beaucoup de vitesse. Son poste exigeait aussi d'avoir un caractère bien trempé et il l'avait. »

Le garçon sait en effet ce qu'il veut, s'en donne les moyens et met tout en œuvre pour s'illustrer quand une chance lui est donnée. Perpignan débute sa campagne européenne par la réception des Gallois de Newport. Un départ timide, pour ne pas dire poussif, où l'Usap l'emporte de justesse (23-19) grâce à un essai de… Guilhem Guirado. Le tout sous les yeux du nouveau sélectionneur Marc Lièvremont, tout heureux de découvrir un nouveau talent qu'il coche aussitôt comme potentiel jeune à lancer pour le prochain Tournoi des Six Nations.

Son tour vient ainsi lors de la quatrième rencontre contre l'Italie. Sur la feuille de match, il entre peu après l'heure de jeu à la place du Parisien Dimitri Szarzewski, sous le regard bienveillant de son mentor Nicolas Mas qui, lui, part s'asseoir sur le banc au même instant. Ce jour-là, trois autres néophytes font leur baptême du feu en bleu : le Berjallien Yann David, le Montpelliérain Julien Thomas et le regretté Montalbanais Ibrahim Diarra. Les Montpelliérains Louis Picamoles, Fulgence Ouedraogo et François

Trinh-Duc, de la génération 1986 comme Guirado et intronisés peu avant durant le Tournoi, complètent ce tableau des bleu-bites.

Son statut d'international en poche, le talonneur catalan revient dans son club plein d'enthousiasme et d'ambition pour la suite. À l'image d'une Usap qui monte en puissance et se hisse cette saison-là jusqu'en demi-finale, battue par Clermont (21-7). Non retenu pour la tournée d'été avec les Bleus, Guirado sait qu'il doit avant toute chose gagner sa place de titulaire pour espérer retrouver la sélection mais demeure le numéro 1 bis derrière Tincu. Une porte s'ouvre lors du mois de novembre avec la suspension de 18 semaines prononcée à l'encontre de son concurrent par la commission de discipline de la H-Cup pour une supposée fourchette lors d'un match contre Swansea. Le club, assuré de vivre une injustice, ne lâche pas son talonneur roumain, va jusqu'à saisir le CNOSF (le Tribunal du sport) pour se faire entendre et obtient gain de cause un mois plus tard.

Las, Guirado repart sur la touche pour les parties qui comptent, doit ravaler sa fierté mais peut aussi compter sur l'appui de Nicolas Mas : « Il a joué un rôle très important à cette période car il m'a un peu rappelé que rien n'était dû et qu'il fallait savoir faire preuve de patience pour le bien du collectif. » Avec Tincu de retour aux affaires, les Usapistes réalisent une saison régulière de rêve, éliminent le Stade français en demie (25-21) et décrochent le Graal en finale contre Clermont (22-13). Guirado joue les 22 dernières minutes de cette partie et peut ensuite laisser éclater la joie indescriptible d'entrer dans l'histoire de son club de cœur grâce à ce titre de champion attendu par le peuple catalan depuis 1955. Il doit ensuite jouer des coudes pour se retrouver sur la photo de la levée du Bouclier, dans le coin d'une véritable cage à poules, à la fois ridicule et risible tant sa taille minuscule paraissait inadaptée pour contenir tout un effectif de rugbymen.

L'euphorie fait toutefois place à une réalité moins agréable. À l'instar des autres internationaux du club, Guirado est privé d'un retour en héros place du Castillet à Perpignan car il doit prendre un avion le lendemain direction la Nouvelle-Zélande pour rejoindre les Bleus en tournée. Tournée durant laquelle il ne jouera que lors du troisième test, pour seulement 20 minutes. De quoi nourrir une frustration légitime.

Dans le même bateau, le trois-quarts centre Maxime Mermoz raconte avec amertume ce moment désagréable : « On s'était battus toute une saison pour décrocher ce titre historique, que Perpignan n'avait pas eu depuis plus de 50 ans et quand on y parvient enfin et qu'arrive le moment de partager cette joie avec nos familles, nos amis, nos supporters et nos partenaires, les gens intelligents de la Fédération de l'époque nous l'ont tout simplement volé. Et quand on voulait s'en plaindre, on nous répondait que c'étaient les règles, qu'elles étaient comme cela et qu'elles étaient les mêmes pour tout le monde depuis des années. Elles étaient belles les valeurs de l'ovalie, surtout qu'on arrivait en cours de route et qu'on ne pouvait de toute façon pas jouer le premier test ! On a dû avaler cette aberration et se contenter des quelques vidéos des célébrations de nos coéquipiers. »

De retour du bout du monde, Guirado est plus que jamais résolu à bousculer la hiérarchie des talonneurs et à devenir enfin le premier choix de Jacques Brunel. C'est justement lors de cette saison 2009-2010 qu'il obtient, à vingt-deux ans, gain de cause. Nouveau statut et nouveau style avec l'apparition de son légendaire bandeau dont il dévoile enfin les origines : « Je prends un coup sur l'oreille lors d'un match. Elle était déjà un peu en chou-fleur et elle s'est mise à gonfler énormément de l'intérieur et à devenir toute bleue. En plus d'être très douloureuse, elle était bouchée et je n'entendais plus rien. J'ai dû me faire opérer en urgence pour me faire enlever tout le sang. Ils m'ont fait quelque chose de propre mais j'ai dû garder des compresses et des drains pendant une semaine, ce qui était très désagréable. Pour rejouer, je devais appliquer des compresses, protéger avec une balle de tennis coupée en deux, le tout maintenu avec un bandeau qui me faisait une tête difforme façon Quasimodo et un casque plus grand pour que tout puisse rentrer. Plus le fait que je ne dormais pas la nuit à cause des douleurs, avec l'impression que mon cœur battait à l'intérieur de l'oreille, je me suis dit à l'issue de cette épreuve que je devais prendre mes précautions pour que cela n'arrive plus jamais et j'ai choisi le bandeau. Sur une seule oreille au départ, puis les deux. J'en ai perdu quelques-uns en cours de route au début, j'ai aussi serré trop fort parfois au point d'avoir le sang qui ne montait plus beaucoup à la tête et j'ai fini par perfectionner la technique et être calé là-dessus ! »

Guirado avance fièrement avec son bandeau et la satisfaction d'être le talonneur numéro 1 de Perpignan mais comme presque toujours avec lui, une bonne nouvelle est contrebalancée par une déception. Le sélectionneur Marc Lièvremont ne l'appelle pas pour les tests de novembre et pas plus pour le Tournoi des Six Nations où les Bleus réalisent, en 2010, le Grand Chelem. Le XV de France ne gagnera pas d'autre titre jusqu'en 2022, soit 3 ans après la retraite internationale du Catalan, d'où le sentiment d'avoir raté le coche. L'Usap, elle, ne souffre pas du tout du syndrome du champion qui galère l'année suivante, bien au contraire. Malgré une élimination prématurée en H-Cup, les résultats sont toujours au beau fixe en Top 14. Elle termine meilleure équipe de la phase régulière, se défait du Stade toulousain en demie grâce à la botte de Jérôme Porical (21-13) et revient au Stade de France défendre sa couronne.

Face à Clermont, encore, cette équipe, réputée pour perdre chacune de ses finales, qu'elle avait déjà matée l'an dernier au même stade de la compétition. Une petite musique qui aurait endormi les Sang et Or ? « Je ne pense pas qu'on ait relâché la pression d'autant plus que certains joueurs n'étaient pas sur la feuille de match l'année d'avant », rétorque un Guirado titulaire ce soir-là. « C'est juste qu'on a mis beaucoup trop de temps à vraiment entrer dans cette finale et qu'on n'a pas saisi nos chances de recoller. On n'a tout simplement pas pu reproduire sur cette rencontre tout ce qu'on avait réussi à montrer tout au long de la saison, ce qui a été vécu comme une grosse frustration. »

Plombés par le manque de réussite au pied de leur buteur Jérôme Porical, les Catalans voient leur rêve de doublé s'envoler (19-6). Cette fois, le départ du lendemain en tournée d'été avec les Bleus arrive à point nommé pour Guirado et ses coéquipiers internationaux, histoire de vite tourner la page. Sans être faramineux, son temps de jeu avec les Bleus augmente. Il est même repris pour les tests de novembre et appelé de nouveau par Marc Lièvremont au Tournoi des Six Nations 2011 pour lequel il prend part aux 4 premiers matchs. Cela commence à sentir bon à 6 mois de la Coupe du monde en Nouvelle-Zélande.

Sauf que ce quatrième match prend une tournure inattendue qui vient tout remettre en question. En Italie, au stade Flaminio de Rome, tout le monde s'attend à une balade pour les Bleus. C'est tout l'inverse qui se produit. Surpris et pas vraiment dans leur assiette, ils s'embourbent, se font passer devant à 5 minutes de la fin, ont tout de même l'occasion d'arracher in extremis la décision en fin de partie sur une série de mêlées que Guirado, entré en cours de jeu, et le reste du pack tricolore dominent outrageusement, mais l'arbitre néo-zélandais M. Lawrence n'entend pas leur donner la pénalité de la gagne sur cette phase de jeu. Une séquence interminable qui se conclut par un ballon gratté par les Italiens, synonyme de fin de la partie (22-21).

Ce qui est ressenti par le rugby français comme un couac monumental ne doit pas rester sans réponse. Marc Lièvremont est sommé de s'expliquer, de désigner des coupables et trancher dans le vif. Deux mois plus tard, le couperet tombe. Yannick Jauzion, Sébastien Chabal et Jérôme Thion, trois grands noms du rugby hexagonal, n'en sont pas. Stupeur également pour Guilhem Guirado, écarté lui aussi tandis que la liste de 32 noms ne comporte que deux talonneurs : William Servat et Dimitri Szarzewski. Énorme déception pour le Perpignanais dont la seule petite consolation est qu'il pourra profiter pleinement de son mariage, prévu en juillet.

Décevante en championnat, l'Usap termine 9e et est donc absente des phases finales, une première depuis 4 ans. En vacances plus tôt que prévu, Guirado part se ressourcer avec sa future épouse aux États-Unis. Des amis lui apprennent durant ses vacances que William Servat, sur le pont avec le Stade toulousain, s'est blessé au genou lors de la finale face à Montpellier. Il comprend alors que la porte vient de s'ouvrir à nouveau. Et effectivement, n'ayant pas une visibilité claire sur l'indisponibilité et le retour à 100 % du vétéran haut-garonnais, Marc Lièvremont se résout à rappeler le Perpignanais en cours de préparation. Le mariage est maintenu mais allégé et la lune de miel attendra !

À la fin de l'été, Servat est bien apte au combat et rappelé mais Guirado est maintenu dans la liste finale du sélectionneur, fatale au pilier parisien Sylvain Marconnet. Une émotion vite balayée par une autre quand son épouse Johanna lui annonce qu'elle est enceinte. Une raison qui l'empêche d'ailleurs de le rejoindre quelques jours en Nouvelle-Zélande avec les compagnes des autres joueurs du fait des désagréments du premier semestre de grossesse. À défaut de sa moitié, sa mère et son oncle font le voyage. Un soutien familial précieux alors que le Catalan, en tant que troisième talonneur, ne joue qu'un seul match durant la compétition, en poule face au Canada (46-19). Une expérience malgré tout inoubliable au pays des Maoris.

La suite sportive est moins rose. Les internationaux français rentrent tard à Perpignan du fait du parcours des Bleus qui les a menés jusqu'en finale du Mondial. À leur retour, ils retrouvent une Usap mal en point qui enchaîne 7 défaites d'affilée entre le 30 septembre et le 4 décembre. Pas vraiment de bon augure pour le nouvel entraîneur Jacques Delmas, qui a pris la suite de Jacques Brunel. Des frictions commencent aussi à apparaître quant à la gestion du président Paul Goze, en place depuis 2007. Une partie du vestiaire lui reproche notamment de ne pas avoir su concrétiser les contacts avec le grand FC Barcelone en vue d'un rapprochement entre les deux entités.

L'atmosphère se tend, les résultats s'en ressentent et Perpignan se retrouve à jouer le maintien et termine à une bien pâle onzième place. Presque surréaliste vu la qualité des joueurs qui composent l'effectif. Beaucoup de glorieux anciens décident d'ailleurs d'arrêter ou de partir à l'issue de cette saison éprouvante, à l'image de Perry Freshwater, Marius Tincu, Rimas Alvarez, Olivier Olibeau, Grégory Le Corvec ou le plus jeune Maxime Mermoz. Une année 2012 décidément terne sur le plan sportif pour Guirado qui est purement et simplement ignoré par le nouveau sélectionneur Philippe Saint-André. Seule lueur dans la grisaille et pas des moindres, la naissance de sa fille Maylis qui lui redonne un peu de baume au cœur.

Élu président de la Ligue nationale de Rugby, Paul Goze lâche les rênes de l'Usap fin novembre. Daniel Besson lui succède mais laisse volontiers son poste quelques mois plus tard quand François Rivière, un notable du coin, arrive avec un projet et des liquidités pour le club. Difficile d'y voir clair au milieu de cette agitation qui perd un peu tout le monde. Le capitaine Nicolas Mas sent par exemple qu'à trente-trois ans, on compte de moins en moins sur lui et prend la décision de quitter à son tour le club, direction Montpellier. Une décision qu'il tarde à partager avec son ami Guirado, presque désolé de le laisser seul dans ce bateau instable.

L'Usap doit se trouver un nouveau capitaine et c'est naturellement Guilhem Guirado qui est désigné par le manager Marc Delpoux (arrivé en 2012 sur les bords de la Méditerranée). Tout un symbole pour ce Catalan pur souche qui a toujours revendiqué et mis en avant ses origines. Mais là encore, tout ne vas pas rester très rose bien longtemps. En fin de contrat, le talonneur vient taper à la porte de son président pour parler avenir : « Je n'étais pas dans l'état d'esprit de jouer un double jeu et de me vendre à droite et à gauche pour faire monter les enchères. Même si c'est commun aujourd'hui, ce n'est pas mon style. Je sais que je dois énormément à Perpignan et ma priorité est de rester au club. Sauf que les échanges ne se passent pas bien, ça grince un peu et on me fait comprendre que ce sera compliqué d'envisager une suite. Forcément, c'est dur à avaler mais ça te met aussi devant tes responsabilités et c'est à ce moment que je rencontre Mourad Boudjellal et Bernard Laporte qui sont très ambitieux, ce dont j'avais besoin aussi, et me transmettent leur envie de me faire venir. Ça fait forcément réfléchir même si c'est un choix délicat à faire quand tu es autant attaché à un club, sa région et à l'histoire que tu as vécue depuis petit. Les échanges se sont bien passés, Bernard m'a un peu testé pour voir ce que j'avais dans le ventre et ça a collé des deux côtés donc il n'y a pas eu beaucoup de négociations. »

Cette saison 2013-2014 sera donc bien sa dernière à l'Usap et rien ou presque, même pas une fracture du pouce en début de saison qui l'oblige à jouer toute l'année avec du matériel dans le doigt, ne laisse présager de son épilogue dramatique. Avec 6 victoires sur les 10 premières journées, on l'imagine même se mêler à la lutte pour les phases finales. Tout va pourtant s'effondrer comme un château de cartes. Les Catalans enchaînent en effet 5 défaites d'affilée qui les éloignent de leurs ambitions initiales et les rapprochent de la lutte pour le maintien qu'ils avaient déjà expérimentée deux ans auparavant. Le stress gagne petit à petit les rangs perpignanais au fur et à mesure qu'un duel à la vie à la mort se dessine avec Oyonnax pour éviter la treizième place (Biarritz, dernier, est rapidement décroché et démobilisé).

Défaits 22-9 à l'aller, les partenaires de Guilhem Guirado pensent faire le plus dur à trois journées de la fin en battant les Oyomen 22-12 à Aimé-Giral. Avec désormais deux points d'avance sur leurs poursuivants, ils savent que la journée suivante, où ils reçoivent Toulon tandis qu'Oyo joue Toulouse à la maison, peut leur permettre de prendre une grosse option, voire d'assurer mathématiquement leur maintien. La rencontre doit se jouer au stade olympique de Montjuïc à Barcelone, exactement là où, 3 ans auparavant, l'Usap avait terrassé le RCT en quart de finale de H-Cup (29-25) dans ce qui avait été décrit à l'époque comme un sommet de la catalanité.

Autre contexte, autre rapport de force entre un club qui n'a cessé de se renforcer et progresser et un autre réduit à jouer sa peau parmi l'élite. Les supporters perpignanais ne se mobilisent pas suffisamment pour remplir le stade et la rencontre tourne à la correction pour les Usapistes (31-46). Même pas un point de bonus défensif à se mettre sous la dent quand Oyonnax arrache, de son côté, deux points précieux du nul contre un Stade toulousain également prétendant au Bouclier de Brennus (19-19). Résultat des courses, les deux prétendants au maintien sont à égalité de points mais avec un sacré ballotage favorable pour Oyonnax qui a le bénéfice du goal-average particulier et un dernier match à Brive qui n'a plus rien jouer tandis que Perpignan doit se rendre à Clermont, invaincu chez lui depuis… 72 matchs et qui peut encore accrocher la deuxième place, avec l'obligation de faire mieux que son concurrent. Autrement dit, ça sent très mauvais.

« On a eu deux semaines pour se préparer à ce dernier rendez-vous et tout remettre en question sachant que personne ne nous donne vainqueurs. Cela va être notre source de motivation pour nous préparer mais cela a aussi été deux semaines très compliquées à gérer sur le plan émotionnel car on savait qu'on jouait très gros. Même si l'exploit paraissait inimaginable, on était prêts à relever le défi. » Les Perpignanais donnent en effet tout ce qu'ils ont, passent près d'une inattendue victoire mais tombent au final les armes à la main avec un point de bonus défensif (25-22). Dans le même temps, les Oyomen, qui sont menés de 16 points à un quart d'heure de la fin, marquent deux essais transformés coup sur coup qui les ramènent dans les clous du bonus défensif (19-17).

Un point qui suffit à leur bonheur et condamne l'Usap à la descente pour la première fois de son histoire, l'année du centenaire de son premier titre. Sur la pelouse, le capitaine Guirado est inconsolable. Le flot ininterrompu de larmes qui perlent sur son visage est l'image forte de cette saison. À vingt-huit ans, le voilà obligé d'assumer ce qu'aucun autre capitaine de Perpignan avant lui n'avait eu à assumer, pour son dernier match au club après 13 ans de bons et loyaux services. Sa détresse est totale.

Mais ce qui est valable dans un sens l'est aussi dans l'autre concernant l'équilibre des joies et des frustrations du talonneur. Sa peine encore intense, l'occasion lui est donnée pratiquement dans la foulée de donner une nouvelle impulsion à sa carrière grâce à l'équipe de France. Ses deux concurrents Dimitri Szarzewski (cheville) et Benjamin Kayser (cervicales) sont inaptes au service pour la tournée d'été en Australie et Philippe Saint-André, par ailleurs pas insensible au départ prochain du Catalan vers Toulon, qu'il a dirigé entre 2009 et 2011, se dit que le moment est venu de lui donner sa chance.

« C'est là que tout va s'enchaîner pour moi. Après la grosse déconvenue de quitter mon club dans les plus mauvaises conditions, je devais me relever rapidement et sauter sur l'occasion. Cela faisait tellement longtemps que j'attendais cette opportunité, moi qui étais appelé par intermittence en équipe de France depuis six ans et qui étais passé 3e, 4e, voire 5e dans la hiérarchie des talonneurs depuis la prise de fonction de Philippe, que je me suis donné les moyens d'être prêt pour faire la meilleure tournée possible. J'ai tout misé là-dessus car je savais que le train ne passerait qu'une fois. »

Sur un plan collectif, l'équipe de France, déjà dans le dur depuis le début du mandat de PSA, enchaîne 3 défaites dont 2 déculottées, mais sur un plan personnel, Guirado est titulaire à chaque fois et marque de précieux points à un an de la Coupe du monde.

À son retour en France, il est déjà temps de démarrer sa nouvelle vie loin de sa Catalogne natale. L'enjeu est de taille : se faire une place dans l'effectif XXL du RCT, double champion d'Europe et champion de France en titre : « Quand j'ai signé à Toulon, j'avais beaucoup de craintes et l'appréhension de savoir si j'aurais la force de m'intégrer et de me faire une place dans cet effectif-là. J'arrive donc sur la pointe des pieds mais j'apprends à connaître les mecs. Je trouve un groupe certes très fort mais qui ne se prend pas la tête non plus, tout se passe très bien et je parviens à me greffer au noyau. »

Bernard Laporte, qui le voyait depuis le début en successeur du néo-retraité Sébastien Bruno, lui fait tout de suite une place dans son XV de départ 5 étoiles. L'ex-Perpignanais ne tarde ainsi pas à réaliser dans quelle écurie il a mis les pieds : « Je l'ai surtout senti sur la coupe d'Europe, qui était vraiment une compétition à part ici. Les étrangers notamment s'y préparaient comme pour des test-matchs et mettaient un surplus d'intensité à l'entraînement car ils avaient tous à cœur de jouer. »

Fidèle à sa réputation, le RCT avance à toute vitesse dans cette compétition qu'il adore. Si la première délocalisation au stade Vélodrome de Marseille, en Top 14 contre Toulouse, ne se passe pas aussi bien que prévu (24-34), la seconde connaît une issue favorable concluant un scénario de dingue. En demi-finale de la grande coupe d'Europe rebaptisée Champions Cup, les Varois sont poussés en prolongation par la province irlandaise du Leinster mais finissent pas triompher dans une enceinte marseillaise incandescente (25-21 A.P).

Pour sa première saison sur la Rade, Guirado a donc l'occasion d'inscrire un nouveau titre à son palmarès. Histoire de pimenter un peu plus l'instant, l'adversaire est Clermont, le club contre qui il a remporté le Bouclier de Brennus en 2009 mais qui l'en a privé en 2010 et qui a acté la descente de l'Usap lors de la dernière journée de la saison précédente. En face de lui, des visages lui sont aussi familiers à l'image de l'entraîneur Franck Azéma, qui était dans le staff perpignanais lors de sa première saison en professionnel, du deuxième ligne Sébastien Vahaamahina ou de l'ouvreur Camille Lopez qui ont connu la relégation à ses côtés. Enfin, cette finale est aussi l'occasion pour le talonneur de marquer son territoire face à Benjamin Kayser, son homologue auvergnat et concurrent en équipe de France.

À Twickenham, Toulon connaît un retard à l'allumage mais bascule en tête à la pause grâce à un essai de Mathieu Bastareaud. Le RCT gère son avance en seconde période jusqu'à ce que, pris par la panique peu après l'heure de jeu dans ses 22 mètres sur un contre à mener, l'ailier sud-africain Bryan Habana manque complètement son coup de pied de dégagement. Dernier rempart d'une défense désorganisée, Guilhem Guirado tente une montée désespérée sur le véloce Nick Abendanon, n'arrive pas à l'attraper et le regarde depuis le sol marquer un essai qui relance complètement l'ASM. Il part dans la foulée s'asseoir sur le banc et assiste en tant que spectateur au sursaut des siens, qui gagnent au final 24-17 et conservent leur trophée.

Une excellente nouvelle qui, pour une fois avec Guirado, est suivie d'une deuxième avec la liste de Philippe Saint-André pour le Mondial anglais dont il fait partie. Une suite logique pour celui qui avait déjà enchaîné les 5 matchs du Tournoi des Six Nations comme titulaire. L'euphorie s'arrête toutefois au stade des demi-finales du Top 14. Toulon est éliminé un peu à la surprise générale par le Stade français (33-16) dans un contexte pesant puisque marqué par la mort tragique la veille dans un accident de voiture de l'ancien All Black, passé par le RCT, Jerry Collins, dont était très proche le troisième ligne néo-zélandais et cadre de l'équipe Chris Masoe. Ce dernier jouera d'ailleurs la rencontre teinté en blond en hommage à son ami disparu.

La saison terminée, Guirado a à peine le temps de souffler un peu que le voilà déjà reparti au combat pour une préparation pré-Coupe du monde de choc. À la tête d'un bilan catastrophique, le sélectionneur Philippe Saint-André mise tout sur cette période pour bâtir des machines de guerre et rattraper le retard avec les meilleures nations mondiales. Mais de miracle il n'y eut point. Dans une poule relativement facile (Canada, Roumanie, Italie, Irlande), le véritable enjeu se porte sur le dernier match face au XV du Trèfle, dont le vainqueur terminera premier du groupe et évitera les champions du monde néo-zélandais en quart de finale. Et sans surprise, les Bleus se cassent les dents sans panache sur le mur vert (24-9).

« On était très déçus car on avait placé tous nos espoirs sur ce match et on avait senti nos limites et le fait qu'on manquait d'atouts rugbystiques pour rivaliser. Surtout, cette défaite nous barrait la route car elle nous obligeait à jouer les All Blacks qui écrasaient tout sur leur passage. » Redoutée, la correction (62-13) prend une tournure historique : « Dès la première mi-temps, on voit très bien que dès qu'ils veulent accélérer, ce sont des vagues qui déferlent sur nous », soupire Guirado. « Puis en seconde période, on se sent un peu incapables. Quand tu prends plus de 60 points dans un match où tu es censé jouer ta survie dans la compétition, c'est toujours triste et affligeant. Surtout quand tu réalises les concessions que tu as faites pendant 3 mois et demi et que tu vois tout s'effondrer comme un château de cartes. » Pas vraiment la dernière dont il rêvait avec Nicolas Mas, qui prend sa retraite internationale après la compétition.

Un peu à l'image de la Tournée d'été 2014 en Australie, en pire, ce naufrage collectif est paradoxalement un nouveau tremplin pour l'enfant d'Arles-sur-Tech : « Sur un plan personnel, tout va bien car je m'épanouis, je joue, prends de plus en plus de confiance et me sens de plus en plus légitime à parler et donner mon avis. J'existe et je vis à travers le XV de France avec des responsabilités qui sont grandissantes. Je sais qu'il y a un nouveau projet avec un nouveau sélectionneur qui arrive et je me mets aussi à rêver. »

Comme Nicolas Mas, Thierry Dusautoir annonce en effet sa retraite internationale et la course à sa succession en tant que capitaine des Bleus est ouverte. Une décision tout sauf anodine pour le nouveau sélectionneur Guy Novès, qui sait qu'elle sera la première pierre du chantier de reconstruction qui l'attend. Peu avant le premier rassemblement des Bleus en janvier, l'ancien manager du Stade toulousain appelle Guirado pour lui annoncer que son choix s'est porté sur sa personne. Celui qui était encore remplaçant du remplaçant deux ans auparavant est officiellement propulsé capitaine du XV de France.

Pour beaucoup, il s'agit d'une vraie surprise. Avant même d'avoir débuté, certains médias et observateurs mettent en avant son côté réservé et émettent déjà des doutes. Prenant exemple sur Thierry Dusautoir et Nicolas Mas, il se blinde alors pour mieux se protéger des attaques et montrer qu'il est à la hauteur de ses nouvelles responsabilités. C'est un Guilhem Guirado moins souriant, plus distant et un brin froid qui se présente à ses premières conférences de presse en tant que capitaine avant le début du Tournoi contre l'Italie.

Ce premier match face à la Squadra Azzurra va aussi lui donner un aperçu de la suite. D'entrée, les Bleus sont dans le dur face à l'opposition la plus faible de la compétition. Menés à 8 minutes de la fin, ils s'en sortent finalement de justesse. En quête de repères, le nouveau staff fait de leur capitaine leur boussole et le laisse sur le terrain toute la rencontre. Guirado joue beaucoup, même lors d'un match de Top 14 à Oyonnax intercalé entre deux rencontres du Six Nations où il devait se reposer, générant des tensions entre le sélectionneur Guy Novès et le manager toulonnais Bernard Laporte.

La rançon du succès pour un joueur qui, en plus d'être performant en club, surnage complètement dans une équipe de France encore très fragile qui termine son Tournoi par 3 défaites de rang. Pas le temps de respirer que s'amorce déjà le premier match couperet pour Toulon. Un quart de finale de coupe d'Europe à Colombes, contre le Racing-Métro. La rencontre est très serrée et bascule en faveur des Franciliens qui font tomber le champion en titre (19-16). Une déconvenue pour Bernard Laporte, dont c'est la dernière saison sur la Rade et déjà en campagne pour briguer la présidence de la Fédération.

Reste le Top 14 pour briller avec une opportunité unique à la clé : jouer une finale au Camp Nou, à Barcelone, le Stade de France étant réquisitionné pour l'Euro de football. Grâce à une belle victoire bonifiée contre l'UBB à Mayol lors de la dernière journée (44-3), les Varois, emmenés par un Guilhem Guirado désigné capitaine à la suite de la blessure du Sud-Africain Juanne Smith, s'évitent la case barrage et ne sont plus qu'à un match de la

Catalogne. Le pas est franchi lors de la demie à Rennes où le RCT étale sa force de frappe et punit Montpellier (27-18).

Guirado était remplaçant lors de sa première finale de Top 14 en 2009, puis titulaire l'année suivante et le voilà désormais capitaine du club le plus en vue de l'Hexagone pour sa troisième finale, en pays catalan, dans le plus grand stade d'Europe. Le match a à peine le temps de se lancer qu'un fait de jeu important vient l'impacter de plein fouet après même pas 20 minutes de jeu. Le demi de mêlée francilien Maxime Machenaud retourne l'Australien Matt Giteau, qui joue bien le coup et retombe sur la tête. Le capitaine Guirado n'en perd pas une miette et interpelle instantanément l'arbitre M. Raynal. Après quelques minutes de flottement, l'officiel prend ses responsabilités et sort le carton rouge. Les chances du Racing, obligé de jouer plus des deux tiers du match à 14, deviennent infimes.

Rien n'est pourtant écrit à l'avance en rugby et l'improbable va devenir réalité au fil de la partie. Le RCT mène 14-6 à la demi-heure de jeu mais s'endort et voit son retard fondre, jusqu'à se faire dépasser pour la première fois en début de seconde période. Dans la foulée, Guirado s'agace auprès de M. Raynal pour une faute non sanctionnée d'un assistant-plaqueur racingman dans ses 22 mètres, qui aurait permis, *via* la botte du Gallois Halfpenny, d'enrayer la spirale négative. À raison. Las, Toulon perd encore du terrain et, pire, son capitaine, touché au genou à la suite d'un plaquage dur de son ancien partenaire Chris Masoe. En plein doute, sans leur leader, les Varois s'enfoncent encore et perdent cette finale qui leur tendait les bras (29-21). L'histoire d'amour entre Toulon et Bernard Laporte s'achève sur cette note très amère.

Pour Guirado, c'est aussi la fin d'une saison marathon de pratiquement 12 mois, démarrée par la préparation de la Coupe du monde, éprouvante à la fois physiquement par l'enchaînement des matchs et un temps de jeu astronomique et mentalement avec les exigences du capitanat en équipe de France et à Toulon sur la fin. Il est tout de même dispensé, à l'instar des autres finalistes, de la tournée d'été en Argentine. Après avoir déjà bien tiré sur la corde, son corps l'aurait de toute façon difficilement supporté.

Tout comme sa tête aurait mal accepté un nouveau départ. C'est bien pour cette raison qu'il ne donne pas suite aux avances de son ancien entraîneur Franck Azéma, qui l'aurait ramené volontiers à Clermont, et repart pour 3 ans avec le RCT. L'ancien Perpignanais est par ailleurs séduit par l'approche de Diego Dominguez, arrivé sur la Rade un an auparavant en qualité d'adjoint de Laporte et adoubé par Mourad Boudjellal pour lui succéder.

Le président toulonnais se remet en revanche très mal du départ de l'ancien sélectionneur des Bleus et va plonger son club dans une instabilité vertigineuse. Ses rapports dégradés avec Dominguez le conduisent d'abord à lui coller dans les pattes, dès le mois de septembre, un adjoint aux dents longues en la personne de Mike Ford, ancien coach de Bath. Les deux coqs se volent dans les plumes et le buteur légendaire du Stade français (de 1997 à 2004) est débarqué à peine un mois plus tard au profit de Ford. N'obtenant pas les résultats escomptés et critiqué pour son manque d'intérêt à apprendre le français, l'Anglais est fragilisé et va connaître le même sort que son prédécesseur. Boudjellal fait venir son compatriote Richard Cockerill en janvier, vire Ford début avril et confie à l'ancien entraîneur de Leicester la mission commando de rattraper le wagon des phases finales.

En l'espace de quelques mois, trois entraîneurs se succèdent ainsi sur la Rade avec trois philosophies de jeu bien distinctes, pour le plus grand désarroi des joueurs : « Mourad était à la recherche de l'homme qu'était Bernard », philosophe Guirado. « C'est pour cela qu'il a beaucoup changé mais n'a jamais réellement trouvé ce qu'il cherchait. Ce fut une saison où on a eu l'impression d'en vivre dix en une tellement c'était compliqué au club. En tant que leader, tu te retrouves au milieu de tout ça à devoir ramasser à la petite cuillère les joueurs perdus et à faire prendre conscience aux nouveaux des exigences du club malgré le contexte. Ce n'était pas du tout facile à gérer et heureusement qu'il y avait des joueurs d'expérience dans l'effectif comme Duane Vermeulen *(désigné capitaine en début de saison)*, Mathieu Bastareaud, Ma'a Nonu ou Matt Giteau pour chapeauter tout cela. Pour ma part, je n'avais jamais connu une saison comme celle-là et je n'en ai pas connu d'autre semblable par la suite. »

Au four et au moulin entre son club et l'équipe de France, Guirado se découvre aussi en cette saison 2016-2017 une vocation politique en s'impliquant fortement dans un mouvement de contestation des joueurs du Top 14 visant à ne pas jouer. Après plusieurs jours de lutte émaillés de passes d'armes avec le président de la LNR Paul Goze et même une menace de grève générale, les joueurs obtiennent en grande partie gain de cause avec 6 matchs sur 7 avancés au 23, le seul maintenu mais calé plus tôt dans la journée étant... Montpellier–Toulon. Ce jour-là, le talonneur international ne traîne pas pour sortir du vestiaire, prendre l'autoroute et rejoindre le reste de sa famille dans les Pyrénées-Orientales pour le Réveillon.

Côté terrain, après un Tournoi des Six Nations encourageant et la nomination de Cockerill, dont la philosophie basée sur le défi et le jeu d'avants lui convient mieux, le Catalan se lance à corps perdu avec ses partenaires pour arracher la qualification. Avec 4 succès lors des 4 dernières journées, le billet est en poche avec, en prime, une quatrième place synonyme de barrage à Mayol. L'odeur des phases finales réveille le géant endormi qui croque Castres (26-22) avant de sortir en demi-finale La Rochelle (18-15), remarquable premier de la saison régulière, sur le gong, dans un stade Vélodrome tout acquis à sa cause. On parle alors volontiers de gourou pour définir Cockerill et ses 100 % de victoires depuis sa prise de pouvoir.

En finale, ce n'est ni plus ni moins que le meilleur ennemi clermontois qui attend Toulon. Un Rugby Club toulonnais amputé de sa fine gâchette Leigh Halfpenny, obligé de quitter le groupe pour rejoindre les Lions britanniques en Tournée. Une donnée de taille puisque la responsabilité du but doit être confiée au jeune

Anthony Belleau, vingt et un ans, certes auteur du drop victoire contre les Maritimes mais au cuir encore un peu mince pour porter une responsabilité aussi grande lors d'une finale de Top 14. Ses échecs au pied coûteront cher dans cette partie très serrée où Toulon aura eu sa chance jusqu'au bout.

Au sortir du match, Guirado exhorte les journalistes à ne pas se montrer trop dur avec son jeune ouvreur mais affiche surtout une colère froide à l'encontre de l'arbitre Romain Poite, à qui il reproche certaines décisions notamment en mêlée. L'expression aussi d'un joueur frustré d'avoir perdu sa troisième finale de championnat, sa deuxième avec Toulon avec qui il n'arrivera jamais à conquérir le Brennus.

La suite ne l'aide pas vraiment à se calmer. Contrairement à l'année précédente, Guy Novès convoque pour la tournée en Afrique du Sud les finalistes, ceci afin d'avoir à disposition le groupe le plus compétitif possible pour rivaliser face à cet énorme morceau. L'intention est là mais les faits ne suivent pas. Les Bleus reçoivent trois fessées qui mettent officiellement fin à l'ère des « défaites encourageantes », cette expression utilisée jusqu'à présent par Novès mais détestée en secret par son capitaine.

Cette tournée navrante marque aussi une cassure entre le sélectionneur, Bernard Laporte, élu président de la FFR six mois plus tôt et son bras droit Serge Simon. Le patron de la Fédération fixe à l'ancien manager du Stade toulousain un objectif de 3 victoires sur les 4 tests de novembre. Trop difficile alors que la Nouvelle-Zélande par deux fois et l'Afrique du Sud sont au programme.

En attendant cette échéance qui s'annonce forcément douloureuse, Guilhem Guirado et ses partenaires du RCT accueille un nouveau coach. Un de plus mais pas n'importe qui non plus : Fabien Galthié. Avec son fidèle compère Fabrice Landreau, avec qui il avait fait ses premières armes d'entraîneur au Stade français 13 ans plus tôt, l'ancien demi de mêlée international se voit assigner pour mission de ramener un trophée sur la Rade. Après avoir réappris à jouer simple et direct avec Cockerill, les Toulonnais doivent se réadapter à un technicien réputé pour ses schémas élaborés, voire complexes. Avec un style de management bien à lui. Sans parler de défiance, Guirado ne tombe pas sous le charme du bonhomme mais il fera avec, en bon soldat qu'il a toujours été.

Vient cette fameuse série de tests de novembre avec les Blacks d'entrée de jeu. Faciles, ces derniers s'imposent sans forcer (38-18). Trois jours plus tard, à Lyon, rebelote avec les équipes bis et, cette fois, le match est bien plus serré et enthousiasmant, même si l'issue demeure la même (28-23). Le seuil des 3 victoires est déjà enterré ! Lorsqu'il pénètre sur la pelouse du Stade de France pour le troisième test contre l'Afrique du Sud, cette nation qui les avait martyrisés cinq mois plus tôt, la tension et la gravité se lisent sur le visage du capitaine français. Les Bleus passent tout près de leur coup, notamment grâce à un bel essai impulsé par une jolie sautée de Guirado, mais meurent à un petit point des Springboks (18-17).

L'atmosphère devient franchement lourde autour du groupe France : « Tout le monde se crispe un peu et devient plus tendu car il n'y a plus de confiance et on se fait tomber dessus un peu partout. On sait aussi qu'il reste un match à jouer, contre les Japonais, dans un stade presque choisi pour eux *(la U Arena, fraîchement inaugurée et qui accueille son premier match de rugby)*, fermé, avec une pelouse synthétique qui favorise la vitesse qui est leur arme principale. On se pose forcément quelques questions. »

À deux ans de la Coupe du monde sur son sol, le Japon veut faire bonne figure et le résultat va aller au-delà de ses espérances. Un match nul (23-23) qui aurait très bien pu se transformer en victoire si son buteur n'avait pas manqué une transformation pas si compliquée à quelques minutes de la fin. Un énorme pas en avant pour le rugby nippon et un nouveau séisme pour le rugby français. Excédé, le président Laporte s'adresse aux joueurs sans prendre de gants à la réception d'après-match, leur signifiant qu'ils n'étaient pas invités au haut niveau et que certains ne reviendraient sûrement pas en sélection.

Même si rien n'est encore officialisé, le sort de Guy Novès semble déjà scellé. Après avoir annoncé un audit aux contours opaques chapeauté par Serge Simon, la Fédération choisit la période des fêtes de fin d'année pour rendre sa décision de faire sauter le fusible Novès et de le remplacer par Jacques Brunel, adjoint de Laporte en équipe de France entre 2001 et 2007. La France du rugby est sous le choc. À défaut du groupe dans son ensemble, on pourrait imaginer qu'au moins le capitaine des Bleus fût mis dans la confidence, en particulier pour le choix d'un entraîneur qu'il a connu à Perpignan et qu'il aurait pu conseiller au duo Laporte – Simon. « Pas du tout ! » clarifie Guirado « J'ai appris tout cela comme tout le monde, dans la presse. Je n'ai pas eu d'appel, ni de Bernard ni de Jacques. Cela peut paraître étonnant mais c'était la réalité du système dans lequel nous étions. Aujourd'hui, les relations entre le staff, les dirigeants et les joueurs semblent plus harmonieuses, ce qui veut dire qu'on s'est peut-être servi de cet épisode, mais c'était franchement catastrophique. »

Un groupe doit se reconstruire dans le KO et semble sur la bonne voie lors du premier match du Tournoi contre l'Irlande. Les tricolores réalisent une partie très solide et appliquée mais se font crucifier plus de 2 minutes après la sirène sur un drop de 45 mètres sorti de nulle part de l'ouvreur Jonathan Sexton (13-15). Cruel, injuste… La semaine suivante, nouveau revers, cette fois en Écosse (32-26). Mais c'est surtout la suite qui fait causer. Contre l'avis du staff, Serge Simon autorise ses troupes à aller décompresser le soir à Édimbourg et fêter l'anniversaire de Louis Picamoles. L'alcool coule à flots, la soirée dégénère au point que, le lendemain, la police écossaise vienne empêcher le décollage de l'avion du retour vers Paris pour cueillir 7 joueurs et les entendre comme témoins dans le cadre d'une affaire d'agression sexuelle.

Si l'avion finit par partir avec un gros retard, les 7 joueurs en question doivent rester sur place pour s'expliquer. *Le Journal du Dimanche* se fait écho de révélations chocs et un message audio privé de l'ailier Teddy Thomas, où il évoque une « gonzesse dans une chambre avec des joueurs » avec qui « il se serait passé quelque chose » fuite. Étranger à toutes ces histoires, le capitaine Guirado est en colère : « J'ai connu à mes débuts une équipe de France qui gagnait et je me demandais vraiment ce que ce maillot pouvait représenter pour ces joueurs, s'ils se rendaient compte de la chance qu'ils avaient de le porter et s'ils avaient la même soif que moi de le faire briller. J'ai toujours fait en sorte de protéger tout le monde, mais ça faisait chier. »

C'est aussi à partir de là que certains joueurs, de façon plus ou moins discrète, s'épanchent sur leur réticence à revenir en équipe de France, trop sujette à des commentaires négatifs et potentiellement néfastes pour leur sacrosainte image, du moins celle qu'ils véhiculent d'eux-mêmes sur les réseaux sociaux. Là encore, le Catalan encaisse difficilement : « C'est évidemment très dur à entendre, surtout quand tu es capitaine et au milieu de tout ça. Je sais que certains vont même me décrier et dire des choses peu réjouissantes sur moi. De mon côté, j'essaie d'apprendre de cette période, de comprendre aussi comment ils sont faits, ce qui les anime et pourquoi ils sont là. Je me force à mettre ma fierté de côté et m'oblige à m'ouvrir encore plus vers les autres, même vers ceux qui me critiquent dans mon dos. Dans cette tempête, des garçons comme Mathieu Bastareaud ou Louis Picamoles se sont avérés être des relais très précieux pour moi. »

Émoussé mentalement, il retrouve une situation guère plus reluisante en club. Malgré la qualité de l'effectif, la mayonnaise ne prend pas très bien entre Galthié et les joueurs. Deuxième d'une poule abordable en coupe d'Europe, le RCT doit se déplacer au Munster en quart et meurt à un petit point (20-19). En Top 14, il parvient à accrocher la quatrième place synonyme de barrage à domicile mais se fait surprendre par le LOU qui l'amène en prolongation et se qualifie au bénéfice d'un plus grand nombre d'essais marqués durant la partie (19-19 A.P).

Une énorme claque pour tout un groupe qui se voyait aller plus loin et une grosse colère pour Mourad Boudjellal, qui, estimant avoir donné à Fabien Galthié un effectif exceptionnel, le tient pour responsable de cette déconvenue et met fin à son contrat. Un Galthié qui gardera de cet épisode une certaine rancœur contre ses joueurs, notamment ses cadres – dont Guirado – qui ne l'auraient pas assez soutenu pour éviter son éviction. Après avoir passé la saison à ramer dans les remous, le Catalan est, lui, laissé au repos pour la tournée d'été en Nouvelle-Zélande, ce qui lui permet d'accueillir sereinement la naissance de son fils Elian. De réfléchir, aussi, sur sa situation personnelle. En fin de contrat, il lit avec de plus en plus d'insistance les rumeurs de départ imminent de son président, en pourparlers avec un certain Bernard Lemaître pour prendre sa suite. Le RCT nourrira-t-il toujours la même ambition sans celui qui l'a amené de la Pro D2 au sommet ? Pas sûr.

Un acteur va définitivement semer le doute dans la tête du talonneur. C'est Vern Cotter, le manager de Montpellier, qui décroche son téléphone et l'appelle pour lui témoigner son envie de le ramener dans l'Hérault : « Quand tu l'as affronté à maintes reprises, du temps où il entraînait Clermont puis l'Écosse, que tu sais ce qu'il a pu faire avec ces équipes-là et que tu as une idée de sa conception très intéressante du rugby, tu es obligé de te poser des questions. Et j'avais beau avoir 13-14 ans de rugby derrière moi, j'étais toujours demandeur d'apprendre et je savais qu'en travaillant avec lui, je découvrirais une nouvelle méthode. » Après avoir consulté son épouse et ses amis Louis Picamoles, joueur du MHR et formé au club, et Nicolas Mas, qui a relancé et terminé sa carrière là-bas, il prend la décision d'accepter les 3 ans de contrat que lui offre le technicien néo-zélandais. Une dernière belle proposition de Toulon pour le faire changer d'avis n'y change rien, pas plus qu'une approche de dernière minute du Stade français et de son manager Heyneke Meyer, qu'il rencontre tout de même sans donner suite.

Si son quotidien va bientôt changer en club, en équipe de France, en revanche, il reste invariablement le même. De loin le meilleur joueur français lors des tests de novembre, il inscrit 4 essais en 3 matchs. Mais sa belle réalisation contre l'Afrique du Sud n'empêche pas les siens de s'incliner sur le fil (26-29) après avoir mené 23-9, pas plus que son doublé face aux Fidji n'évite aux Bleus de sombrer (14-21) dans un Stade de France à moitié vide pour ce qui, un an après le camouflet du Japon, est vécu comme une nouvelle honte nationale.

Rien ne semble plus en mesure de sauver cette équipe de France. Pour le premier match du Tournoi 2019 contre le Pays de Galles, le scénario de l'Afrique du Sud se répète. Les Bleus réalisent une première mi-temps de feu, réduisant leurs adversaires à l'impuissance (16-0), puis prennent un essai en début de seconde période qui les fait paniquer et offrent la victoire sur un plateau aux Gallois (19-24) avec deux bourdes monumentales signées Yoann Huget et Sébastien Vahaamahina. « Ô rage ! Ô désespoir ! Ô vieillesse ennemie ! N'ai-je donc tant vécu que pour cette infamie ? » pourrait alors crier Guirado, faisant sien cet extrait du *Cid* de Corneille. Mais le fond n'est pas encore atteint. Il est pour bientôt.

La semaine suivante, les hommes de Brunel se font torpiller en Angleterre (44-8). Une boucherie qui délie les langues en zone mixte. Les Clermontois Camille Lopez et Morgan Parra, titulaires à la charnière, dénoncent un manque de travail en amont sur certains aspects stratégiques, remettant ainsi directement en cause leur staff. Des déclarations qui ne passent pas du tout auprès du président de la FFR qui demande à Brunel leur éviction et convoque une réunion de crise où il sermonne les joueurs et les somme de garder pour eux leurs états d'âme. De son côté, son bras droit Serge Simon veut frapper très fort et propose devant un groupe France médusé de retirer le capitanat à Guilhem Guirado pour le donner au pilier bordelais Jefferson Poirot. Sans s'attendre à ce que ce dernier refuse par respect pour son leader et qu'une écrasante majorité des Bleus fasse bloc autour du Catalan.

« J'ai reçu à cette occasion le soutien de quasiment tous les joueurs, qui ont mis en avant le fait que la situation et les problèmes ne venaient pas forcément de moi ou de mon discours et que la responsabilité était partagée. Cela m'a fait plaisir mais j'étais aussi forcément déçu par ces attaques. Par la manière et parce que cela revenait pour moi à taper sur la mauvaise personne ou du moins de la mauvaise façon. Le Catalan peut excuser mais ne pardonne jamais ! Il est aussi têtu et c'est pour cela que je me suis accroché. Je n'en ai parlé à personne sauf à Mathieu Bastareaud. Pas même à ma femme ! Je n'ai pas lâché ni pensé uniquement à ma petite personne, car on était tous dans le même bateau. Je savais que le match suivant contre l'Écosse était capital pour nous permettre de nous relever et sauver un peu notre Tournoi. C'était aussi la première association en sélection de Romain Ntamack et Antoine Dupont à la charnière et Thomas Ramos débutait à l'arrière. Tout ceci fait que je voyais ce France – Écosse comme le match le plus important de ma carrière ! Le préparer était donc très dur, sachant aussi que tout ce qu'il s'était passé dans la semaine allait finir par sortir puisque les murs ont des oreilles. »

À ce sujet, et pour se prémunir au maximum des fuites, Marcoussis se transforme en bunker. Des bâches sont posées tout autour des terrains pour empêcher les journalistes et quiconque d'observer la tragicomédie qui se joue dans la petite commune de l'Essonne. Les points presse se réduisent et se font sous la surveillance de Serge Simon, qui s'assure que les propos de chacun restent dans le cadre et que les éléments de langage soient bien répétés. Tout paraît surréaliste.

La victoire contre l'Écosse (27-10) fait heureusement redescendre la tension d'un cran. Le Tournoi terminé, Bernard Laporte fait une Mourad Boudjellal. Il annonce la nomination de Fabien Galthié en tant que sélectionneur après la Coupe du monde puis l'intègre au staff encore en place pour préparer celle-ci, en qualité de super adjoint. L'ancien coentraîneur du Racing 92 et futur adjoint de Galthié Laurent Labit est également invité. Les prérogatives de Jacques Brunel diminuent un peu plus.

Après avoir terminé dignement sa dernière saison avec Toulon, qui sera aussi la seule sans phase finale, Guirado part donc préparer son ultime défi avec l'équipe de France. Encore marqué par l'épisode du capitanat et méfiant quant à la présence d'un Fabien

Galthié avec qui il n'a guère accroché durant leur saison commune à Toulon, comme écrit précédemment. Le déroulé des faits justifie ses appréhensions : « Jacques était en recul total et avec tout le monde qui gravitait dans le staff, on ne savait pas vraiment qui était décisionnaire. Je savais toutefois à quoi m'attendre quand je voyais que certains se faisaient un malin plaisir d'encenser à longueur de temps Camille Chat *(le numéro 2 dans la hiérarchie des talonneurs des Bleus).* »

Une grosse cassure intervient lors du dernier test de préparation, contre l'Italie. Pour son dernier match avec les Bleus en France, Guirado est remplaçant. Triste, à l'image de ce Stade de France résolument vide où seul un des trois anneaux est ouvert. « Je suis personnellement très déçu et je prends aussi conscience que la Coupe du monde peut me passer sous le nez ou du moins ne pas être à la hauteur de mes attentes. Même si je suis ensuite annoncé capitaine dans la liste finale, je vois comment les choses se passent de l'intérieur et je me pose beaucoup de questions. Je ne suis pas dupe, je vois que tout est fait pour que Camille soit le titulaire et je me demande quel sera mon rôle au Japon. C'était un moment très particulier et dur à gérer. »

C'est pourtant bien lui qui démarre le premier match de poule du Mondial. Le plus important de tous, puisqu'il est contre l'Argentine, un concurrent direct pour la qualification et même la deuxième place étant donné que l'Angleterre, également dans la poule, est vue comme la grande favorite. « Certains osaient dire qu'on aurait peut-être une deuxième chance contre les Anglais si ce premier match ne se passait pas bien mais je n'étais pas d'accord et j'ai appuyé sur l'importance capitale de battre les Pumas. Et le destin m'a donné raison car on n'a pas pu jouer l'Angleterre à cause du typhon, ce qui veut dire qu'on aurait été éliminés en cas de défaite contre l'Argentine. » Remontés par leur capitaine, les Bleus attaquent ce duel de *muerte* comme ils l'ont préparé, c'est-à-dire comme une finale avant l'heure. La première mi-temps est parfaite avec un score à la pause de 20-3 en faveur des tricolores. Mais les vieux démons ressurgissent en seconde mi-temps.

Les Pumas marquent un essai très vite et le capitaine français est remplacé peu après. Sans leur chef de meute, les Bleus pâlissent, se font remonter, dépasser même mais le revenant Camille Lopez, miraculeusement sauvé des eaux après sa sortie médiatique en Angleterre, à l'inverse de son compère Morgan Parra, claque un drop salvateur. En toute fin de partie, l'arrière argentin Emiliano Boffelli a la balle de match au bout du pied sur une pénalité à 50 mètres des poteaux mais rate sa cible. Ouf !

Le succès, même tiré par les cheveux (23-21) détend tout le groupe, qui se permet alors une belle fête pour relâcher la pression. Il conforte accessoirement le Catalan comme titulaire du fait de la mauvaise entrée de son concurrent. Les Bleus battent ensuite sans forcer les États-Unis (33-9), puis bien plus difficilement le Tonga (23-21) et terminent deuxièmes de leur poule, la dernière rencontre face à l'Angleterre étant annulée pour raisons de sécurité dues à l'énorme typhon qui balaye l'archipel. Ils ont donc le temps pour préparer leur quart de finale contre le Pays de Galles et de profiter un peu, aussi, du temps libre pour s'imprégner de la culture japonaise et des merveilles qu'offre ce pays.

Lorsque le jour J arrive, Guirado et ses partenaires sont prêts pour le combat. Le match aura malheureusement un goût amer de déjà-vu. Les Français survolent les débats en première période et basculent à la pause sur le score très encourageant de 19-10. Puis cette même capacité à se saborder qui les suit depuis des mois vient de nouveau tout gâcher. Alors qu'ils étaient en position de plier le match, le deuxième ligne Sébastien Vahaamahina perd ses nerfs dans un maul porté près de la ligne galloise et adresse un violent coup de coude au troisième ligne Aaron Wainwright. Les images sont accablantes et l'arbitre sud-africain Jaco Peyper n'a d'autre choix que de dégainer le carton rouge. En infériorité numérique, les Bleus sont héroïques de générosité mais finissent par céder à 5 minutes de la fin (20-19). Pour eux, la Coupe du monde s'arrête là, et pour Guilhem Guirado, c'est une carrière internationale longue de 11 ans et 74 sélections qui s'achève dans la frustration. Dans le vestiaire, le capitaine au bandeau livre un discours poignant dans lequel il s'adresse à la jeune génération et lui dit qu'elle a les moyens de s'offrir un avenir bien plus radieux sous le maillot bleu. Une page sombre de l'histoire du XV de France vient de se tourner. Les lendemains seront en effet bien plus lumineux.

Mais tout cela ne concerne plus Guilhem Guirado. Le Catalan débute sa nouvelle vie de simple joueur de club avec le sentiment du devoir international accompli. Après de courtes vacances plus que méritées, le voilà prêt à enfiler pour la première fois la tunique de Montpellier. Pas pour n'importe quel match puisque cela se fait à Toulon. Le clin d'œil est sympathique mais l'histoire le sera beaucoup moins. Son biceps est touché sur un plaquage. Ce qu'il estime être un gros coup est en fait bien plus grave. Un tendon a lâché, nécessitant une opération qui doit le tenir écarté des terrains pendant 5 mois. L'aventure montpelliéraine démarre de la pire des manières.

Rééducation, patience, efforts pour revenir… à bientôt trente-quatre ans, l'enfant d'Arles-sur-Tech ne découvre rien. Mais alors qu'il touche au but, lui, le reste de son équipe, le Top 14 et plus globalement la société tout entière sont mis à l'arrêt forcé avec l'apparition et l'expansion du COVID-19. La saison est suspendue le 13 mars et définitivement interrompue le 30 avril. Avec, pour Guirado, ce total famélique de 58 minutes de jeu, tellement aux antipodes des cadences infernales auxquelles il était soumis depuis des années, et plus particulièrement depuis 2016 et le début de son capitanat avec le XV de France. « Même si on ne rattrape jamais le temps perdu, cela m'a permis de passer enfin du temps avec ma famille et mes enfants qui ont énormément grandi sans que je ne les voie beaucoup. »

Ce temps retrouvé lui permet aussi de s'attaquer pleinement à son autre défi : la reprise des études avec un Bachelor business et management proposé en e-learning par une école de commerce basée à Nice. Mais le manque de compétition et le confinement affaiblissent son corps de sportif de haut niveau. La perte en poids et surtout en muscles est importante et il doit, à trente-quatre ans, puiser profondément dans le caractère et la force mentale qui le caractérisent pour retrouver sa superbe avant d'attaquer la saison 2020-2021.

Une saison qui débute mal, par une défaite à domicile contre Pau (26-23). La thèse de l'accident et du faux-départ est avancée mais les trois revers qui suivent posent davantage de questions. Et même si le club semble redresser un peu la barre dans les semaines qui suivent, le jeu des reports de matchs à répétition dus à l'épidémie fait qu'il occupe une inquiétante douzième place à la fin du mois de décembre. Il descend même d'une marche après le premier match de l'année civile, perdu à la maison contre Toulouse (9-16). Face à l'urgence et malgré ses trois rencontres en retard qui faussent son classement, le président montpelliérain prend la décision de se séparer de l'entraîneur en place Xavier Garbajosa et nomme son directeur sportif Philippe Saint-André, au club depuis presque un an mais qui n'avait plus entraîné depuis le fameux désastre de la Coupe du monde 2015. L'ancien sélectionneur des Bleus accepte d'ailleurs la mission à reculons, « pour dépanner », et assure qu'elle ne se prolongera pas à l'issue de la saison.

Et Guilhem Guirado dans tout cela ? Comme beaucoup, mais un peu plus encore que ses coéquipiers, la situation périlleuse l'inquiète et le pousse à réfléchir : « J'avais vécu une année 2019-2020 noire avec la blessure puis l'arrêt de la saison, et ça se poursuivait avec le fait de jouer dans des stades vides, toutes les contraintes dues au COVID et nos résultats qui nous obligeaient à envisager une relégation… Je me suis alors dit que si nous devions descendre en Pro D2, je n'aurais pas la force, à mon âge, de repartir sur autre chose et j'arrêterais tout simplement ma carrière. »

Heureusement pour lui et pour le rugby français, cette perspective s'éloigne grâce à un rebond impulsé à la fin du mois de février et qui se traduit par 5 victoires en 6 matchs. La cohésion retrouvée, l'expérience du maintien d'un cadre comme Guirado et la bombonne d'oxygène offerte par le joli parcours européen sont les éléments avancés pour expliquer cette renaissance. L'exploit à Bath, en demi-finale de Challenge Cup, rassure pour de bon cet effectif de qualité, initialement bâti pour jouer les premiers rôles.

Alors que le maintien est quasiment acquis, le MHR peut disputer sa finale européenne l'esprit libéré. À Twickenham, devant du public (la jauge est fixée à 10 000 spectateurs) pour la première fois après des mois de huis clos, l'occasion est trop belle, presque inespérée, de se racheter de cette saison navrante. Il faudra pour cela venir à bout d'une solide équipe de Leicester. Anglais et Héraultais font d'ailleurs jeu égal. Le score est de parité (10-10) quand Guilhem Guirado écope d'un carton jaune pour avoir effondré un maul en début de seconde période. À 14, Montpellier est sanctionné par un essai transformé mais trouve les ressources pour revenir et passer devant grâce à un essai du centre sud-africain Johan Goosen, dont Guirado, à son intérieur, aurait aussi pu être à la conclusion. La victoire (18-17) et le trophée sont à la clé.

Pour marquer le coup, les joueurs se teintent les cheveux en blond, ce qui vaut à l'ancien capitaine du XV de France quelques réprimandes de sa fille Maylis. Le maintien en Top 14 est définitivement assuré la semaine suivante à l'Altrad Stadium contre Bayonne (23-19), futur treizième et relégué. La retraite du Catalan attendra une saison de plus. Et il est passé trop près de la correctionnelle pour galvauder cette tournée d'adieux. Son ambition pour lui et pour le club est même très élevée. Lors d'un stage de présaison en Corse, lui et Fulgence Ouedraogo, l'âme du club qui tire lui aussi ses dernières cartouches, annoncent la couleur à leur entraîneur Philippe Saint-André : ils visent les quatre premières places du Top 14 et donc *a minima* un barrage à domicile. Un discours qui plaît à celui qui, se prenant au jeu, avait finalement décidé de rempiler en tant que coach et dont la première décision de la saison fut de nommer Guirado capitaine pour le début de saison.

Celle-ci démarre à Toulon. Cette fois, pas question de ne pas en profiter pleinement pour l'ancien Varois. Et pourtant… Comme deux ans auparavant, le talonneur ressent une décharge au biceps à la suite d'un plaquage anodin sur l'arrière Gervais Cordin. Même endroit, même conséquence avec une rupture du tendon. La malédiction de Mayol frappe à nouveau celui qui l'avait pourtant quitté en bons termes. Son indisponibilité est cette fois estimée à 3 mois. Dans son malheur, il se dit que cela aurait pu être pire et arriver à un moment de la saison trop avancé pour espérer revenir. Alors, comme à son habitude, il fait le dos rond et s'accroche. L'enjeu est trop important pour lâcher maintenant.

Durant sa convalescence, il monte à Paris avec sa famille pour assister à France – Nouvelle-Zélande. Ce soir-là, les Bleus de Fabien Galthié se subliment et écrasent les All Blacks (40-25). Point d'amertume pour celui qui se faisait régulièrement rouster par la même équipe quelques années plus tôt mais une drôle de pensée le traverse : « Je me dis que mon fils Elian n'a jamais eu l'occasion de me voir jouer dans ce Stade de France et que la seule chance que cela puisse arriver est qu'on aille jusqu'en finale avec Montpellier. Mais je ne m'emballe pas non plus car je n'ai toujours pas repris la compétition et que je suis encore dans le doute. »

Ses matchs de reprise vont d'ailleurs le faire redescendre sur terre. Le premier en décembre à Exeter en Champions Cup (42-6) et le second, un peu plus encore, toujours en coupe d'Europe, où une équipe remaniée du MHR se fait pulvériser au Leinster (89-7). Des incidents de parcours dans une saison beaucoup plus accomplie pour les Héraultais en championnat. Toujours dans le bon wagon, ils s'approchent de match en match de leur objectif, qui s'affine encore pour se muer en top 2. À 4 journées de la fin, c'est même en leader qu'ils se déplacent sur la pelouse de l'avant-dernier, Perpignan. Un match évidemment à part pour Guilhem Guirado, qui n'avait plus joué à Aimé-Giral depuis la saison cauchemardesque de la descente avec l'Usap.

Au moment d'entrer sur le terrain, les joueurs des deux équipes font à l'ancien Perpignanais l'honneur de le laisser pénétrer seul dans l'arène, sous les applaudissements nourris du public.

L'homme est au bord des larmes et doit s'employer pour ne pas se laisser submerger par l'émotion. Concentré et soucieux de réaliser une belle prestation, il est même à quelques centimètres d'inscrire le premier essai de la partie. La première période se déroule bien à la fois sur le plan individuel et collectif puisque son club mène 13-6 à la pause, sous les yeux des joueurs champions de France en 2009 avec Perpignan dont son fidèle ami Nicolas Mas et des dizaines de personnes, proches et moins proches qu'il a invitées pour l'occasion.

Et puis à la coupure, c'est l'incident diplomatique. Mohamed Haouas n'est pas dans son assiette et demande à sortir. Sans réfléchir, Philippe Saint-André change toute sa première ligne d'un coup. Le pire des moments pour Guilhem Guirado, dont ce remplacement dans l'intimité du vestiaire le prive de cette sortie sous les ovations dont il rêvait depuis plusieurs semaines. Sans surprise, sa poignée de main avec PSA à la fin de la partie est glaciale malgré la victoire (23-13). Le manager héraultais comprend alors son erreur et s'en excuse devant le groupe et les médias, reconnaissant un manque de classe de sa part. Mais le mal est fait.

« Ce match-là, je l'avais coché depuis très longtemps et j'avais tellement d'envie et de motivation que j'aurais pu le jouer deux fois ! Le fait de sortir comme ça à la mi-temps sans trop d'explication, cela m'a forcément beaucoup déçu et frustré. Même s'il s'est excusé après, toutes les excuses du monde ne changeaient rien au fait que ce moment était unique et que je ne le revivrai pas deux fois. Je lui ai donc déballé tout ce que j'avais dans le ventre dès la première réunion de la semaine. »

Après 8 à 10 jours tendus entre les deux hommes, le cours de la saison reprend cahin-caha. Le parcours européen s'arrête en quart de finale face au futur champion rochelais (31-19) et le MHR se focalise sur le Top 14 où, malgré une baisse de régime, il conserve tout de même la deuxième place qui lui évite de jouer un barrage. Les galères de la saison passée semblent déjà à des années-lumière.

Son adversaire en demie est l'UBB, un club miné par des tensions internes entre le coach Christophe Urios et ses leaders. Du rififi qui est d'ailleurs au cœur des débats médiatiques de la semaine, pour le plus grand plaisir des Cistes qui peuvent avancer cachés. Pour Guilhem Guirado, ce match de phase finale est toutefois différent et plus dur à aborder que tous ceux qu'il a pu connaître durant sa carrière. Tout simplement parce qu'il sera soit le dernier de ses amis Louis Picamoles et François Trinh-Duc, soit le sien. Quant à Fulgence Ouedraogo, l'autre grand Monsieur à avoir annoncé sa retraite, il ne sera que simple spectateur, Philippe Saint-André ne l'ayant pas choisi dans son groupe de 23 joueurs pour la phase finale. Un peu raide pour un joueur de son calibre ayant effectué toute sa carrière à Montpellier, mais le sport professionnel ne fait aucun cadeau.

Dans ce contexte un peu particulier, les Héraultais prennent d'entrée la mesure de l'événement et frappent les premiers par l'intermédiaire de l'ailier Vincent Rattez. Dans la chaleur de l'Allianz Riviera de Nice, Guilhem Guirado est également en feu et part à l'entrée de ses 22 mètres pour une percée incroyable. Feinte de passe qui met dans le vent la charnière internationale Maxime Lucu – Matthieu Jalibert, percussion sur le centre Yoram Moefana, prise d'intervalle… l'expérimenté talonneur semble inarrêtable comme à ses plus belles heures. Entendant son flanker Bastien Chalureau l'appeler, il se décide alors à lâcher la balle et délivre une passe à l'aveugle en pensant que ce dernier allait surgir à hauteur. Raté ! Le ballon tombe, Jalibert, revenu à toutes enjambées, le pousse au pied droit devant et va marquer en dribbling un essai qui remet les compteurs à zéro. Ou comment passer en une poignée de secondes de l'euphorie à la rage.

La suite du match est âpre et tendue. Le score de 13-10 à la pause en faveur de Montpellier perdure jusque dans les 10 dernières minutes, moment choisi par le jeune demi de mêlée remplaçant géorgien Gela Aprasidze pour tenter et passer deux coups de pied monstrueux de plus de 50 mètres qui scellent l'issue du match (19-10). Le rêve né un soir de France – Nouvelle-Zélande sept mois plus tôt va se réaliser : le petit Elian, du haut de ses quatre ans, verra bien jouer une fois son papa au Stade de France, pour une finale de Top 14 qui sera aussi le tout dernier match de sa carrière. Difficile d'imaginer plus beau cadeau d'anniversaire, le lendemain de ses trente-six ans.

L'affiche de la finale, face à Castres, qui a réussi l'exploit de sortir le Stade toulousain, est un remake de 2018. Pas la plus alléchante pour les médias qui vont tout de même trouver un angle vendeur avec la dernière de Guirado, le fait que le Castrais Loïc Jacquet prendra aussi sa retraite à l'issue de ce match et que Fulgence Ouedraogo, côté montpelliérain, et Rory Kockott, côté castrais, n'auront pas la chance d'avoir cette dernière danse sur le pré dionysien. Entre les sollicitations médiatiques, la préparation de la finale et l'organisation avec sa famille et ses proches ne voulant pas rater son ultime représentation, Guirado voit sa semaine défiler à toute vitesse. Ses rares moments calmes, lorsqu'il peine à trouver le sommeil, sont dédiés à la lecture des messages bienveillants qu'il reçoit par dizaines, quotidiennement, sur son téléphone. C'est aussi dans ces témoignages d'amour, qui le touchent, qu'il va puiser la force de livrer son dernier combat.

Juste avant le coup d'envoi, le président de la République Emmanuel Macron descend sur la pelouse, comme le veut la tradition, pour serrer les mains des acteurs de cette finale. Il marque un arrêt sur Guilhem Guirado, peut-être le seul qu'il connaît vraiment, le félicite pour sa belle carrière, le remercie pour avoir porté le XV de France à bout de bras dans sa période la plus sombre et lui souhaite bonne chance. Des mots qui font mouche chez l'ancien talonneur et capitaine des Bleus. Un Guirado étonnamment confiant sur l'issue de cette journée pas comme les autres : « C'est tellement facile à dire après coup, mais j'ai senti une telle application et une telle concision de la part des joueurs et du staff durant la préparation que j'étais presque obligé de me dire que cela allait nous sourire. Mes impressions se sont d'ailleurs renforcées à l'échauffement. »

Des Montpelliérains prêts physiquement et mentalement à livrer une prestation digne d'une finale, à l'inverse des Castrais qui se liquéfient littéralement en début de partie. Même pas 5 minutes de jeu, l'arrière Geoffrey Palis panique à l'entrée de ses 22 mètres, rend le ballon à l'adversaire avec un petit coup de pied foireux et la punition est immédiate avec un premier essai signé Vincent Rattez. Trois minutes à peine plus tard, Guirado met les siens dans l'avancée dans le camp tarnais. Ses partenaires déroulent et arrivent tout près de l'en-but. Le talonneur de trente-six ans, décidément partout, se jette dans le ruck et, couché à cheval sur la ligne de marque, ouvre une porte à son deuxième ligne Florian Verhaeghe qui n'a plus qu'à le viser. Le petit mouvement de bassin qui va bien et voilà déjà le deuxième essai montpelliérain.

Le calvaire ne s'arrête pas là pour le CO qui, non seulement perd son stratège argentin Benjamin Urdapilleta, mais encaisse en plus un troisième essai même pas deux minutes après le renvoi, consécutif à une action collective magnifique du MHR. 17-0 après 12 petites minutes de jeu, on se pince pour y croire ! C'est durant cette première demi-heure de rêve pour Montpellier que Guirado va subir pour la dernière fois de sa carrière ce satané équilibre joie-déception qui s'impose à lui depuis ses débuts. Sur une charge qu'il amorce à la vingt-septième minute de jeu, le capitaine tarnais Mathieu Babillot engage son épaule pour le stopper et le percute dans la zone du cou. Le Catalan reste au sol et tandis qu'il se fait soigner, l'arbitre Tual Trainini visionne les ralentis et estime qu'il n'y a pas de jeu déloyal. Le vétéran en a vu d'autres et se prépare à repartir au feu mais il est appelé par le médecin indépendant pour subir un protocole commotion cérébrale.

Il file alors dans le vestiaire au pas de course pour perdre le moins de temps possible de ce match déjà en partie plié. Il s'en sort à peu près et revient quelques minutes plus tard, peu avant la mi-temps, plus prêt que jamais à repartir dans l'arène. Mais le médecin a un doute et lui demande de répéter sur le bord de la touche la liste de 10 mots qu'il lui a soumis quelques instants plus tôt. Pris par l'excitation du moment présent et le scénario rêvé de sa dernière partie, il ne peut en donner que la moitié. Insuffisant pour le docteur qui invalide son retour sur le terrain. Sa finale est terminée, il regardera la suite en simple spectateur.

Incapables de se rebeller, les Castrais entérinent rapidement leur échec en seconde période. Guirado fait de son côté les cent pas sur le tapis rouge qui borde la pelouse, et, à partir de l'heure de jeu, enlace à intervalle régulier quiconque se trouve dans son périmètre, président, staff et joueurs confondus. Le coup de sifflet final libère seulement ses larmes tant le verdict était connu à l'avance, comme en témoigne le score (29-10). Et finalement peu importe s'il n'a pu jouer que 27 minutes, car c'étaient les 27 minutes les plus importantes de cette partie, celles qui ont décidé de son sort et consacré Montpellier.

Après un tour d'honneur de rigueur, de longues embrassades avec les siens et un dernier tour en zone mixte, où il assure « partir dignement, des étoiles plein les yeux en quittant le rugby de la plus belle des manières », il peut enfin savourer. Totalement, pleinement, sans se dire qu'un avion doit l'emmener le lendemain à l'autre bout de la planète. Les jours qui suivent sont les siens et ceux de ses partenaires, qui partagent à l'envi leurs bringues *via* les réseaux sociaux. Plus rien ni personne ne peut l'empêcher de profiter de ce bonheur qui l'a si souvent fui durant son parcours. Une carrière débutée chez les professionnels à Perpignan en champion, du monde, des moins de 21 ans, et conclue 16 ans plus tard, en champion, de France cette fois, histoire de retourner à Perpignan la tête haute pour y démarrer une nouvelle carrière, dans les assurances. En délivrant un dernier message au monde du rugby : même au plus fort de la tempête, cela vaut parfois sacrément le coup de s'accrocher. Un choix qu'il a eu l'immense force de tenir malgré les vents contraires et qu'il ne regrettera jamais.

Également chez Talent Sport

RUGBY

LES

300 MEILLEURS JOUEURS DE L'HISTOIRE

PAUL PÉRIÉ

Talent Sport

À paraître chez Talent Éditions

(visuel de couverture provisoire)

Imprimé en France par CPI en août 2022

N° d'impression : 171393
Dépôt légal : septembre 2022

Talent Éditions est engagé dans le développement durable afin de limiter l'empreinte carbone de la fabrication de ses livres. Soucieux de l'impact environnemental de notre métier, nos ouvrages sont imprimés en France sur du papier certifié issu de plantations gérées de manière éco-responsable. Les livres non-commercialisables sont recyclés et réutilisés pour la fabrication d'autres produits cartonnés.